高等院校**通识教育**新形态系列教材

U0739932

大学体育

AR+慕课版 | 第2版

贾勇 陈湘文 陈会鹏 / 主编

李向民 余波 郝世煜 叶刚 杨伦 / 副主编

人民邮电出版社

北 京

图书在版编目（CIP）数据

大学体育：AR+慕课版 / 贾勇，陈湘文，陈会鹏主
编. -- 2版. -- 北京：人民邮电出版社，2024.4
高等院校通识教育新形态系列教材
ISBN 978-7-115-62480-2

Ⅰ. ①大… Ⅱ. ①贾… ②陈… ③陈… Ⅲ. ①体育－
高等学校－教材 Ⅳ. ①G807.4

中国国家版本馆CIP数据核字(2023)第150494号

内 容 提 要

本书通过系统的知识和丰富的图示，详细介绍了适合全国高等学校体育课程教学的各种体育运动。全书分为14章，第1章介绍了体育与健康，第2章介绍了体育锻炼与保健，第3章介绍了课外体育与竞赛，第4～14章分别介绍了常见的大学体育运动，包括田径运动、足球、篮球、排球、乒乓球、羽毛球、网球、健美操、体育舞蹈、武术和游泳。

本书知识全面，技术动作示范精准，并提供了大量图片和微课供读者学习、参考，同时采用增强现实（Augmented Reality，AR）App，以AR的形式将运动演示过程呈现给读者，可以引导读者科学地进行体育运动，全面提升个人身体素质。

本书可作为普通高等院校各专业的体育课程的教材，也可作为体育健身的培训教材，还可供有志于提高个人身体素质、积极参与健身运动的广大青年朋友阅读。

◆ 主　　编　贾勇　陈湘文　陈会鹏
　　副主编　李向民　余波　郝世煜　叶刚　杨伦
　　责任编辑　李媛媛
　　责任印制　王郁　陈犇
◆ 人民邮电出版社出版发行　　　北京市丰台区成寿寺路11号
　　邮编　100164　电子邮件　315@ptpress.com.cn
　　网址　https://www.ptpress.com.cn
　　三河市祥达印刷包装有限公司印刷
◆ 开本：787×1092　1/16
　　印张：13.5　　　　　　　　2024年4月第2版
　　字数：358千字　　　　　　2024年4月河北第1次印刷

定价：49.80元

读者服务热线：(010)81055256　印装质量热线：(010)81055316
反盗版热线：(010)81055315
广告经营许可证：京东市监广登字20170147号

前言　　PREFACE

党的二十大报告提出，"全面贯彻党的教育方针，落实立德树人根本任务，培养德智体美劳全面发展的社会主义建设者和接班人"。大学生的健康关乎国家发展和民族振兴，各地高校开展体育运动以增进大学生身心健康、促进大学生全面发展，对全面建设体育强国，贯彻落实"体育强则中国强"指导思想有重要意义。

体育教学是高校教学体系的一项重要教学内容，需要秉持"健康第一"的教学理念，切实把体育理论和体育实践结合起来，力求让大学生掌握体育的基础知识、基本技术和基本技能，引导大学生对体育运动产生兴趣、主动接受、自觉锻炼，养成终身锻炼的良好习惯，达到增强体质的目的，为大学生以后的工作和生活打下坚实的基础。

目前高校都开设了"大学体育"这门课程，本书是为"大学体育"课程而编写的配套教材。本书依据建设体育强国的要求，紧密结合大学体育改革的现状和当前高校体育教学的需要，以大学生为本，从实际出发，确立以终身体育理念和技能为内容、以增进大学生身心健康为目标的新型体育教学体系，改变单一课堂的课程教学模式，拓展课外、社会和自然体育资源，引进大量大学生喜爱的新颖项目。

本书的主要内容如下。

（1）第1章 体育与健康。介绍体育与健康的基本知识，帮助大学生了解体育、认识体育、理解体育，明确体育与健康的关系，认识到体育对健康的维护作用，树立正确的健康观。

（2）第2章 体育锻炼与保健。介绍科学锻炼和运动处方的相关知识，为大学生讲解如何科学有效地进行锻炼，帮助大学生更好地开展体育锻炼，以提高锻炼效率、避免运动损伤，最终达到有效增强体质的目的。

（3）第3章 课外体育与竞赛。课外体育是大学体育的重要组成部分，通过相关知识的介绍，引导大学生重视课外体育、积极主动开展课外体育。同时，大学生了解了体育竞赛组织编排的知识，具备了体育竞赛组织编排能力，也能够更好地开展体育竞赛活动。

（4）第4章到第14章。分别介绍田径运动、足球、篮球、排球、乒乓球、羽毛球、网球、健美操、体育舞蹈、武术和游泳等运动项目的知识。每一章中介绍了运动的起源与发展、基本技战术及相关规则，全方位地讲解了运动项目的相关知识。

作为大学生进行体育锻炼的指导教材，本书在编写方面具有以下几个特点。

（1）**注重基础性**。大学体育是高等院校重要的公共课程，因此，本书注重介绍体育的基本概念和体育训练的基本技能，为指导大学生进行体育活动和运动健身提供了理论知识与实践手段，力求帮助大学生树立终身体育的理念。

（2）**育人元素丰富**。每章以案例的形式引入体育赛事、体育名人励志故事等，激发大学生的学习兴趣和对体育精神的探索；在正文中穿插"体育小百科""多学一招"等栏目，补充讲解一些体育知识和运动技巧，不仅富于趣味，还能全面提升大学生的体育素养。每章末还提供了"思考与练习"和"活动与探索"板块，在加强大学生体育实践能力的同时，将体育精神融入校园体育活动设计中。

（3）**突出实用性**。一方面，本书从大学生的身心特点出发，针对性地选择了适合大学生的内容，深入浅出地阐述了大学生较为关注的问题；另一方面，本书充分、清晰地介绍了各类常见的运动项目，使这些项目知识易教、易学、易操作。

（4）**讲求创新性**。本书针对学科知识的无限性和教材内容的有限性的问题，在简要介绍体育基础知识的基础上，增添了以二维码为载体的微课，力求立足体育教材的前沿，指引大学体育的学习与教学。读者也可以登录人邮慕课平台（www.rymooc.com）查看完整的演示视频。

（5）**强调趣味性**。为了方便读者更好地掌握各项运动的基本特征，本书针对性地开发了增强现实（AR）App，该App支持交互操作，可以帮助读者在有趣的互动过程中加深对基础运动的感性认识，更好地掌握各项运动的基本特征。

读者可以扫描二维码，下载、安装AR App，注册、登录后，点击"添加AR图书"输入图书代码"tyAR2024"，即可使用。

下载、安装AR
App

本书由贾勇、陈湘文、陈会鹏任主编，李向民、余波、郝世煜、叶刚、杨伦任副主编。本书在编写过程中，得到了江丽梅老师的大力支持，参考和使用了相关资料并参与编写了部分内容，在此谨向这些资料的作者致以诚挚的谢意。

编者

2023年10月

目　录　CONTENTS

第5章　足球 / 49

第6章　篮球 / 65

第9章　羽毛球 / 114

第10章　网球 / 128

第11章　健美操 / 140

第1章
体育与健康

1.1　体育与健康概述

　　很早之前，古人就已认识到体育运动与健康之间存在着密切的关系。近代以来，随着科技进步和深入研究，体育与健康的关系得到了更加明确、科学、深入的论述。大学生只有了解体育与健康的内涵，才能科学对待体育运动，通过体育运动促进健康。

1.1.1　体育的演变

　　体育活动的历史可追溯到原始社会，早在文明诞生之前，人类就已经在进行自觉或不自觉的体育运动。经过数千年的演变，今天的体育运动形式多样、规则严明，竞技性与娱乐性兼具，是人们生活的重要组成部分。

1. 原始社会体育

　　原始社会，生存环境极为恶劣，人们常常受到猛兽、恶劣天气、自然灾害的威胁，时刻处在死亡的阴影之下。为了在恶劣的环境中生存，原始人类用各种方式增强自身体魄。原始人类通过打猎、采集、捕鱼等方式获取生活所必需的食物，在生活中不断进行奔跑、投掷、攀、爬、泅水等行为。这些行为既是劳动手段，又是基本生活技能，使体育活动得以萌芽。

　　受到生产力的限制，原始社会中的体育活动往往与军事活动、祭祀、生产、游戏等融合在一起，未能形成专业的体育运动，也就没有出现专业的体育运动者。所以，就本质而言，原始社会的体育萌芽是由经济状况、生产状况和实践方式决定的，是在生存过程中简单模仿所形成的。虽然此时的体育还有很多不足，但它具有无限的可能。

2. 古代体育

　　我国拥有漫长而灿烂的历史，在此期间，体育也完成了蜕变。在奴隶社会时期，体育运动在原始体育萌芽状态的基础上发展出了初级形态。随着生产力进步，体育和劳动初步分离，而与军事、教育、宗教、礼仪及统治阶级的享乐生活紧密结合，并向着多样化、复杂化和独立化的方向发展。有文字记载的体育运动包括射（射箭）、御、兵器武艺、奔跑、跳跃、举鼎、拓关（一种举重运动）、游水、投壶和棋类活动等。

进入封建社会后，体育进一步发展。从战国时期到南北朝时期，古代体育蓬勃发展，表现在类型方面，体育项目不断增多，内容也日益丰富，其中又以导引术和五禽戏最负盛名，如图1-1所示；在范围方面，无论是城市还是乡村，无论是官方还是民间，都在开展体育活动；在技术方面，以角抵、蹴鞠为代表的体育项目发展迅速，并逐渐向竞技方向靠拢，且涌现出一大批技艺高超的体育人才；在理论方面，一些体育专著也在这一时期出版和传播。

图1-1　导引术（左）和五禽戏（右）

到了隋唐五代时期，体育的发展呈现出空前繁荣的景象，表现在以下几个方面。

（1）体育项目呈现多样化和规范化的特点，许多项目拥有了专职机构和专业人员，以蹴鞠、武术和角抵等为主要代表，蹴鞠竞赛如图1-2所示。

（2）体育竞技的规模变得宏大，体育技艺水平也有了很大提高。

（3）体育运动蔚然成风，马球、蹴鞠、踏球和抛球是其中的佼佼者，又以马球和蹴鞠最为盛行，打马球如图1-3所示。

（4）国家间的体育交流增多：一方面，唐代的技击术在朝鲜广泛流行，养生术、蹴鞠也传入日本；另一方面，印度人、罗马人的杂技和幻术不断传入中国。

图1-2　蹴鞠竞赛　　　　　　　　　　　　图1-3　打马球

到了封建社会后期，体育发展则呈现出两种不同的态势：一方面，民间体育组织的出现极大地推动了民间体育的普及和体育水平提高，以武艺、球类为代表的体育资料被汇集成书；另一方面，宋初的政策和程朱理学的主静思想在一定程度上阻碍了体育的进一步发展。

3. 近现代体育

进入近代，我国长期封闭状态被打破，东西方交流空前密切。西方近代体育运动开始大规模地传入国内，包括体操、田径、游泳、足球、篮球、排球、棒球、垒球、网球和乒乓球等。但由于战争不断，我国的体育运动只能在夹缝中艰难生存，运动技术水平的提高缺乏必要的基础和周期，发展极其缓慢。1932年，我国短跑运动员刘长春参加了在美国洛杉矶举行的第10届夏季奥林匹克运动会（以下简称奥运会），成为第一位正式参加奥运会的中国运动员。

中华人民共和国成立后，我国体育事业突飞猛进，群众性体育运动广泛开展，群众性体育组织休系诼渐健全，并从1995年起实施全民健身计划。1959年，乒乓球运动员容国团获得了中国体育史上的第一个世界冠军。2008年，我国成功举办了第29届奥运会。另外，我国的学校体育的发展也呈现出了前所未有的好局面，并出现了"快乐体育""终身体育""创意体育"等一些崭新的教学理念和教学模式。在大众体育方面，我国逐渐形成了有特色的大众体育发展路线。随着我国社会经济的不断发展，人们逐渐意识到大众体育的重要性，国家也十分重视大众体育，为人民进行体育锻炼积极创造各种有利条件。体育正在成为当代人的一种重要生活方式。

1.1.2　我国体育的发展

中华人民共和国成立后，我国体育事业取得了空前的发展，以下是几个发展时期的介绍。

1. 事业体育时期

1949年，中华人民共和国成立，在中国共产党的领导下，体育发生了根本性的变化，成为国家建设的一个组成部分，发展为一项崭新的社会主义体育事业。1949年9月，中国人民政治协商会议第一届全体会议中通过的《共同纲领》中规定："提倡国民体育。"

20世纪50年代末，我国体育运动员不仅全部刷新了1949年以前的全国纪录，还在航空、田径、游泳、举重和射击等项目中取得了打破世界纪录的成绩。1956年，举重运动员陈镜开为我国创造了第一个体育世界纪录。1959年，乒乓球运动员容国团获得我国体育史上的第一个世界冠军。1960年，我国登山健儿创造了人类历史上第一次从北坡登顶珠穆朗玛峰的奇迹。

2. 精神体育时期

20世纪70年代末，我国进入以经济建设为主的新时期。1979年，国家体育工作会议提出将工作的重心转移到体育业务工作上来，并确定了"省以上体委要在兼顾普及和提高的前提下，侧重于提高"的方针政策。根据"国际、国内体育竞赛活动，均有利于参加奥运会和世界锦标赛"为主要目标的原则，安排运动员参加国际、国内体育赛事，使国内大赛项目与国际大赛项目接轨，正式拉开了我国体育历史新的发展序幕。

在当时体育事业整体规模不大、人民群众对体育需求水平较低的情况下，1984年，在第23届洛杉矶奥运会上，许海峰获男子手枪60发慢射冠军，实现了中国奥运会历史上金牌"零"的突破。从1981年至1986年，中国女排创下世界排球史上首个"五连冠"。许海峰和中国女排的姑娘们成了全国人民心目中的英雄和学习的榜样，中国女排在很长一段历史时期内成了拼搏精神的代名词。1990年9月22日至1990年10月7日，第11届亚洲运动会在我国北京举行，这是我国第一次举办综合性国际体育大赛。

20世纪70年代末一直到21世纪前的这一时期都属于我国现代体育发展的精神体育时期。在这一时期，我国经济由计划经济向社会主义市场经济转变，体育则成为新的经济体制下，社会主义精神文明建设的重要组成部分。运动员们"为国争光、无私奉献、团结协作、顽强拼搏"的体育精神，极大地丰富了社会主义精神文明建设的内涵，并使我国的各行业和各领域形成了良好的风气，激发了全国人民积极投身社会主义现代化建设的热情。

3. 体育产业化时期

体育产业包括基本产业和相关产业两个部分。基本产业是指以职业体育和健康体育为基础形成的产业；相关产业则是在推广体育活动的过程中，围绕推销企业产品、企业服务或者提高企业知名度而形成的产业。进入21世纪后，随着生活水平的不断提高，人们对健康和生活质量有了前所未有的关注。在竞技体育方面，明确了协会实体化的发展道路，全面启动了体育改革，也标志着我国体育发展进入一个崭新的历史时期。

目前我国体育产业在整体上还处于发展的起步阶段，国家统计局、国家体育总局在2020年12月31日发布的2019年全国体育产业总规模与增加值数据显示，2019年，我国全国体育产业总规模（总产出）为29 483亿元，增加值为11 248亿元。体育产业体系不断健全，基本形成了以竞赛表演、健身休闲为引领，体育场馆服务、体育培训、体育传媒、体育用品制造和贸易等共同发展的产业体系。以竞赛表演业为例，2013年以来，我国各类体育赛事数量快速增加，全国性及国际性体育赛事每年都举办1 000多场，其中，国际性体育赛事每年都举办200场以上。中国网球公开赛、世界一级方程式锦标赛中国大奖赛、上海大师赛、北京马拉松赛、环青海湖国际公路自行车赛等，均已发展成为亚洲乃至全球的顶级赛事。另外，中华龙舟大赛、中国武术散打中外争霸赛等民族品牌体育赛事日益成熟。体育逐渐成为全社会的一个消费和投资热点，体育市场日渐活跃，各类体育企业不断涌现，为我国体育未来的发展提供了良好的外部环境。

4. 大众体育时期

举办奥运会是中华民族的百年梦想，在经济快速发展的同时，我国更加积极主动、全方位地参与国际体育事务，包括积极申办大型国际体育赛事。2001年7月13日，北京获得2008年奥运会举办权。2008年8月8日至24日，第29届奥运会在北京隆重举行，实现了中华民族的百年奥运梦，完成了海内外中华儿女的共同心愿。北京举办奥运会不仅为世界了解我国提供了一个重要窗口，同时也成为我国体育发展历程中的一个里程碑。在2016年巴西里约热内卢举办的第15届残疾人奥林匹克运动会（以下简称残奥会）上，中国残奥代表团创造了自1984年参加残奥会以来的最好成绩。2015年7月31日，北京携手张家口获得2022年第24届冬季奥林匹克运动会（以下简称冬奥会）的举办权。

当经济发展到一定程度后，体育工作的重心必然会发生转移，通常是由全力支持竞技体育转向全面发展大众体育。在北京奥运会以后，我国体育工作重心由竞技体育转向群众体育，我国的竞技体育也进入适度发展阶段。

1.1.3 体育的真谛

体育在不同历史阶段和文化背景下被人为地赋予了不同的含义，但人本思想始终贯穿体育的发展。在遥远的古希腊时代，人们通过体育追求躯体之美、力量之美和精神之美。以体育的形式表达对神的敬意，并在肉体上和精神上无限地去接近正确、光明和真理。就这样，人在体育锻炼中，充分发展并不断挖掘着自身的潜能，诠释着体育的真谛。

从维多利亚时代起，体育便明确地承担起了道德的重任。

近代以来，随着现代解剖学、保健医学、体育学和体育心理学等学科的发展和进步，人们逐渐认识到了体育对健康的作用，将体育视为提升身体素质、促进身心健康的重要手段，并在学校和社区大力推广大众体育。

在体育运动中，人居于中心、首要的位置，人的发展和完善是直接、重要的目标，由体育带来的名声、荣誉、财富、地位，以及产业的发展、经济的增长等，都是人在实现自我发展和追求自我完善的过程中所带来的"副产品"。体育真正的伟大之处在于对完美永无止境的追求，让人类在强健身心、探索真理和开拓世界的过程中获得无限的发展空间。

体育不仅能强身健体，而且能塑造美好的品性，这也正是体育运动经久不衰的魅力所在。体育是一种虔诚的追求——拼搏不息、永不满足；体育是一种积极的态度——锐意进取、百折不挠；体育是一种文化的积淀——以人为本、重在参与。体育让人类实现自我超越，走向"臻于至善"的境界。

1.1.4 健康的要义

每个人都会关注自身状态，而健康就是个体理想的身心状态。世界卫生组织（World Health

Organization，WHO）在每年"世界卫生日"都会提出一项口号，其中很多都以健康为核心，例如"健康就是金子"（1953年），"健康的青年——我们最好的资源"（1985年），"良好的健康是社会、经济和个人发展的主要资源，也是生活质量的重要部分"（1986年），"健康地生活——皆可成为强者"（1988年），"健康是基本人权之一，是社会和经济发展的基础"（1997年）。健康的重要性可见一斑。

在一定的历史范畴内，健康与特定的社会、环境、经济、文化、伦理道德等密切相关。人们对健康内涵的认识随着历史的发展不断演进和深化。

1. 古代传统健康观

在古代，由于生产力水平较低且缺乏科学理念，人们对生命活动的认识比较粗浅，对健康的认识局限于没有疾病、外伤和肢体完整，即所谓"无病、无伤、无残"。这种健康只强调了人力机能的正常运转。

2. 近代科学健康观

随着社会的发展和医学的进步，在近代，人们能够使用各种仪器检测、发现身体的生理变化，健康被视为"器官发育良好，体质健壮，体能充沛"。毋庸置疑，这种建立在生理基础上的生物医学模式是一种巨大的进步，但它忽视了人的心理因素和社会属性。

| 体育小百科 |

古今学者都指出健康的重要性。古希腊哲学家赫拉克利特曾说："如果没有健康，智慧就不能表现出来，文化无从施展，力量不能战斗，财富变成废物，知识也无法利用。"思想家苏格拉底曾说："健康是人生最为可贵的。"培根指出："健康的身体是灵魂的客厅，病弱的身体是灵魂的监狱。"马克思认为："健康是人的第一权利。"我国经济学家于光远指出："健康地生存是人生的第一需要。"

3. 现代全面健康观

20世纪30年代，美国健康教育学者指出："健康是人们身体、心情和精神方面都自觉良好、活力充沛的状态。"由不良情绪、精神创伤、恶劣环境等导致的"现代病"愈演愈烈，1948年世界卫生组织提出了新的健康概念：健康不单是没有疾病和不虚弱，而是躯体、精神的健康和社会幸福的完善状态。20世纪末，世界卫生组织又把道德修养纳入了健康的范畴。

世界卫生组织提出的10个健康标志如下。

（1）精力充沛，能从容不迫地应付日常生活和工作的压力而不感到过分紧张。

（2）处世乐观，态度积极，乐于承担责任，事无巨细，不挑剔。

（3）善于休息，睡眠良好。

（4）应变能力强，能适应环境的各种变化。

（5）能抵抗一般性感冒和传染病。

（6）体重得当，身材均匀，站立时头、肩、臂的位置协调。

（7）眼睛明亮，反应敏锐，眼睑不发炎。

（8）牙齿清洁、无龋洞、无痛感，牙龈颜色正常，不出血。

（9）头发有光泽，无头屑。

（10）肌肉、皮肤富有弹性，走路轻松有力。

《从混沌到有序》中这样描述："科学不是一个'独立变量'，是嵌在社会之中的一个开放系统，由非常稠密的反馈环与社会连接起来，它受到外界环境的有力影响，它的发展是因为文化接受了它的统治思想。"由单一的生理健康观，到涵盖生理、心理、社会层面的三维健康观，再到包括躯体健康、心理健康、社会适应健康和道德健康的全面健康观，健康理念不断变革。正如杜波斯所言："寻求健康是一个不断进行和适应性的过程，而不是一个总能达到或总能保持的静止状态，即健康意味着不断适应变化不定的环境。"

1.2 体育对健康的维护

现代全面健康观对个体健康提出了很高的要求，要提高自身健康程度，时时保持健康状态，大学生需要首先了解健康的影响因素，然后通过体育运动增进自身整体健康。

1.2.1 健康的影响因素

影响个体健康的因素主要包括环境、心理、生活方式和体育运动。

1. 环境

自然环境是人类赖以生存的基础，为人类提供了生活的必需物质。良好的自然环境可以陶冶情操、放松精神、愉悦心情，有利于人的身心健康。恶劣乃至被污染的自然环境会引起人体的种种不适，甚至引发疾病，损害人的身心健康。

社会环境是人类在自然环境基础上，有目的、有计划地创造而成的人工环境，是人类物质文明和精神文明发展的标志之一。社会环境也会在一定程度上影响人类的健康，现代社会中，快节奏的生活、高强度的工作、激烈的竞争和巨大的生活压力，使人产生疲劳综合征、伏案综合征、空调综合征和静电综合征等非健康体征，这些会降低人的免疫力，增加人体患病的可能性。

2. 心理

《黄帝内经》中提到"怒伤肝""喜伤心""思伤脾""恐伤肾"。现代医学证实，心理因素的异常变化可能会导致心身症，又称精神生理反应。最初表现为自主神经和内脏系统的功能性改变，继而发展为躯体的功能失调，甚至发生组织结构的损害，例如，溃疡、偏头痛和心悸等。而积极的心理状态则能在保持和增进健康的同时，对疾病的治疗和痊愈产生积极的作用。

3. 生活方式

生活方式是在遗传提供的可能性前提下，在所处客观环境中养成的一种行为模式，这种行为模式表现为日常生活中习以为常的行为。人的日常生活方式包括饮食习惯、生活安排、娱乐方式和参加社会活动等，其对健康的影响主要体现在以下两个方面。

（1）健康的生活方式

健康的生活方式能在一定程度上促进人的身体健康，对大学生来说，养成良好的作息习惯、合理搭配饮食结构和保证饮食健康、保证适量的运动和保持良好的心态等，都能对人体机能产生正面的影响。

（2）不良的生活方式

世界卫生组织的专家根据统计数据得出一个重要的结论："2015年以来，生活方式疾病已经成了世界的头号杀手。"而所谓生活方式疾病就是指由不良饮食习惯、情绪紧张及吸烟酗酒等不良生活方式所导致的疾病。现在的大学生群体中有很大比例的人存在不良的生活习惯，常见的就是作息不规律、饮食结构不合理，部分存在吸烟和酗酒的习惯，这些不良习惯虽然不会立即导致身体出现反应，但却为以后的身体健康埋下了隐患，这也是慢性病低龄化的主要成因之一。

4. 体育运动

科技的进步和社会的发展提高了人类整体健康水平，但是新的健康问题（涉及人的肌体功能状态、人与自然的关系及人与社会的关系等领域问题）不断涌现，严重威胁着人类的未来生存。

体育和健康在现代社会紧密地联系在一起，体育成为健康发展的核心主题之一，其对健康的特殊意义越来越得到肯定和重视。

进行体育运动是健康的需要，经常运动能预防并减少以心脏病、癌症和糖尿病等为代表的多种疾病的发生概率，也有利于维持健康的体重，增强人的抗压能力和改善睡眠质量等。研究表明，身体缺乏运动的人容易超重、肥胖、患慢性疾病和出现心理不健康等问题。

1.2.2 体育的健康效应

无论是生理健康、心理健康还是社会健康，都能通过适当的体育运动来改善。体育对健康的促进作用被称为体育的健康效应。

1. 体育运动与生理健康

生理健康是指人体生理功能上的健康状态，体育运动能够对人体各大系统、器官、组织产生直接刺激和影响，促进人体生理健康水平的整体提升。

（1）体育运动有利于提升神经系统的机能

神经系统是由众多的神经细胞组成的庞大而复杂的信息网络，能够联络和调节肌体的各系统和器官的功能，在人的肌体功能调节系统中起着主导的作用。研究表明，大脑耗氧量占全身耗氧量的20%～25%，长时间的脑力劳动会导致人因为供血不足和缺氧而头昏脑涨。而进行体育运动，尤其是在新鲜的空气中开展运动，可以提升神经在工作过程中的强度、均衡性、灵活性和细胞的耐久力，使得神经细胞获得更充足的能量物质和氧气，保证神经系统在工作过程中获得充分的能量物质，从而改善大脑供血不足的情况，消除大脑疲劳，恢复活力。

体育运动还可以改善神经系统的调节功能，提高其对复杂变化的判断和反应能力。经常参加体育运动能够促进神经系统兴奋和抑制的交替转移，改善大脑皮层神经系统的均衡性和准确性，提高脑细胞工作的灵活性、协调性、反应速度、耐受能力等，从而有效地节省体力，减少体能的消耗。

（2）体育运动有利于强化血液循环系统的机能

血液循环系统是由心脏和血管组成的遍布全身的管道系统。血液在这个封闭的管道系统里循环流动，为人体的各个组织细胞提供营养物质和氧气。

① 经常参加体育运动可使心肌壁增厚，心肌力增强，心脏体积和容积增大，并减少每分钟的心跳次数。研究表明，运动员的心跳每分钟比一般人少10次，那么一天心脏就能少跳14 400次，这就大大减轻了心脏负担，使心脏更多地休息。

② 经常参加体育运动能促进心肌细胞内的蛋白质合成，促使心肌纤维增粗，心肌壁增厚，心肌力量增强，每搏输出量加大。研究表明，在安静状态下，健康成人心脏的每搏输出量为70mL，而经常运动者可达90mL。

③ 体育运动可以增加血管壁的弹性，并促使大量毛细血管开放，大大加快能量供应，提高新陈代谢水平。

④ 体育运动可以显著降低血脂含量、改变血脂质量，在遏制肥胖、健美形体的同时，能有效地防治冠心病、高血压和动脉粥样硬化等疾病。

⑤ 体育运动可以降低血压，舒缓心搏，预防心血管疾病。病理学家通过解剖发现，经常运动的人患动脉硬化的概率要远远低于不常运动的人。

⑥ 体育运动能使血液中红细胞含量增加，增强血液对营养物质和氧气的运输能力。合理的体育运动可以增加血液中白细胞的数量和增强其功能，特别是可以增加白细胞中具有重要作用的淋巴细胞的数量，这对于提高肌体预防疾病的能力至关重要。体育运动还可以提高体内的免疫球蛋

白水平，亦可有效地提高肌体抗病、防病的能力。

（3）体育运动有利于增强运动系统的机能

运动系统由骨、骨连结和骨骼肌组成，用于支撑人的身体并保护各器官的系统运作。体育运动能够增强运动系统的准确性和协调性，使运动系统保持较好的灵活性，从而使人有条不紊、准确敏捷地完成各种复杂的动作。

① 体育运动可使骨密质增厚，骨小梁排列更加规则整齐，促使青少年骨的长径生长速度加快、直径增大，能极大地提高骨的坚固性和抗弯、抗折、抗压能力。同时，体育运动可促进骨骼中钙的储存，预防骨质疏松。

| 体育小百科 |

体育运动的效果不是永久的，当停止运动一段时间后，其对骨的影响作用会逐渐消失，因此体育运动应经常化。另外，体育运动的项目要多样化，以免造成骨的畸形发展。

② 体育运动可使肌肉的效能增强、体积和弹性增加。具体表现为肌纤维变粗、体积增大、弹性增加，肌肉力量、活动的能力和耐力相应提升。

③ 经常性的体育运动可以增强关节周围肌肉的力量和韧带的柔韧性，增加关节面软骨和骨密度的厚度，并可使关节周围的肌肉发达、力量增强，关节囊和韧带增厚，从而扩大关节活动的范围，增加关节的牢固程度，减少各种外伤和关节损伤。

（4）体育运动有利于完善呼吸系统的机能

呼吸系统由呼吸道（鼻、喉、气管和支气管）和肺组成，体育运动能够锻炼呼吸肌，增加肺活量和呼吸深度，提升人体呼吸系统的氧气吸收能力。

① 体育运动中的一些伸展扩胸运动可使呼吸肌力量增强，胸围增大，从而改善呼吸功能。

② 体育运动可以增加肺活量（人体尽全力吸气后再尽力呼出的气体总量）和肺通气量（每分钟尽力呼出或吸入肺内的气体总量）。体育运动能扩大胸廓，有利于肺组织的生长发育和肺的扩张，使肺活量增加。实验证实，经常参加体育运动的人，肺活量可增加1 000mL左右，肺通气量可达100L/min以上，高于一般人。

③ 体育运动时人体需要大量地吸入氧气和排出二氧化碳，这就要求呼吸肌加强收缩，使肺泡充分扩张，加大呼吸的深度，从而有效地提高肺的通气效率。由于吸进的氧气多，呼吸肌有较长时间休息，人体能够承受更大的运动量。

（5）体育运动有利于强健消化系统的功能

消化系统的功能就是消化食物，吸收营养物质，排出废物。人体必须不断地从外界摄取营养物质，满足新陈代谢的需要，才能维持生命活动。经常进行体育运动能促进胃肠蠕动，增加消化液分泌量，在提高食欲的同时增强吸收能力。

需要注意的是，运动越剧烈、持续时间越长，消化系统就需要越长的时间来恢复。如果饭后立即参加剧烈运动，就会影响胃肠机能，甚至可能因为胃肠的震动和肠系膜的牵扯而引起腹痛，进而影响人体的健康。所以，运动和吃饭之间要有一定的间隔，饭后不宜立即进行体育运动，剧烈运动后不宜立即就餐。通常情况下，运动后休息30～40min再进食，或饭后约1.5h再运动较为科学。

（6）体育运动有利于优化免疫系统的机能

体育运动本身是一种运动负荷的刺激，经过反复刺激，身体的各个系统就会产生形态及功能的适应性变化。在这种应激与适应的生理反应过程中，免疫机能也会相应得到优化。

2. 体育运动与心理健康

心理健康的标准包括情绪适当、意志合理、智力正常、个性合宜等，体育运动对个体心理健康具有显著的促进作用。

（1）体育运动能够舒缓情绪

情绪是心理健康情况的重要指标。现代社会中，各方面的综合压力使人易产生焦虑、烦恼、紧张、压抑、暴躁、忧郁等不良情绪。

体育运动可以转移大脑皮质的兴奋中心，能对情绪起到积极调节作用；同时体育运动能舒缓压抑的情绪和思想，起到心理宣泄作用。参加体育运动时，人将产生各种各样的情感体验，从而提高个人情绪的适应性，使情绪向成熟发展。另外，体育运动可以促进人际交往，改变孤独、抑郁或自卑等心态，从而维护心理健康。

（2）体育运动可以增强意志

意志品质包括自觉性、果断性、坚韧性、自制力及勇敢顽强精神等。体育运动充满了失败和挫折，积极主动、持之以恒地进行体育运动，要克服各种主观、客观困难，这个过程既是锻炼身体的过程，又是培养良好意志品质的过程。参加运动强度更大、竞争更加激烈的竞技体育运动更能够激励人们奋发向上、顽强拼搏，培养坚强、自信、勇敢、进取的优秀品质。

（3）体育运动可以开发智力

人在体育运动中表现出来的注意力、观察力、记忆力、想象力、思维力和分析判断能力等都是智力的组成部分。体育运动需要运用各种技术和战术，开发大脑各种潜力，提升人的思维能力和创造力。

（4）体育运动可以培养个性

个性是一个人的兴趣爱好、意志能力和气质性格等各种心理特征的综合表现，良好的个性能使人具备创新开拓的进取精神和努力奋斗的意识。体育运动可以为大学生创造一个广阔的空间，大学生不仅可以通过体育运动参加社交活动，提高对社会的适应性，还可以从体育运动中体验到成功的喜悦，满足自我实现的需要，从而充分展示和发展自己的个性。

3. 体育运动与社会健康

人们生活在社会中，健康的个体应该具有良好的社会适应性和道德自律。长期体育运动能够对人产生潜移默化的影响，提高人的社会健康水平。

（1）体育运动提高社会适应性

社会适应性是指个体对所处社会环境的认识，社会适应性良好是指个体恰当地扮演生活中的各种角色，如朋友、邻居、同学、恋人等，在社会各领域发挥积极的作用。

① 人际交往。体育运动能够增进人际交往，体育运动不仅能促进人的社会交往活动，增加彼此交流，而且这种社交特性又会吸引人参与和坚持体育运动。研究表明，在进行体育运动过程中，人可以忘却烦恼和痛苦，消除孤独感，并逐渐形成与人交往的意识和习惯，很多性格内向者都能通过参加集体性的体育运动来改善自己的人际关系。

② 团体合作。人们在体育运动过程中容易形成团结友善、协调一致、相互帮助、彼此鼓励的团队精神，这些精神有助于培养社会适应性。在集体性的体育活动中，大学生需要与他人通力合作才能获得胜利或成功，这不但可以实现集体的目标，而且能充分发挥个人的作用。

③ 竞争意识。现代社会的竞争日趋激烈，大学生必须具备竞争意识和能力才能更好地适应社会。体育运动特别是竞技体育中的竞争更加激烈，既有人与人之间的竞争，也有团体与团体之间的竞争，更好地适应这些竞争，大学生才能培养出积极进取、顽强拼搏的精神，以及强大的个人能力，在走出学校后更好地融入竞争激烈的社会中。

（2）体育运动推动个体道德建设

体育运动的功能不仅在于育体，而且在于育心。西周的礼射，讲究"明君臣之礼，明长幼之序"，即以射建德。我国将体育作为道德养成的积极手段，从竞技体育的爱国主义教育到学校体育的集体主义教育，培养学生具备务实肯干、自强不息、尊老爱幼、诚实守信、谦虚礼让和助人为乐等优良作风和传统美德。

思考与练习

一、思考题

我国体育发展经历了哪些阶段，各阶段有何特点？

二、简述题

从生理健康、心理健康、社会健康3个方面简述体育运动对健康的影响。

三、健康程度评估

按照世界卫生组织提出的10个健康标志，评估自身的健康水平。

活动与探索

一、探索蹴鞠

蹴鞠是我国特色体育运动，具有悠久的历史。搜集相关资料，了解蹴鞠的各种技术和各种竞技方式，也可尝试组织一场蹴鞠比赛。

二、体质监测

测量并记录自身的健康状况数据，如身高、体重、血压、心率、肺活量等，保持定期测量，持续监测自身体质状况。

第2章

体育锻炼与保健

案例引入

伏尔泰是 18 世纪法国启蒙思想家、文学家、哲学家。伏尔泰很早就认识到了体育运动与健康间的关系，积极参加散步、跑步、击剑、骑马、游泳、爬山等运动，直到 80 岁，还和朋友一起登山看日出。我们熟知的格言"生命在于运动"就出于伏尔泰之口。

2.1 科学锻炼

锻炼能增强人的身体素质，提高人的健康水平。但在锻炼的同时，人们也面临着各种各样的风险。只有坚持科学锻炼，人们才能尽量避免锻炼风险，增强锻炼效果。

2.1.1 科学锻炼的原则

在人体科学、生物学、医学、心理学等各个学科的发展下，人们对体育运动有了全面准确的认识。由此，锻炼也进入了"科学时代"。按照科学锻炼的原则进行锻炼，大学生可以更高效地达到锻炼效果。

1. 项目选择恰当原则

大学生要根据自己健康状况和体能情况，合理制订锻炼计划，恰当安排锻炼内容，特别需要注意身体疾病等导致的不宜进行的项目。从而，在增强锻炼效果的同时，最大限度地防止运动损伤和意外事故。

2. 锻炼强度适宜原则

大学生应该从自身特点出发，安排、调整锻炼的方法、内容和运动负荷等。

锻炼强度（体育锻炼时身体的生理负荷量）直接影响人体机能的变化，进而对锻炼效果产生作用。如果强度过小，就无法促进机体变化，达不到锻炼身体的目的；如果强度过大，超出了机体所能承受的范围，就会引起睡眠不宁、食欲不佳、长期疲劳等不良反应。正确的做法是先选择较小的锻炼强度，经过一定次数和时间的锻炼后，引起了身体的适应，然后再依据人体对运动的适应性变化，有计划地逐步提升锻炼强度，使身体产生新水平的适应，最终达到增强体质的目标。

锻炼强度的大小因人、因时而异，同一个人，不同的机能状态下对锻炼的承受能力也不尽相同。一般而言，在每次体育锻炼以后如果稍微感到疲惫，但没有各种不良反应，通过休息恢复较快，这样的锻炼强度基本是合适的。例如，在进行卧推时，大学生应该先选择较轻的重量，再逐渐增加重量，直到重量合适为止。

3. 全面系统锻炼原则

不同的锻炼项目所引起的人体的生理变化和机能适应各不相同。例如，长跑侧重于人体肺活量和耐力的提高，吊环则能快速增强手、臂的力量。大学体育的教学内容包括跑、跳、投、攀爬、悬垂、支撑，以及球类、搏击类、户外运动、游戏等丰富的项目，目的就是使大学生的身体得到全面锻炼，从而促进身体各组织器官的整体发展，使身体素质和运动能力得到综合提高。反之，大学生如果单凭兴趣，喜欢什么项目就只练什么，则可能造成身体发展的不均衡和不协调。

大学生体育锻炼的内容、方法要尽可能考虑身体的全面发展，可以以功效大、兴趣浓的运动项目为主，其他项目为辅进行全面锻炼。强调全身的活动，而不限于局部。

4. 持之以恒锻炼原则

如果停止锻炼，锻炼对身体的影响是会慢慢消退的，肌体会慢慢退化。因此大学生需要反复、长期地进行锻炼，才能不断提升锻炼成果。

（1）体育锻炼要循序渐进。

强健体魄，完善素质，提升机能，形成技能，不可能一蹴而就，而是需要在长期的运动中，在反复的刺激下，在大脑皮质中建立起动力定型，进而形成动力定型条件反射，使机能逐渐适应、积累、提高，逐步、依次、循序地发生变化，拔苗助长不但不利于健康，甚至会造成身体的损伤。

（2）体育锻炼要坚持不懈。

从生物学的角度看，人体的发展既不会立竿见影，也不会一劳永逸。人体对体育锻炼的适应呈现出经常锻炼则进步、发展；"三天打鱼，两天晒网"则退步、削弱的变化规律。人在停止运动几周后，由于热量消耗减少，脂肪开始增长，肌肉逐渐萎缩，技能也会消退。所以，大学生需要树立终身体育的理念，持之以恒地进行体育锻炼。

┌─ **多学一招** ─────────────────────────────┐

　持之以恒原则也不是绝对的，当大学生生病或感觉疲惫时，应酌情减少训练量，不要勉强完成既定运动，否则会加重身体的不适感。

└──────────────────────────────────────┘

5. 充分热身与放松原则

热身和放松是锻炼和休息间的过渡，有效的热身能够提升激烈运动的效率和运动安全性，有效的放松有助于疲劳的消除，加速肌肉机能的恢复。

锻炼开始前，大学生要重视热身。热身就是在体育锻炼前，根据体育项目的特点，相应地活动身体各部位。其作用在于提高神经中枢的兴奋性，加强心肺功能，使肌肉、肌腱、韧带处于伸展性良好的工作状态。它是人体从相对安静状态过渡到剧烈运动状态，克服生理惰性，进行自我保护的有效措施。尤其是在气温较低时，更应该重视锻炼前的热身活动。

锻炼结束后，要做好放松。放松的作用在于通过比较轻松、舒缓的身体活动，各个组织器官从紧张的运动状态中松弛下来，增加吸氧量，加速体内乳酸代谢，从而加速疲劳的缓解和消除，使肌肉疼痛感大大降低。此外，剧烈运动时，肌肉有节律性地收缩，促使血液很快地流回心脏，心跳和血液流动加快，肌肉和毛细血管扩张。此时如果立即停止运动，会使肌肉的节律性收缩也立即停止，导致肌肉中的大量血液淤积于静脉，造成暂时性的心脏缺血、脑部供血不足，引发心慌、头晕、眼花，甚至休克等症状。例如，急速奔跑到达终点后，借助惯性再慢跑一段直至放慢到步行状态，目的就在于此。

6. 明确锻炼意向原则

首先，应该确立明确的锻炼目标。根据个人实际，既不妄自菲薄，也不夜郎自大，不急躁冒进，不踏步不前，确定恰当的锻炼目标。在此基础上形成各个时期的锻炼计划和预期效果，并注意阶段性的调整，体育锻炼才能奏效。

其次，应该自觉积极地从事运动。这就要求大学生充分认识体育锻炼的价值，培养浓厚的体育兴趣。这样才能克服自身惰性，把体育锻炼当作生活中必不可少的组成部分，以极强的主动性和自觉性投身体育运动，真正达到身心合一。

2.1.2　科学锻炼的方法

科学锻炼是一个完整的行动流程，具体可分为6个步骤，即自我测试、设置目标、制订计划、充分热身、实施锻炼与适当放松。

1. 自我测试

进行锻炼前，大学生只有对自身状况有充分了解，才能树立恰当的锻炼目标，形成科学的锻炼计划。自我测试的内容包括以下3个方面。

（1）身体形态的测试。如身高、体重、胸围、腰围等。

（2）身体机能的测试。如脉搏、血压、肺活量等。

（3）运动能力的测试。如速度、力量、耐力、灵敏、柔韧、平衡等身体素质，跑、跳、投等身体活动能力等。

2. 设置目标

大学生可以根据自我测试的结果，设置合理的目标。为取得好的锻炼效果，大学生可以分别设计各阶段的锻炼目标，如表2-1所示。

表2-1　设置目标

目标	时限	目标内容
长期目标	2～4年	身体强健，力量、速度和耐力大幅提高，能够完成半程马拉松
中期目标	一学期或一年	身体素质有效提高，掌握长跑技巧，12分钟内完成4km长跑
短期目标	一个月或一季度	身体素质得到加强，4分钟内完成1km跑

注：该目标仅供参考，大学生应根据自身实际情况设置自己的目标。

大学生还可以对目标进行进一步细化，例如规定自己所要达到的具体数值，如"肺活量达到5 000mL""能够完成10次50kg卧推"等。

3. 制订计划

根据自己定下的目标，大学生就可以制订具体的锻炼计划。锻炼计划应该明确、具体和可量化。这样大学生才能够在锻炼过程中准确把握锻炼的效果，衡量实际效果与预期计划的差异，并有意识地调整计划。需要注意的是，大学生在锻炼计划中也要安排一些空闲时间，以应对突发事件，如生病、调课、其他活动等。表2-2所示为某大学生的周锻炼计划。

表2-2　周锻炼计划

	星期一	星期二	星期三	星期四	星期五	星期六	星期天
早晨	晨跑0.5h	晨跑0.5h	晨跑0.5h	晨跑0.5h	晨跑0.5h	无	无
上午	身体素质练习0.5h	无	身体素质练习0.5h	无	身体素质练习0.5h	自行车5km或长跑1km	游泳2km
下午	无	篮球1h	无	篮球1h	无	篮球2h	无
晚上	健身房锻炼	篮球或有氧跑	健身房锻炼	篮球或有氧跑	健身房锻炼	无	无

4. 充分热身

热身可加快肌肉内的代谢，增加血液流量、血液氧气含量和肌肉的营养供给，增强肌肉力量，并增加肌肉、韧带的弹性和伸展性，减少肌肉剧烈收缩造成的运动损伤，同时使大脑皮层兴奋，为运动做好准备。

完整的体育运动前热身应该包括一般热身、静止肌肉拉伸、专项运动热身和动态肌肉拉伸4项主要内容。

（1）一般热身。一般热身指一些轻松的身体活动，时长为5到10分钟，身体微微出汗即可，其功能是提高心率，加快呼吸，增加血流量以帮助运送氧气和营养物质给肌肉，同时提高肌肉温度。

（2）静止肌肉拉伸。静止肌肉拉伸指对运动时需要动员的大肌肉群进行拉伸，时长为5到10分钟。这种热身可以增加关节的活动范围，增加肌肉与肌腱的伸展度，预防肌肉与肌腱的损伤。

（3）专项运动热身。专项运动热身指根据专项运动的需求而进行的热身，这种热身反映出该专项运动的特色动作，例如，打篮球前进行的投篮、运球，长跑前的慢跑等。

（4）动态肌肉拉伸。动态肌肉拉伸必须在有资质、有经验的教练员和指导员的指导下进行，适合有训练经验的运动员。动态肌肉拉伸可以增加肌肉的灵活性，且适应专项运动的要求，包括控制、软组织平衡、扩大身体关节的活动范围等内容。

> **┤ 多学一招 ├**
>
> 如何确定自己的热身是否充分呢？通常，身体微微出汗就代表热身到位。若要以数值表示，心率达到最大运动心率的60%～70%即为最佳热身状态。最大运动心率的计算方法为"（220-现在年龄）×0.8"。

5. 实施锻炼

在充分热身后，大学生就可以开始正式锻炼。锻炼的方法有很多，常用的锻炼方法有以下6种。

（1）重复锻炼法。

锻炼重复次数不同，对身体的作用也不同，重复次数越多，身体对运动反应的负荷量越大。因此，运用重复锻炼的方法，关键是视实际情况掌握好负荷量，并据此调节重复次数。

（2）间歇锻炼法。

间歇健身的作用并不亚于运动本身，体质增强，就是通过在间歇的休息过程中取得超量恢复（超量恢复是指机体承受超过原有运动负荷刺激后，所达到的适应性恢复水平与原有恢复水平之差）来实现的。自古以来就有以静炼身的经验，现代科学更是让人类认识到了间歇健身的效果。

需要注意的是，间歇时，大学生不要采取静止休息，而应采取积极休息的方法，边轻微活动边休息，使肌肉对血管起到按摩作用，帮助血液流回心脏并加速排出代谢所产生的废物。积极休息的方法有慢速行走、放松手脚、伸腰压腿或深度慢呼吸等。

（3）连续锻炼法。

连续锻炼的作用在于维持负荷量在一定的水平上，既不下降，又不上升，使身体充分地受到运动的影响。实践中，用于连续锻炼的主要是比较容易并已为锻炼者所熟悉的动作，如跑步、游泳、健美操等。

（4）循环锻炼法。

循环锻炼法由几个不同的练习点组成，一个点上的练习一经完成，练习者就迅速转移到下一个点，随后的练习者依次跟上。练习者完成所有点上的练习，就算完成了一次循环。采用这种方式时身体承受的负荷较轻，该方式既简单有趣，又可使练习者获得综合锻炼，达到全面发展的良好效果。例如，把篮球练习分为立地投篮、三步上篮、全场运球3个点，逐一完成。

（5）变换锻炼法。

此法可以有效地调节生理负荷，提高兴奋性，克服疲劳和厌倦情绪，进而强化锻炼意向，以达到增强锻炼效果的目的。

一方面，锻炼条件、环境的变化，可使锻炼者的大脑皮层不断地产生新异刺激，提高兴奋性、维持锻炼的兴趣，从而提高机体对负荷的承受能力，增强锻炼效果。另一方面，对锻炼内容、时间、动作速率等做出变更，提出新的要求，可有效地调节生理负荷，使机体不断产生适应性变化，达到更好地锻炼身体的目的，例如将在田径场上进行的长跑变为在野外自然环境中进行的越野跑。

（6）负重锻炼法。

负重锻炼法是使用杠铃、哑铃、沙袋等重物进行身体锻炼、增强体力的方法。大学生进行负重锻炼时，应该采用最大摄氧量和最大输出量以下的负荷，以防止给心血管和呼吸系统带来不良影响。

6. 适当放松

在锻炼过程中，人体需要大量的氧气来促进代谢，同时也会产生大量的二氧化碳、乳酸等，这些需要排出身体。适当放松可以加快血液传输，提高氧气运输和废物排出的效率，使身体更快恢复。由于不同体育运动主要锻炼的肌肉部位不同，所以具体放松动作也不同，但归纳起来，放松主要包括以下4个方面。

（1）上肢放松。上肢放松的常见动作包括肩关节环绕、前臂拉伸、俯身飞鸟、肩胛骨上回旋、胸部伸展和肩胛骨引体等。

（2）下肢放松。下肢放松的常见动作包括晃动大腿肌肉、捶打腿部肌肉和腿筋拉伸等。

（3）团身抱膝放松。团身抱膝放松的常见动作主要有两个：一个是双手抱膝，下蹲，低头，反复上下颤动至腰椎发热；另一个是保持身体呈下蹲姿势，用双手环抱膝盖，同时尽量低头（以下巴靠到前胸为佳），再抬起，进行20次～30次。

（4）全身休整放松。全身休整放松的常见动作是双膝弯曲，上身向前倾使双手扶地，充分运用气息，深吸气于胸，然后气沉丹田。几次后上肢慢慢抬起，直立，直至脉搏恢复正常值。

放松后，大学生还应该适当补充能量，因为人在运动过程中会大量出汗，随之流失大量的电解质、糖分和水分等。仅仅补充水分短时间内不足以应付电解质和糖分的流失，大学生最好选择饮用淡盐水或运动饮料等。锻炼完后，大学生切忌在短时间内喝冷饮或直接进食，否则可能引发肠胃不适。

2.1.3　锻炼的常见误区

锻炼能够强身健体，但如果锻炼方式不对，可能反而会使身体遭受伤害。事实上，很多人都落入了锻炼的误区而不自知。

1. 误区一：锻炼内容千篇一律

一种运动项目只能够锻炼有限的部位。如果大学生每天锻炼的内容一样，那么锻炼的部位局限于同样的几块肌肉，整体身体素质并不能得到有效提高。同时，当人休完全适应了这种锻炼动作的刺激后，再进行锻炼时，呼吸不再加速，运动过程中消耗的热量也会渐减，锻炼效果自然变差。

2. 误区二：大量运动后立即洗澡

很多人认为，运动后一身汗，应该马上洗澡。其实，剧烈运动后，人体为方便散热、保持体温的恒定，皮肤表面血管扩张，排汗增多。此时，冷水浴会使血管立即收缩，血液循环阻力加大，体内产生的大量热量不能尽快散发，会导致内热外凉，机体抵抗力降低，破坏人体的平衡，容易生病。而洗热水澡则会继续增加皮肤和肌肉内的血液流量，导致心脏、大脑等其他重要器官的供血不足，出现头昏、恶心、全身无力，甚至虚脱休克，严重的还会诱发其他慢性疾病。

3．误区三：出汗越多运动越有效

出汗量并不能用来衡量运动的效果。因为人体的汗腺受遗传影响，分活跃型和保守型两种，保守型的人天然出汗量较少。

同时，出汗与脂肪消耗也没有必然联系，因为汗水的主要成分是水、盐分和矿物质，不含脂肪。出汗越多并不意味着脂肪消耗越多。

4．误区四：锻炼期间可以尽兴吃喝

许多人认为，健身期间身体会消耗更多的热量和碳水化合物，不需要实施节食计划。其实不然，那样只能做到热量的入出平衡或不增加肥胖。想要达到最佳锻炼效果，大学生就要保持营养平衡，多吃水果、蔬菜、纤维素、谷物及瘦肉，少喝甜饮料、少吃能榨出油的干果和热量高的食品。

2.2 运动处方

运动处方具有悠久历史。战国时期的《行气玉佩铭》上刻有我国最早的运动处方，郭沫若先生将其译为："行气，深则蓄，蓄则伸，伸则下，下则定，定则固，固则萌，萌则长，长则退，退则天。天几春在上，地几春在下。顺则生，逆则死。"公元前5世纪，古希腊希波克拉底（Hippocrates）的著作《健身术》被视为西方运动处方的萌芽。20世纪50年代，美国著名的生理学家卡波维奇（Kapovich）提出了运动处方的概念。1969年，世界卫生组织采用了运动处方（Exercises Prescription）这一术语。1995年，美国运动医学会提出了一个运动处方的建议——"FITTP"：F即Frequency（频率）、I即Intensity（强度）、T即Time（时间）、T即Type（类型）、P即Progression（进度）。

2.2.1 运动处方的内容

关于运动处方的定义，各家学者表述不一。通俗而言，运动处方是指针对个人的年龄、性别、健康状况、锻炼经历、心肺和运动器官的机能水平等，而制定的规定了适当锻炼内容、锻炼方法和运动量等的科学体育锻炼方法。

运动处方是一种个体化的锻炼方案，因人而异，优质的运动处方针对性强，见效快，且能避免运动损伤，更好地达到健身和防治疾病的目的。运动处方从不同角度分类众多，如表2-3所示。

表2-3　运动处方的类别

分类依据	类别
按目的分类	治疗性运动处方（以治疗疾病、增强康复效果为主）
	竞技性运动处方（以提高专业运动成绩为主）
	健身性运动处方（以提高身体素质、增强运动能力为主）
按锻炼的器官系统分类	神经系统运动处方、呼吸系统运动处方、消化系统运动处方等
按锻炼者的年龄分类	幼儿运动处方、青少年运动处方、中年运动处方、老年运动处方等

无论何种类型的运动处方，其基本内容都包括5个方面：运动目的（强身健体、防治疾病、健美减脂、消遣娱乐等）、运动类型、运动强度、运动时间、运动频率。其中后4项被称为运动处方的4要素。

1. 运动类型

运动类型，即根据体育运动者的目的有针对性地选择的锻炼项目。例如，大学生为了预防和缓解神经衰弱，可以选择太极拳、瑜伽等放松舒缓的运动项目；为了改善形体，可以选择健美操、交谊舞等塑形健身的运动项目；为了增强耐力，可以选择球类、跑步等有氧运动项目。当然，大学生也可以选择多个运动项目。

2. 运动强度

运动强度，即在单位时间内完成的运动量，也就是运动的激烈程度。运动强度是制定和实施运动处方的关键因素之一，对于获得最大化的健身效果具有积极作用。恰当的运动强度应是安全而有效的。运动强度用代谢当量（metabolic equivalent，MET）来表示，每千克体重，进行1分钟活动，消耗3.5毫升的氧，其活动强度称为1MET，1MET相当于成年人基础代谢水平。

如果运动强度过大，会导致排汗过多，食欲不佳，睡眠不良，并伴有头晕、恶心、胸闷等不良反应，且运动后的第二天疲倦感仍然比较明显。如果运动强度过小，则不能实现锻炼目标，具体表现为脉率变化很小，运动后1~2min脉率即恢复到安静时的水平、不出汗等。

运动强度常以心率作为量化的指标。心率与锻炼效果的关系如表2-4所示。心率过低，锻炼效果不明显；心率过高，锻炼则会适得其反，造成机体损伤。据研究，心率在120~150次/分为锻炼效果的最佳区间，150次/分为安全界线，120次/分为显效界线。

表2-4　心率与锻炼效果的关系

心率（X）	锻炼效果
$X \leqslant 120$次/分	血压、血液、尿蛋白、心电图等均无明显变化，健身价值小
120次/分$<X \leqslant 140$次/分	心脏每搏输出量接近并达到最佳状态，健身效果明显
140次/分$<X \leqslant 160$次/分	心脏每搏输出量最大，运动强度适中
160次/分$<X \leqslant 170$次/分	无不良的异常反应，也未出现更好的健身迹象，运动强度适中或略大
$X>170$次/分	体内免疫球蛋白减少，易产生疲劳、感染疾病、导致运动损伤等，运动强度过大

表2-4中的数据仅供参考，在实施过程中，大学生应根据年龄、性别、体质状况及身心特点，自监自控，负荷适宜，循序渐进，以获得较好的锻炼效果。

3. 运动时间

运动时间即达到运动处方要求强度的持续时间。运动时间与运动强度成反比，运动强度较大时，欲达到相同的训练效果，运动时间就应缩短；运动强度较小时，则运动时间应该延长。一般而言，要使身体各系统受到有效的运动刺激，达到有效心率后运动时间不能少于5min。

4. 运动频率

运动频率即每周的运动次数。每周运动的次数要综合考虑疲劳的消除、运动效果的积累与持续的时间。一般而言，耐力锻炼，每次20~60min，每周3~5次即可；肌肉力量锻炼，隔日为好；柔韧性锻炼，至少应两天1次，且每次训练皆伸展1~3个回合。运动能力强、体力好的大学生可以适当增加运动次数。

2.2.2　运动处方的制定与实施

运动处方的制定和实施需要遵循一定的步骤，如图2-1所示。

（1）个人基本信息收集。个人基本信息指姓名、性别、年龄、既往病史、训练经历、健身目的、所处环境等。例如，不曾训练过的人，进步幅度会较大；长期训练过的人，进步则相对缓慢。

（2）健康检查。健康检查的目的是获取运动者在身体发育、机能水平及疾病状况等方面的基本信息，以便有针对性地确定运动项目、运动强度、运动频率等。健康检查主要包括检查心率、血压、心电图、摄氧量及验血、验尿等方面。

```
┌──────────────┐ ┌──────────┐ ┌──────────┐
│个人基本信息收集│ │ 健康检查 │ │ 体质测试 │
└──────────────┘ └──────────┘ └──────────┘
        │              │            │
        └──────────────┼────────────┘
                ┌──────────────┐
                │  制订运动处方  │
                └──────────────┘
                       │
                ┌──────────────┐
                │  实施运动处方  │◄──┐
                └──────────────┘   │
                       │           │
                ┌──────────────┐   │
                │  再次体质测试  │   │
                └──────────────┘   │
                       │           │
                ┌──────────────┐   │
                │  分析运动结果  │   │
                └──────────────┘   │
                       │           │
                ┌──────────────┐   │
                │  调整运动处方  │───┘
                └──────────────┘
```

图2-1　运动处方的制定与实施步骤

（3）体质测试。体质测试应在专业人员的指导和监督下进行，一般包括身体形态、心肺机能和身体素质3个方面的测试。具体测试项目有身高、体重、肺活量、速度、力量、耐力、柔韧性等。

制订运动处方时，大学生要明确自身心肺功能对运动负荷的反应，并以此为基础设置合适的运动目标，做到短期、中期和长期相结合。这一方面是为了防止运动负荷水平过高而造成对机体的损伤，另一方面也是为了避免因运动量过小而达不到锻炼目的。此外，运动项目的选择应从大学生个人实际出发，以明确、具体、便于量化者为佳。大学生的体力、精力处于人生全过程中最充沛的阶段，最好选择球类、健美、武术、游泳及其他《国家体育锻炼标准》规定的项目等。

运动处方的实施是一个动态的过程，运动者应根据锻炼效果对原定运动处方进行调整，使之更加切合实际，使运动处方内容与机体状态相符，以切实达到发展身体、增强体质、增进健康、终身受益之目的。

坚持运动一段时间后，如果机体承受运动负荷的水平有所提高，机体对原有的运动刺激已经适应，应加大运动量或改变运动方式，以不断提升锻炼效果；如果运动者竭尽全力也难以完成运动处方所规定的运动量，经常出现疲劳，甚至表现出了运动性疾病的症状，应重新评价运动者的机能水平和运动能力，修改运动处方的内容。

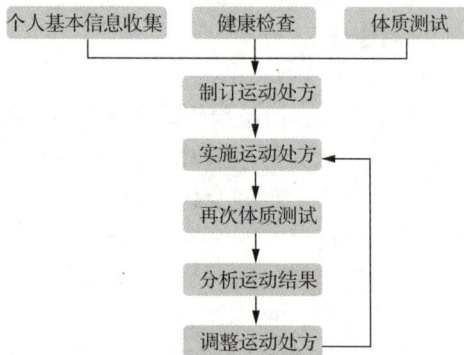

思考与练习

一、思考题

想一想科学锻炼应坚持哪些原则与方法。

二、简述题

简述运动四要素。

三、制订锻炼计划

请你为自己制订周锻炼计划，并记录锻炼结果。

活动与探索

一、了解锻炼的误区

请通过网络搜集相关资料，说说现代大学生还可能陷入哪些锻炼的误区。

二、制订运动处方

根据文中内容，为自己制订运动处方并实施。

第3章

课外体育与竞赛

案例引入

　　皮埃尔·德·顾拜旦（Pierre De Coubertin）1863 年出生于法国贵族家庭，他喜欢拳击、赛艇、击剑和骑马等体育活动。1892 年，他呼吁复兴奥林匹克运动，并于 1894 年 6 月组织成立了国际奥林匹克委员会。1896 年，第一届现代奥林匹克运动会（简称奥运会）在雅典召开。1896 年至 1925 年间，顾拜旦担任国际奥林匹克委员会主席，并设计了奥运会会徽、奥运会会旗。顾拜旦为奥林匹克运动会做出了卓越的贡献，被尊称为"奥林匹克之父"。

3.1　课外体育概述

　　虽然体育课程为大学生提供了专业的体育知识和技能训练，但综合来看，课内体育的运动量仅占个人运动量的一小部分，课外体育才是大学生运动的主战场。大学生要重视课外体育活动，充分利用好课外时间锻炼身体。

3.1.1　课外体育的意义和特点

　　课外体育指大学生在课外时间，运用各种身体锻炼技巧和方法而进行的，以增强体质、提高运动技术水平和丰富业余文化生活为目的的体育教育活动。课外体育是学校体育的重要组成部分，也是发展课外教育的重要形式和内容，更是实施素质教育的重要途径以及终身体育的重要基础。

　　课外体育活动具有以下特点。

　　（1）开放性。课外体育约束较少，大学生可选择的活动内容丰富，活动空间广阔。

　　（2）兴趣性。课外体育活动形式多样，活动内容丰富，大学生可以按照自己的兴趣和爱好，自由地选择体育项目。

　　（3）灵活性。在课外体育运动中，大学生可以灵活安排时间，适时调整项目。

　　（4）自主性。课外体育没有强制性，大学生可以自主练习、自愿参与、自觉锻炼。

　　（5）实效性。课外体育由大学生自主安排，大学生能够根据自己的身体条件、爱好、目标安排最适合自己的运动项目与运动量，使具有各种差异的大学生都能得到最好的运动效果。

　　（6）综合性。课外体育是体育课堂的延伸，但并不依赖于课堂体育而独立存在，形式丰富、项目众多，自成体系。

3.1.2　课外体育的形式和内容

　　课外体育活动的基本组织形式和内容包括课间活动、课外体育活动、体育俱乐部、学校运动会、运动训练等。

（1）课间活动。课间活动包括利用10分钟课间休息进行的学生自由活动和通常在上午第二、第三节课之间利用15～30分钟开展的课间操活动。

（2）课外体育活动。通常，学校在没有体育课的当天要安排一节课外体育活动课，确保学生每天1小时的锻炼时间。

（3）体育俱乐部。校内体育俱乐部分为单向俱乐部和综合性俱乐部两类。大学生根据各自的兴趣爱好与需求等自愿加入俱乐部，参加符合自己特长和要求的体育锻炼活动。大学生参加体育俱乐部既可以休闲娱乐为目的，也可以提高技术水平为目的。

（4）学校运动会。学校运动会是学校内部自行组织的，以年级、班级为单位进行的竞赛活动。其竞赛内容一般由多个运动项目组成，并集中于同一时段进行。目前，常见的竞赛形式是田径运动会，或篮球、排球、足球等多个项目组成的球类运动会，有条件的学校也会举办综合运动会。

（5）运动训练。运动训练指学校为提高学校运动技术水平，推动学校体育的发展，利用课余时间对具有一定体育特长的学生进行的训练。

3.1.3　课外体育活动与体育课堂教学的异同

课外体育活动与体育课堂教学既有区别，又有联系。

1. 课外体育活动和体育课堂教学的共同点

课外体育活动与体育课堂教学共同促进学校体育的目的和任务的达成，坚持健康第一，坚持以促进学生身心全面发展为方向，都是以身体活动为主，并与思维活动相结合的教育活动；学生都要在运动过程中承受一定的运动负荷；都要遵循认识事物的一般规律、学生身心发展规律和动作技能形成规律等；都要恪守身体全面发展、循序渐进、运动负荷合理、从实际出发等原则。

2. 课外体育活动和体育课堂教学的不同点

课外体育活动，顾名思义，是在课外进行的体育活动，所以与体育课堂教学有着明显的区别。

（1）任务。任务上，体育课上教师要教给大学生教学大纲规定的体育知识技术与技能，凸显"教"的因素。而课外体育活动，"练"的因素更为显著，主要是"活动""玩耍"。

（2）组织。组织上，体育课有固定的教师、班组等。而课外体育活动的组织形式则灵活机动，既可集体游戏，又可自行操练。

（3）内容。内容上，体育课上教师主要按照制订的计划进行教学，具有一定的统一性和严肃性。而课外体育活动不受此限制，大学生既可在课外体育活动中复习体育课上的内容，又可根据学校的实际条件和自身的兴趣爱好开展多种多样的运动项目。

（4）时间。时间上，体育课一般每周两课时，少数有条件的学校，安排3课时或更多的课时。而课外体育活动的时间更为充裕，能够每天进行。

3.2　体育竞赛的组织与编排

体育竞赛是重要的课外体育活动，能够综合体现学生体育素质与技能水平，其中田径竞赛和球类竞赛是常见的竞赛类型。下面介绍体育竞赛的组织工作以及田径竞赛和球类竞赛的编排工作。

3.2.1　体育竞赛的组织

体育竞赛的组织包括赛前准备、赛中管理和赛后汇总3部分。

1. 赛前准备

赛前准备阶段涉及的具体工作包括确立组织方案、拟定竞赛规程、构建组织机构、制订工作计划和落实赛前工作。

（1）确立组织方案。组织方案既是各项筹备工作的依据，又是保证运动会高效、顺利运行的先决条件，一般包括：竞赛的名称、性质、目的、任务、意义、规模、组织机构、经费预算、工作步骤等。

（2）拟定竞赛规程。竞赛规程是竞赛工作的规范性文件，具体指导比赛有计划、有秩序、科学、合理地进行。其主要内容包括：竞赛名称、目的、时间、地点、项目、比赛限制（每人限报项数、每项限报人数等）、竞赛规则、参赛资格、名次录取、奖励办法、报名方式、注意事项等。竞赛规程应由主办单位提前下发到各参赛单位。

（3）构建组织机构。竞赛组织机构的设置既要符合竞赛规模，又要尽量精简，还要职能划分明确（见图3-1）。竞赛组主要负责裁判、编排记录、成绩公布、运动员资格审核等工作。政宣组主要负责思想教育、宣传报道、安全保卫等工作。会务组主要负责经费计算、物资供应、公共关系维护、食宿交通管理、医疗救护等工作。

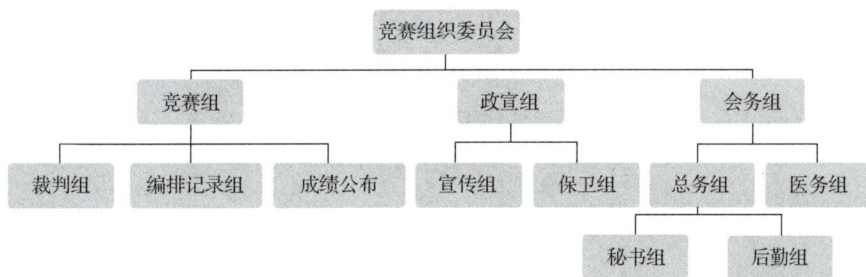

图3-1　体育竞赛组织机构

（4）制订工作计划。根据组织方案和职能分工，各部门应制订具体详细的工作计划，包括阶段、时间、工作内容、要求、进度、负责人等。运动会的各项工作应按照计划有条不紊地推进。

（5）落实赛前工作。赛前工作主要包括组织裁判实习、检查场地器材及确保后勤服务等工作。

2. 赛中管理

竞赛期间，组织与管理工作较为繁重，包括比赛时间的把握，赛场秩序的控制，突发事件的处理，竞赛成绩的公布，裁判队伍的管理，颁奖仪式的设计，等等，其成效直接影响着赛事能否顺利进行。

3. 赛后汇总

竞赛结束后，组织工作的主要任务有：编印并发放成绩册、财务结算、赛后总结、将相关文件和资料整理归档等。

3.2.2　田径竞赛的编排

田径竞赛项目多、流程长，编排难度较高。具体而言，田径竞赛的编排需要注意编排准备工作、竞赛日程编排、竞赛分组编排、编印秩序册和记录公告编排。

1. 编排准备工作

田径竞赛编排准备工作包括审校报名表，编排运动员名单和比赛号，统计各项目参赛人数、兼项人数、各代表队参加人数，选聘仲裁及裁判人员，编制竞赛表格。竞赛表格包括田径运动会报名表（见表3-1）、径赛检录表和终点记录表（见表3-2）及田径运动会竞赛日程安排表（见表3-3）等。

表3-1　田径运动会报名表

单位		组别	领队	教练	填表日期			

运动员号码	姓名	出生日期	100m	200m	……	跳远	跳高	……	备注
每项参加人数									

说明：运动员号码由大会统一填写，参加项目以"√"表示。

联系人：　　　　　填表人：

表3-2　径赛检录表和终点记录表

男、女子组　　　米　　赛　共　　组　第　　组　取　　名

道次	1	2	3	4	5	6	7	8
号码								
姓名								
单位								
名次								
成绩								
备注								

记录员：　　检录长：　　终点裁判长：　　计时长：　　竞赛裁判长：　　年　月　日

表3-3　田径运动会竞赛日程安排表

比赛单元	比赛日期			
	×月×日		×月×日	
	上午	下午	上午	下午
100m				
……				
跳远				
……				
每日比赛项次				
每日决赛项数				

2. 竞赛日程编排

在编排竞赛日程时，组委会应准确把握田径竞赛规则，详细了解本次比赛的竞赛规程，包括比赛时间（包括天数和每天的赛时）、项目、录取方法、场地器材、参赛人数等情况，在统筹全局的基础上，寻求最佳方案。

（1）合理控制赛次间隔和比赛时间。

设置赛次间隔是为了保障运动员的适当休息和调整，其最低标准为：200m及200m以下各项目为45min，200m至1 000m各项目为90min，1 000m以上各项目不在同一天举行，全能各单项为

30min，田赛的及格赛和正式比赛之间应间隔一天，第一天的最后一项与第二天的第一项之间应间隔10h。

（2）科学减少兼项冲突和各类干扰。

兼项即运动员参加多项比赛，常见的兼项包括：100m和200m，200m和400m，400m和800m，400m和400m跨栏，800m和1 500m，3 000m和5 000m，5 000m和10 000m，100m和跳远，跳远和三级跳远，100m和4×100m接力，400m和4×400m接力，推铅球和掷铁饼，等等。为减少兼项冲突，组委会应尽量将相关项目分开编排。

此外，组委会还应尽可能考虑到自然环境、场地器械等对比赛的干扰。例如，撑杆跳高要考虑阳光的照射方向和比赛时长，一般应在上午进行；同一时间不要安排两个田赛长投项目（铁饼、标枪、链球），否则会造成场地交叉，还会增加裁判工作的难度且易导致伤害事故。

（3）全面考虑整体赛程和实际需要。

组委会在安排竞赛日程时，还需要通盘考虑整体赛程以及实际需要。

① 某些性质相近的项目要注意先后顺序，距离应由短到长。例如，先100m后200m，先800m后1 500m，先5 000m后10 000m，先铅球后铁饼，先跳远后三级跳远等。

② 径赛中不同组别、性别的同一径赛项目，最好衔接安排，以便于裁判工作的开展和场地器材的布置。

③ 短距离竞赛项目，若赛次较少，应尽量在一单元或一天内结束。

④ 跨栏项目，一般安排在各单元之首尾，抑或长距离跑之后。不同项目的跨栏不可连排。

⑤ 每个单元的比赛中，尽量安排径赛和田赛同时结束，同时还要尽可能地避免"冷场"的现象。

⑥ 决赛项目和观赏性较强的项目应分开编排，使赛场气氛始终保持热烈活跃。

⑦ 全部比赛临近结束时可安排长距离项目或适当减少比赛项目，以便计算总成绩和举行闭幕仪式。

┌─┤ **体育小百科** ├─────────────

全能项目必须在连续的两天内按规定的顺序赛完。男子十项全能比赛的顺序为：第一天比赛100m跑、跳远、铅球、跳高、400m跑，第二天比赛110m跨栏跑、铁饼、撑杆跳高、标枪、1 500m跑。女子七项全能第一天比赛100m跨栏跑、跳高、铅球、200m跑，第二天比赛跳远、标枪、800m跑。

3. 竞赛分组编排

不同的竞赛项目，适用不同的分组编排方法。

（1）径赛项目

径赛项目应根据各项目的参赛人数、赛次、录取方法、跑道数（直道、弯道）以及裁判员的情况等，进行分组。具体需要注意以下几点。

① 每组人数应尽量均衡，避免同一单位的运动员排在同一组内（尤其是预赛时）。

② 按名次录取分组时，应把成绩优秀的运动员分别编排在各组内；按成绩录取分组时，可将成绩较好的与较差的运动员分在同一组，也可把成绩较好的运动员相对集中地编排在一组内（一般排在第二组或第三组）。

③ 不分道的径赛项目按成绩相近的原则分组，每组人数不宜过多，一般在15人以内。通常把成绩较好的运动员集中在第一组。

④ 若将比赛分为初赛和复赛，初赛时，按照随机原则进行组次和道次抽签（不分道的项目则是抽签决定起跑位置），排出各组比赛顺序和各组中每位运动员的比赛道次。复赛时，800m及以下距离的分道项目，每组运动员均分两次抽取比赛道次——列前4名的运动员抽取第3、第4、第5、第6跑道；列后4名的运动员抽取第1、第2、第7、第8跑道。只有6条分道时，成绩较好的前3名抽第2、第3、第4跑道，后3名抽第1、第5、第6跑道。

（2）田赛项目

田赛项目的比赛一般不分组，比赛的次序在裁判长监督下由大会随机抽签排定。

报名人数较多（≥18人）时，组委会需要采取相应的措施：一是可在正式比赛前举行及格赛，由大会根据参赛运动员的水平制定一定的标准，并将其明确地写入秩序册，不达标者，没有资格参加正式比赛；二是可分组进行比赛。各组的比赛场地、气象等条件必须基本相同。若条件允许，远度项目可分组在不同的场地同时进行前3轮比赛，把成绩排在前8名的运动员合并成一组再进行后3轮比赛。高度项目在不同场地分组比赛时，每次横杆提升高度应相同，淘汰一定人数后，剩下的人再合并为一组继续比赛。

（3）分组方法

常用的分组方法有蛇形法和斜线法两种。

① 蛇形法。若有报名成绩，赛事可采用蛇形法分组。例如，有6条跑道，女子100m参赛24人，可先按运动员成绩高低进行排序，然后按蛇形排列，把运动员分别编入各组，如表3-4所示。

表3-4　蛇形法分组

组次	一道	二道	三道	四道	五道	六道
第一组	1	8	9	16	17	24
第二组	2	7	10	15	18	23
第三组	3	6	11	14	19	22
第四组	4	5	12	13	20	21

② 斜线法。若无报名成绩，且人数较多，可采用斜线法分组。将参加该项的运动员卡片（或号码）按单位依次上下排列，再按斜线通过的卡片（或号码）分组。例如，女子100m跑比赛，学校6个学院，各有4人参加，可通过斜线法将其分为4组，分别是"1001、2003、3003、4007、5001、6003" "1003、2006、3005、4001、5004、6004" "1005、2007、3001、4004、5005、6005" "1006、2002、3002、4005、5008、6001"，如表3-5所示。

表3-5　斜线法分组

号码顺序	理学院	文学院	工学院	商学院	信息学院	外语学院
1	1001	2002	3001	4001	5001	6001
2	1003	2003	3002	4004	5004	6003
3	1005	2006	3003	4005	5005	6004
4	1006	2007	3005	4007	5008	6005

4. 编印秩序册

秩序册是关于赛事组织的重要书面文件，一般包括下列内容：封面（运动会名称、主办单位、竞赛日期），目录，竞赛规程、竞赛须知、补充通知，组织委员会人员名单，办事机构及工作人员名单，技术代表、技术官员、仲裁委员、裁判员名单，代表队名单（运动员姓名、号码对照表），竞赛日程，各项目参赛运动员名单及人数统计，分组名单，相关记录和等级标准，比赛场地平面图，等等。

5. 记录公告编排

记录公告编排的任务是接收、审核各项比赛成绩，发布成绩公告和后继赛次录取名单，记录得分和奖牌数目，统计破纪录的项目、人数、人次等。

3.2.3 球类竞赛的编排

球类运动一般项目单一，但是参赛队伍众多，为了做到观赛体验良好、赛事时间合理，就需要在赛事编排上下功夫。球类竞赛的编排方法较多，基本的编排方法有淘汰法、循环法和混合法。

1. 淘汰法

淘汰法规则下，参加比赛的队伍（人）在比赛过程中失败一次或两次之后，即失去比赛资格，连续获胜的队伍（人）继续参加比赛，直至最后决出优胜者。通常，各类锦标赛都会采用淘汰法。

淘汰法包括单败淘汰制和双败淘汰制，多用于参赛队伍（人）较多、赛期较短的情况。其优点是：比赛场数少，用时短，同时可使比赛逐步走向高潮。其缺点是：合理性差，随机性强；除第一名外，不能准确地确定其余名次；参赛者锻炼机会较少，不利于互相交流和学习。

（1）单败淘汰制

单败淘汰制即队伍一旦失败就被淘汰。单败淘汰制下，所有参赛队伍两两分组进行比赛，各组胜者晋级，败者淘汰；再将所有胜者两两分组进行比赛，直到决出冠军。若某一轮队伍数为单数，则需要安排一支队伍轮空，直接进入下一轮。图3-2所示为单败淘汰制下8支球队比赛的赛程编排。

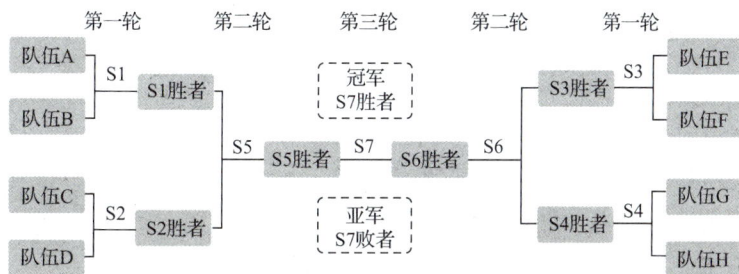

图3-2 单败淘汰制下8支球队比赛的赛程编排

由图3-2可知，单败淘汰制下8支球队需要进行7场比赛，共分为3轮，第一轮共4场比赛（S1、S2、S3、S4），其胜者进入第二轮，第二轮共两场比赛（S5、S6），胜者参加第三轮比赛（S7），胜者为冠军，败者为亚军。

┤体育小百科├

最后一轮比赛决出冠亚军，又称"决赛"，倒数第二轮决出4强，即"半决赛"，同理，还有"四分之一决赛""八分之一决赛"等。

在单败淘汰制下，比赛只能粗略地决出冠军、亚军、四强、八强，并不能准确得出各支队伍的排名。为此，可以添加失败队伍的附加赛，带有附加赛的单败淘汰制下8支球队比赛的赛程编排如图3-3所示。

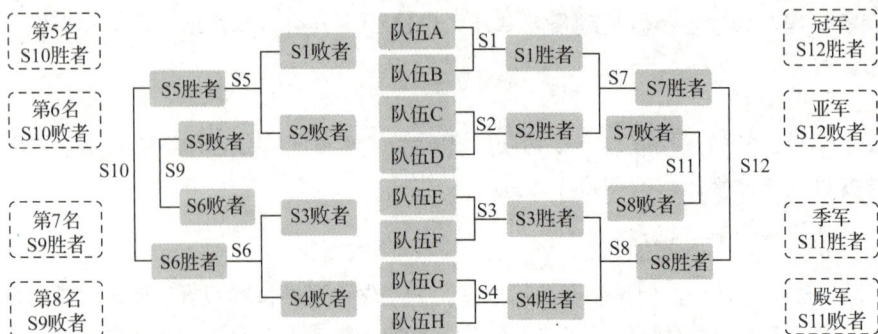

图3-3　带有附加赛的单败淘汰制下8支球队比赛的赛程编排

在带有附加赛的单败淘汰制下，8支队伍通过12场比赛决出了各自名次，每轮的败者同样需要参加下一轮比赛，所有队伍的比赛场数一致。但是，带有附加赛的单败淘汰制也有缺点：首先，队伍如果第一轮失利，接下来无论如何也只能得到后半名次（以8支队伍为例，第一轮失败的队伍最高只能获得第5名），队伍求胜的心态会受影响，从而影响比赛的激烈性和观赏性；其次，败者间的比赛对观众的吸引力较低。

（2）双败淘汰制

双败淘汰制下，参赛队伍（人）在失败后，另行编排进行比赛，再次失败（失败两次）才被淘汰。双败淘汰制下，只失败一次的队伍可以参加决赛，并有可能获得冠军。图3-4所示为双败淘汰制下8支球队比赛的赛程编排。

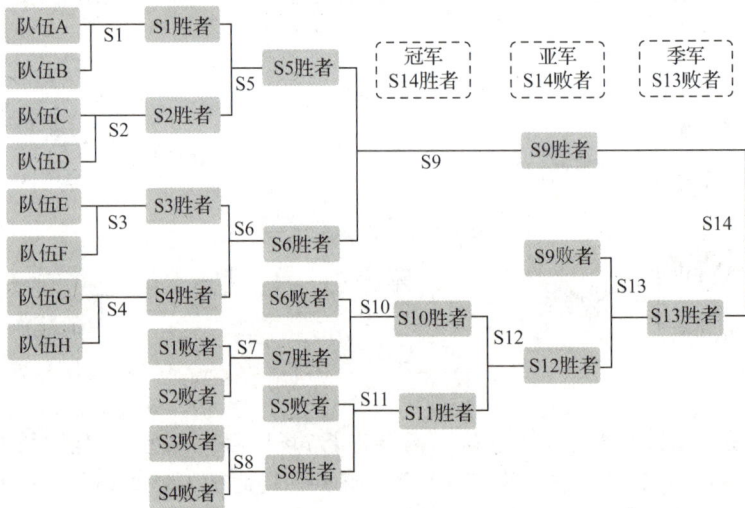

图3-4　双败淘汰制下8支球队比赛的赛程编排

在双败淘汰制下，8支队伍需要进行14场比赛才能决出名次。在第一轮比赛中，胜利的4支球队进入胜者组，失败的4支球队进入败者组。胜者组比赛（S5、S6）中的败者又会进入败者组，分别与败者组比赛（S7、S8）中的胜者进行新一轮较量，如此类推，直到败者组第一名（S13胜者）与连胜的队伍（S9胜者）进行决赛，决出冠亚军。败者组第二名（S13败者）即为季军。

为避免优秀队过早相遇，采用淘汰法编排中应采用"种子（队）"位置安排法。如有轮空机会，一般"种子（队）"优先轮空。

"种子（队）"可以通过协商确定，也可以按照往届赛事的成绩和排名确定。以技术水平的高低排列"种子（队）"序号，实力最强的为1号。"种子（队）"的数目一般是2的乘方数即4、8等，在编排中易均匀分布。

2. 循环法

循环法是指参赛队伍（人）按一定的顺序与其他队伍逐一对阵，按全部比赛的胜负场数计算各队得分，并确定名次。

循环法包括单循环、双循环和分组循环3种方法，一般用于参赛队伍（人）数较少、比赛时间较长的情况。其优点是：能够较合理地确定各个名次，锻炼机会较多，有利于互相学习，共同提高。其缺点是：比赛场次多，所用时间长，并需要具备一定的场地器材条件。

（1）单循环

所有参加比赛的队伍（人）均能相互比赛一次，最后按各队积分和得失分率（得失分率=得分/失分）排列名次。循环赛中，每队伍（人）均出场比赛一次，称为"一轮"。若参赛队伍（人）数为偶数，则比赛轮数=参赛队伍（人）数-1；若参赛队伍（人）数为奇数，则比赛轮数=参赛队伍（人）数。

球类比赛轮次的编排通常采用固定轮转法。第一轮，把队伍按"U"型走向分成均等两边排除，之后每轮比赛均把第一个位置固定不动，其余号码按逆时针方向移动一个位置。抑或末尾位置固定不动，其余号码按顺时针方向移动一个位置。例如，共有8支队伍参加比赛，则编排如表3-6所示。

表3-6　固定轮转法分组

第一轮	第二轮	第三轮	第四轮	第五轮	第六轮	第七轮
A-H	A-G	A-F	A-E	A-D	A-C	A-B
B-G	H-F	G-E	F-D	E-C	D-B	C-H
C-F	B-E	H-D	G-C	F-B	E-H	D-G
D-E	C-D	B-C	H-B	G-H	F-G	E-F

单循环赛制下，8支队伍需要进行28场比赛，队伍每胜一次积3分，平局积1分，失败积0分，7轮比赛结束后，积分最高者即为冠军。

（2）双循环

编排方法与单循环一样，但所有参赛队伍（人）均需相互比赛两次，最后按各队在全部比赛中胜负的场数和得分的多少排列名次。双循环比赛的场数、轮数和比赛时间均是单循环的倍数。

（3）分组循环

全部比赛分为两个阶段：第一阶段将参赛队伍（人）分成若干组（注意将种子队分别编入各个小组），各组按单循环进行比赛；第二阶段按名次分组，同名次为一组，仍按单循环决出总名次。

3. 混合法

混合法是将淘汰法与循环法配合使用的一种方法。混合法编制的赛程一般分成两个阶段：第一阶段采用分组淘汰法，第二阶段采用循环法；抑或相反，第一阶段采用分组循环法，第二阶段采用淘汰法。

例如，现有16支队伍参加比赛，使用混合法进行比赛编排。

（1）小组赛阶段

将16支队伍分为4个小组，每组4支队伍，每个小组进行单循环比赛，比赛结束后，各小组的前两名获得参加下一轮淘汰赛的机会。参加淘汰赛的队伍记为"A1、A2、B1、B2、C1、C2、D1、D2"。

（2）淘汰赛阶段

基于小组赛的成绩，将8支队伍分配到不同的位置。分组一般遵循以下原则。

① 对阵双方分别是某组的第一名和另一组的第二名，以保证强弱均衡。

② 保证同一小组的两支队伍不会在决赛前相遇。

淘汰赛阶段的赛程编排如图3-5所示。

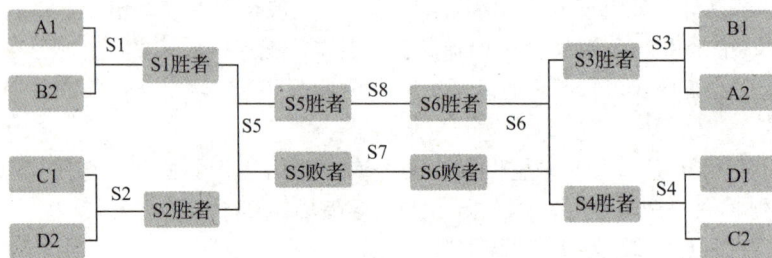

图3-5　淘汰赛阶段的赛程编排

思考与练习

一、思考题

不同的编排方式会对球类竞赛产生什么样的影响？

二、简述题

简述田径赛事编排的流程。

三、制订锻炼计划

请你为自己制订课外体育运动计划，并记录课外运动成果。

活动与探索

一、了解世界杯的赛事编排

世界杯是世界上影响最大、水平最高、赛事编排合理性最高的球类运动赛事之一。世界杯比赛分为预选赛、小组赛、淘汰赛3个阶段，每个阶段的赛事编排都有其特点。请搜集相关资料，了解世界杯的赛事编排。

二、组织体育俱乐部

按照学校相关要求和规定，组建一个体育俱乐部，并在俱乐部内部举办一场小型比赛。

第4章

田径运动

案例引入

　　我国男子田径队运动员刘翔，是我国田径史也是亚洲田径史上第一个集奥运会、室内室外世锦赛、国际田联大奖赛总决赛冠军和世界纪录保持者多项荣誉于一身的运动员。2004 年 8 月 28 日，在雅典举行的第 28 届奥运会男子 110m 跨栏决赛上，刘翔以 12.91s 的成绩追平了世界纪录，夺得了金牌，成为我国田径项目上的第一个男子奥运冠军，并成为第一个获得奥运田径短跑项目世界冠军的亚洲人。2006 年 7 月 12 日，刘翔在国际田联超级大奖赛洛桑站男子 110m 跨栏的决赛中，以 12.88s 的成绩夺得金牌，并打破了男子 110m 跨栏世界纪录，成为我国历史上第一个田径短跑项目世界纪录保持者。

4.1　田径运动概述

　　田径运动是由基本技能演化发展而来的，是人类基本活动技能的运动化。因为极具实用性以及简单易行，所以田径成为开展最广泛、参与人数最多、最受人们重视的运动类目之一。在历届奥运会和其他大型运动会中，田径比赛都在中心运动场举行，其奖牌总数约占奥运会项目总奖牌数的五分之一。

4.1.1　田径运动的起源

　　田径运动是历史最悠久的运动项目之一，被誉为"运动之母"。远在史前时代，田径运动就在人类生活中占据着极其重要的地位。快速地奔跑、敏捷地跳跃和准确地投掷是原始人类获得生活资料的必要手段。在生产劳动中，这些动作不断重复，长久积累便形成了走、跑、跳、投等各种技能。2500多年前，古希腊人在埃拉多斯山岩上刻下了这样的话："如果你想聪明，跑步吧！如果你想强壮，跑步吧！如果你想健康，跑步吧！"至今，跑步仍是人们锻炼身体、增强体质、保持健康的重要手段。

　　公元前776年，在奥林匹亚的古代平原举行的第一届古代奥运会上，仅有一个比赛项目，即距离为192.27米的场地跑。我国古代文献典籍中也多有田径运动的记载，元末明初文学家、史学家陶宗仪所著《南村辍耕录》记载了元代贵由赤（蒙古语，意为赛跑）比赛的盛况："贵由赤者，快行是也。每岁一试之，名曰放走，以脚力便捷者膺上赏。故监临之官，齐其名数而约之以绳，使无先后参差之争，然后去绳放行。在大都，则自河西务起程；若上都，则自泥河儿起程。越三时，走一百八十里，直抵御前，俯伏呼万岁。"可知元朝每年都会在大都（现北京）和上都（现锡林郭勒盟）举行长跑比赛，赛程达"一百八十里"（约90km），历时"三时"（3个时辰，即6小时）。除长跑外，我国也有关于短跑、跳高、跳远、铅球等项目的记述。

4.1.2 现代田径运动的发展

田径运动在世界各地都有开展，但各种赛事的赛制不一、规则不一，直到现代奥林匹克运动的兴起，奥运会的举办和推广，田径运动才得以建立统一的赛制和规则，在世界各地快速发展。

1. 世界田径运动的发展

1896年，希腊雅典举行了第一届现代奥运会，田径运动成为现代奥运会的正式项目，走、跑、跳跃、投掷等12个田径项目被列为主要比赛项目。第一届现代奥运会的成功举办标志着现代田径运动体系的建立。

1912年7月17日，国际田径联合会（简称国际田联）在瑞典首都斯德哥尔摩成立，国际田联的主要赛事有世界锦标赛、世界青年锦标赛、世界室内锦标赛、世界杯赛、世界越野锦标赛、世界竞走杯赛、世界半程马拉松锦标赛、世界公路接力锦标赛、国际巡回大奖赛和国际越野巡回赛等。1928年，在荷兰阿姆斯特丹举行的第9届奥运会上，首次增加了女子田径比赛项目。

20世纪60年代到80年代，田径运动的竞技水平得到了显著提高，吉姆·海因斯（Jim Haynes）于1968年跑进了100m跑的10s大关，其在第19届墨西哥奥运会100m跑决赛上创下的9.95s的世界纪录，直到1983年才被打破。1968年，理查德·福斯贝里（Richard Fosbury）开创了背越式跳高技术，使跳高技术得到了革命性的发展。

2012年，国际田径联合会创立国际田联名人堂（IAAF Hall of Fame），以褒奖对田径运动做出过显著贡献，在国际和国内都拥有卓越声誉的运动员。中国长跑运动员王军霞成为首批入选名人堂的12位运动员之一。

2. 田径运动项目的发展

第一届现代奥运会，仅有12个田径运动项目。经过多年的发展，田径运动项目的内容得到了极大的丰富，也建立了完备、系统、科学的田径运动竞赛体系。在现在的奥运会中，田径运动的项目共47个小项，其中，男子24个小项、女子23个小项，共产生47枚金牌，是奥运会设金牌最多的项目。奥运会中的田径项目可分为田赛、径赛和同时包含多种项目的全能类3种类型，又分为走、跑、跳、投4种动作类别，如表4-1所示。

表4-1 奥运会田径项目的类型

类型	类别	组别		项目
田赛	跳	跳高	男女项目相同	跳高、撑杆跳高
		跳远	男女项目相同	跳远、三级跳远
	投	铅球	男子组	铅球（7.26kg）
			女子组	铅球（4kg）
		标枪	男子组	标枪（800g）
			女子组	标枪（600g）
		铁饼	男子组	铁饼（2kg）
			女子组	铁饼（1kg）
		链球	男子组	链球（7.26kg）
			女子组	链球（4kg）
径赛	走	竞走	男女项目相同	20km公路赛、50km公路赛
	跑	短跑	男女项目相同	100m跑、200m跑、400m跑
		中长跑	男女项目相同	800m跑、1 500m跑、5 000m跑、10 000m跑、马拉松跑
		障碍跑	男女项目相同	3 000m障碍跑
		跨栏跑	男子组	110m跨栏跑（栏高1.067m）、400m跨栏跑（栏高0.914m）
			女子组	100m跨栏跑（栏高0.838m）、400m跨栏跑（栏高0.762m）
		接力跑	男女项目相同	4×100m接力、4×400m接力

续表

类型	类别	组别	项目
全能类	十项全能	男子组	100m跑、跳远、铅球、跳高、400m跑、110m跨栏跑、铁饼、撑杆跳高、标枪、1 500m跑
	七项全能	女子组	100m跨栏跑、跳高、铅球、200m跑、跳远、标枪、800m跑

3. 我国田径运动事业的发展

我国民间一直都有各类田径运动项目开展，但系统的现代田径运动直到19世纪末20世纪初才被外国传教士带入我国。当时，只有教会创办的学校之间开展田径比赛，后来才逐渐普及全国的公立、私立学校。1932年，中国首次参加第10届洛杉矶奥运会，派出的运动员刘长春就是参加的短跑项目。

中华人民共和国成立后，田径运动迅速普及，技术水平提高很快。1953年起，我国几乎每年都举行规模较大的全国性田径运动会，在群众性体育运动广泛开展的基础上，我国田径技术水平和成绩与国际之间的差距缩小。

1957年的北京田径比赛中，女子跳高运动员郑凤荣以1.77m的成绩打破了当时1.76m的世界纪录。1983年，跳高运动员朱建华在于上海举行的第5届全运会上以2.38m打破了自己保持的2.37m的世界纪录。1983年，第3届世界杯竞走比赛上，徐永久以45分13秒4的成绩创世界纪录并夺冠，成为中国第一个在世界比赛中获得冠军的田径运动员。1992年，竞走运动员陈跃玲摘得奥运金牌。2004年，邢慧娜获奥运会女子万米跑金牌。2015年，短跑运动员苏炳添在100m跑中跑出9.99s的成绩，成为第一位进入9s关口的亚洲本土选手。

4.2 田赛

田赛是以高度或远度计算成绩的运动项目的总称，包括跳跃、投掷两类。下面主要介绍跳跃类的跳高、跳远、三级跳远和投掷类的铅球以及田赛项目竞赛规则要点。

4.2.1 跳高

跳高是人体通过助跑、起跳、过杆、落地等动作形式，越过一定高度的横杆的运动。现代跳高有两种主流技术类型，即跨越式（见图4-1）和背越式（见图4-2）。跳高由助跑、起跳、过杆和落地等不同的技术环节组成。

图4-1 跨越式

图4-2 背越式

微课视频

背越式跳高

1. 助跑

助跑是为了获得必要的水平速度和蹬地力量，调整到适宜的动作节奏，形成合理的身体内倾姿势，为起跳和顺利过杆创造有利条件。

（1）助跑的动作

助跑起动的方式有两种：原地起动（直接从助跑点开始助跑的方式）和行进间起动（预先走动或跑动3～5步，然后踏上助跑点开始助跑的方式）。原地起动有利于准确地从助跑点助跑，步长相对固定，但动作较紧张，加速较慢；行进间起动则动作自然放松，加速较快，但助跑点的位置易把握不准确。跳高的原地起动式助跑如图4-3所示。

图4-3　跳高的原地起动式助跑

（2）助跑的路线

助跑的路线即从助跑点到起跳点间的路线，全程一般8～12步，距离最长可达30m。背越式跳高助跑的前段为直线或近似直线，后段4～5步为弧线，如图4-4所示。

整个助跑过程中，运动者动作应该自然、放松、快速、连贯，全程节奏明确、逐渐加速。直线助跑时，运动者上身略前倾，步幅开阔，后蹬充分，身体重心平稳且保持高位；弧线助跑时，运动者身体逐渐内倾，外侧的肩略高于内侧的肩，外侧臂和腿的摆动幅度较内侧大。最后一步摆动腿的动作极为关键，腿着地时，积极下压扒地，身体重心迅速前移，进入起跳状态。

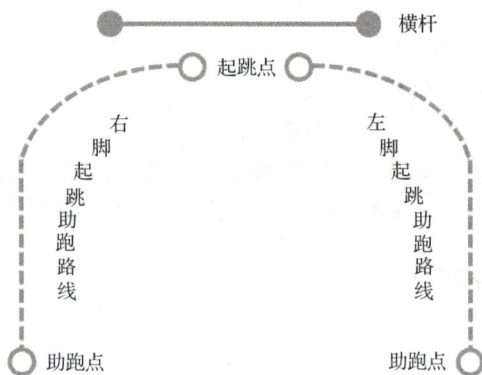

图4-4　助跑的路线

2. 起跳

起跳是跳高的关键技术。起跳是为了迅速改变人体运动方向，找到最大垂直速度和合理的腾空角度，为顺利过杆创造条件。

起跳阶段，运动者起跳脚踏上起跳点，起跳腿（用于蹬伸起跳的腿，多选择较有力的腿）经过支撑、缓冲、蹬伸，蹬离地面跳起，摆动腿（起跳时用于协调配合摆动的腿）蹬离地面与臂协调摆动，达到最高位置。

在助跑最后一步身体内倾达到最大限度时，运动者摆动腿用力后蹬，推动髋部迅速前移，使起跳腿快速踏上起跳点，形成肩轴与髋轴交叉扭紧姿势。接着，起跳脚以脚跟外侧着地并迅速过渡到全脚掌，脚尖朝向助跑弧线的切线方向，起跳腿自然屈膝并压紧。随着身体由内倾转为垂直，起跳腿的髋、膝、踝3个关节依次迅猛发力，快速完成蹬伸起跳的动作。蹬伸结束时，起跳腿的髋、膝、踝3个关节应该充分伸直，使身体垂直于地面，以保证身体向垂直方向充分腾起。

3. 过杆

过杆是指起跳腾空后，运动者头、肩、背、腰、髋、腿等身体的各部分利用合理的技术动作依次越过横杆的阶段。

起跳结束时，运动者需充分伸展身体，向上腾起，利用摆动腿的力量尽量提高髋部位置，然后与摆动腿同侧的肩、臂领先过杆，顺势仰头、倒肩、挺髋，头与肩过杆后下沉，髋部高过两膝，身体呈反弓形。

4. 落地

当髋部越过横杆时，运动者应顺势收腹，带动小腿向上甩，整个身体越过横杆，保持屈髋、伸膝的姿势下落，使肩背先着垫。着垫后，运动者两膝、双腿应适当分开。

> **多学一招**
>
> 落地前，运动者应收腹举腿，避免双臂先着地。以背先着地或团身以肩先着地，然后再做一个后滚翻，这样可以减小下落着地造成的冲击力。仰头过杆后顺势收下颌，避免头部最先落地，造成颈部受伤。

4.2.2 跳远

跳远是运动者通过快速的助跑和有力的起跳，采用合理的腾空姿势和动作，使身体腾跃尽可能远的水平距离的运动项目。跳远的基本技术包括助跑、起跳、腾空和落地4个连贯的部分。

微课视频

跳远

1. 助跑

助跑的目的是获得最大的水平速度，为准确踏板和迅速有力地起跳做好准备。和跳高一样，跳远的助跑动作也分为原地起动和行进间起动两种，跳远助跑的最后几步应呈加速状态，身体重心适当下降，为快速起跳做好准备。跳远的原地起动式助跑如图4-5所示。

（1）助跑的加速方式。助跑常用的加速方式有两种：平稳加速（也称为逐渐加速）和积极加速。平稳加速方式要求运动者开始时步频较低，然后逐渐加大步长或在保持步长的基础上提高步频，加速过程均匀平稳，时间较长。其助跑动作比较轻松，起跳的准确性高，成绩比较稳定。积极加速方式要求运动者上体前倾较大，步频始终保持较高的水平。其助跑动作比较紧张，起跳的准确性低，适合绝对速度较快的运动员采用。

图4-5 跳远的原地起动式助跑

（2）助跑距离。助跑距离指从助跑点到起跳脚踏上踏板的距离。助跑距离并非固定不变，可以根据环境条件的变化和个人的身体情况进行相应的调整。一般而言，技术水平越高，速度越快，助跑距离越长。男子助跑距离为35～45m，18～24步为佳；女子助跑距离为30～35m，16～18步为佳。

2. 起跳

起跳是为了利用助跑所获得的最高速度，瞬间形成尽可能大的腾起初速度（是由助跑、起跳所产生的水平速度合成的）和适宜的腾起角度，使身体充分向前上方腾起。

起跳是跳远技术中最重要的环节。起跳的动作过程可分为起跳脚着地（上板）、缓冲和蹬伸3个阶段。着地要迅速且富有弹性，缓冲时要及时、积极地前移身体，蹬伸是爆发式动作，要快而有力。起跳时，运动者要抬头挺胸，上体正直，提肩、拔腰，髋、膝、踝3个关节要充分伸直，蹬摆配合要协调，一致用力。

3. 腾空

腾空是指运动者起跳后身体在空中维持平衡、完成各种动作的阶段。跳远的腾空动作目前主要有挺身式腾空、蹲踞式腾空、走步式腾空3种。

（1）挺身式腾空

起跳成腾空步（起跳结束时，身体姿势在空中的延续）后，摆动腿下落，膝关节伸展，小腿由前向下、向后呈弧线摆动，双臂下垂经由体侧向后上方绕环摆动，起跳腿自然回摆与摆动腿靠拢，形成空中挺胸展髋的姿势。继而收腹举腿，大腿向胸部靠拢，小腿前伸，双臂上举或后摆，顺势落地，如图4-6所示。

（2）蹲踞式腾空

起跳成腾空步后，上体保持正直，腿继续向上摆动，起跳腿顺势屈膝前摆，逐渐靠近摆动腿，使双腿屈膝在空中成蹲踞姿势，然后收腹举腿并前伸小腿，双臂由后向前摆动，使身体重心前移，顺势落地，如图4-7所示。

（3）走步式腾空

起跳成腾空步后，以髋关节为轴摆动腿，用大腿带动小腿，由前向后下方摆动。同时起跳腿屈膝前摆，向上抬起大腿，前伸小腿，在空中自然地完成换步动作。双臂与下肢协调配合做大幅度直臂绕环摆动或自然前后摆动，然后摆动腿顺势前摆，双腿靠拢，收腹举腿，前伸小腿，顺势落地。在空中完成一次换步后落地的称为"两步半"走步式，完成两次换步后落地的称为"三步半"走步式，如图4-8所示。

AR 图4-6 挺身式腾空

AR 图4-7 蹲踞式腾空

图4-8 走步式腾空

4. 落地

落地是指运动者腾空后落入沙坑的技术动作。落地需要选择合理的技术，获得较大的跳跃距离，并防止发生损伤。

运动者完成腾空动作后，收腹举腿，小腿前伸，脚尖勾起，双臂向后摆动。脚跟触及沙面后，迅速屈膝缓冲，臀部顺势前移，双臂由后向前摆动，上体前倾，成团身姿势，平稳地落入沙坑。

此外，运动者落地时还可以采用侧倒式：脚跟着地后，一条腿保持稍紧张状态支撑在沙地上，另一条腿放松，上体顺势向放松那条腿的前侧方卧倒。无论运动者落地时采用何种姿势，都应顺势缓冲，身体重心前移，以保证安全。

4.2.3 三级跳远

三级跳远是运动者助跑以后沿直线连续进行3次跳跃的一项运动。三级跳远运动中，运动者下肢的负荷极大，因此其对身体素质的要求远高于跳远。除有较快的助跑速度和良好的弹跳力外，运动者还应具备强大的腿部力量。比赛时，运动员助跑后应连续完成3次不同形式的跳跃：第一跳为单足跳，起跳腿落地；第二跳为跨步跳，摆动腿落地；第三跳为跳跃，必须双脚落入沙坑。三级跳远可分为助跑、第一跳、第二跳、第三跳、腾空和落地6个技术环节，其中腾空和落地与跳远类似，故此省略，下面主要介绍其他4个技术环节。

1. 助跑

良好的助跑能够使运动者获得尽可能大的水平速度，为单足起跳做好准备。

三级跳远的助跑技术与跳远基本相同，但第一跳的腾起角度（指人体离地时，身体重心腾起初速度方向与水平线构成的角度）较小，因此整个助跑过程中运动者身体重心较高，加速平稳，始终保持前行状态。最后几步，运动者大腿高抬，上体平直，保持步长或适当减小步长，加快步频，准备起跳，如图4-9所示。

图4-9 助跑

2. 第一跳

第一跳是三级跳远的起跳，规定必须以单足跳的形式完成。这一跳不仅要达到必要的远度，而且应尽可能减少在水平速度上的损失，为后两跳创造条件。

第一跳以有力的腿为起跳腿。助跑的最后一步，运动者摆动腿积极蹬地向前送髋时，起跳腿的大腿快速下压，小腿自然前伸，用全脚掌迅速积极地踏板。起跳腿着地后，迅速屈膝屈踝缓冲，摆动腿快速向前上方大幅度摆出，双臂配合下肢动作有力地摆动，起跳腿迅速进行爆发性蹬伸。

起跳离地后，运动者身体保持腾空步姿势。摆动腿的小腿随大腿下放，自然地由前向下、向后摆动。同时髋部上提，起跳腿屈膝前摆高抬，带动髋部前移，双臂配合经体前摆向身体侧后方，形成空中交换步的动作，幅度要大且平稳。单足跳的腾空轨迹应尽量低而平，理想的起跳角度为12°～15°。

完成交换步的起跳腿前摆蹬伸，迅速有力地用全脚掌着地，双臂和摆动腿配合起跳腿动作向前摆动。落地点尽量接近身体重心投影点，上体保持正直。第一跳如图4-10所示。

3. 第二跳

第二跳是三跳中难度最大、距离最短、身体重心的抛物线最低的一跳。第二跳的起跳角度与第一跳几乎相同，一般为12°～14°。

当第一跳落地时，运动者起跳腿积极完成缓冲并快速有力地蹬离地面，髋、膝、踝关节充分伸展。摆动腿迅速屈膝向前上方摆动，足尖上挑，大小腿成90°，膝部应摆至身体重心的上方。同时，运动者的上体保持正直或稍前倾，双臂向侧后方摆动，完成跨步跳的腾空跨步动作。注意保持身体平衡，并达到必要的远度。第二跳如图4-11所示。

腾空跨步跳结束时，运动者需将髋部前移，摆动腿大腿下压，膝关节伸展，小腿顺势由前向后用全脚掌落地并积极"后扒"，双臂由后向前上方摆动，完成第二跳的落地动作。

图4-10 第一跳

图4-11 第二跳

4. 第三跳

三级跳远中，运动者必须注意保持身体的平衡，维持较高的水平速度，配合大幅度的协调蹬摆。为充分利用剩余的水平速度，运动者第三跳时起跳角度应稍大一点。

起跳腿着地后，运动者应适度屈膝屈踝积极缓冲，上体正直，髋部上提，迅速有力地蹬直离地。同时，摆动腿迅速屈膝向前上方高抬摆动，双臂由体侧后方积极地向前上方摆动，保持腾空步动作。第三跳如图4-12所示。第三跳的空中和落地动作与跳远时一样，可以选择蹲踞式、挺身式或走步式。

图4-12 第三跳

4.2.4 铅球

铅球是一种速度力量型投掷运动，要求运动者协调利用全身的力量，以最快的出手速度将铅球从肩上单手推出。铅球运动的技术动作包括握球持球、准备姿势、滑步、最后用力和缓冲。

1. 握球持球

运动者手握铅球时，五指自然分开，将球体置于食指、中指和无名指的指根处，拇指和小指扶住球体两侧，手腕后屈，以防止球体滑动并便于控制出球的方向，如图4-13所示。握好球后，右臂屈肘，将握球的右手放在右肩上，紧贴颈部，左手掌心向前，肘部稍外展且略低于肩，上臂与身体的夹角约为90°，如图4-14所示。

2. 准备姿势

准备姿势是滑步前的准备动作，目的是为协调、平稳地进入滑步创造条件。滑步前的准备姿势分为高姿势和低姿势两种。

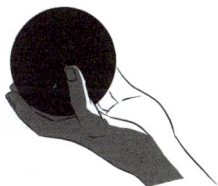

微课视频

背向滑步推铅球

图4-13 握铅球   图4-14 持铅球

（1）高姿势。运动者持球后，背对投掷方向，两脚前后开立，相距20～30cm。右脚尖靠近投掷圈后端内沿（脚也可稍向内转），重心落在伸直的右腿上；左腿在后自然弯曲，以前脚掌或脚尖着地；上体放松，头部和躯干保持正直，左臂自然上举。

（2）低姿势。运动者持球后，背对投掷方向，两脚前后开立，相距50～60cm（根据身高和下蹲的程度而定）。双腿弯曲（弯曲程度视个人力量而定），重心落于右腿。右脚尖贴近投掷圈后端内沿（脚也可稍向内转），左脚在后，以前脚掌或脚尖着地。左臂自然下垂，左肩稍向内扣，上体前屈与地面平行，两眼注视前下方。铅球的投影点在右脚的右侧前方。

3. 滑步

滑步使铅球获得一定的水平方向的预先速度，并使运动者身体形成最后用力的有利姿势。滑步前运动者可以做一两次预摆，以改变身体的静止状态。预摆时，左腿自然弯曲，大腿用力向后上方摆起，右腿伸直，同时上体前屈，左臂微屈前伸或下垂并稍向内，头与背保持在一条直线上。当左腿摆至与地面平行时，收回左腿，同时右腿弯曲，形成屈膝团身的姿势。

当左腿收回靠近右腿时，臀部后移。左腿向投掷方向快速摆出，同时右腿用力蹬伸。当右脚蹬离地面后，迅速拉收小腿并向内转动，用前脚掌着地，落于圆心附近，同时左脚积极下落，前脚掌内侧落在圆圈的左侧，两脚着地的时间间隔越短越好。此时，肩轴与髋轴成扭紧状态，左脚尖与右脚跟呈直线。滑步过程中左臂和左肩保持内扣，头部保持向右后方的姿势，以保证上体处于扭紧状态，如图4-15所示。

图4-15 滑步

4. 最后用力

最后用力阶段为从左脚落地到铅球出手这一过程。运动者左脚落地的瞬间，右腿继续向投掷方向转动并积极蹬伸，转髋转体。同时上体逐渐抬起，左臂向胸前左上方摆动，左肩高于右肩，大部分重心仍落在弯曲而压紧的右腿上，身体成"侧弓状"。随着右腿蹬伸，右髋和右肩前送，身体重心由右腿快速移至左腿。随即双腿充分蹬伸，抬头（稍后仰），屈腕且稍向内转，右臂迅速而有力地将球推出，如图4-16所示。

5. 缓冲

铅球出手后，运动者右腿随势前摆，着地于左脚附近。左腿后摆，双腿交换并弯曲，以降低身体重心，缓冲向前的冲力，维持身体平衡，防止出圈犯规，如图4-17所示。

图4-16　最后用力　　　　图4-17　缓冲

4.2.5　田赛项目竞赛规则要点

田赛项目竞赛规则要点包括比赛方法、有效成绩、录取名次、犯规、裁判旗示五大方面。

1. 比赛方法

大型正规赛事的田赛项目比赛通常先分组进行及格赛，通过及格标准的运动员直接进入决赛，如达到及格标准的运动员人数不足12人，不足的人数按及格赛的成绩递补。远度项目（跳远、三级跳远、铅球、标枪、链球、铁饼）决赛前3轮比赛的顺序通过抽签决定。决赛前3轮比赛结束后，按成绩取前8名运动员进行最后3轮的比赛，第4、第5轮比赛的排序按前3轮成绩的倒序排列，第6轮比赛的排序则按前5轮成绩的倒序排列，成绩最好的运动员最后跳（掷）。

2. 有效成绩

除犯规外，在跳跃类远度项目比赛中，运动员每次试跳的成绩均为有效成绩；除犯规外，在跳跃高度项目（跳高、撑杆跳高）比赛中，运动员每次跳过的高度均为有效成绩；投掷项目（铅球、标枪、链球、铁饼）比赛除犯规外，运动员投出的器械完全落在落地区内（不包括落地区的边线）才算有效，丈量成绩时从距离投掷区最近的落地点算起，其中标枪必须枪尖先触地成绩才算有效。

3. 录取名次

远度项目比赛结束以后，运动员最好的一次试跳（掷）成绩，包括因第一名成绩相等而进行的加跳（掷）赛的成绩，作为最后的成绩判定名次，从高到低依次排列。在远度项目比赛中，如果出现最好成绩相等的情况，则以第二好成绩来确定名次，以此类推，直到最后一个成绩。如果成绩还是相同，除了第一名以外，可以并列。如果涉及第一名成绩相同的情况，则必须让这些同处第一名的运动员加赛，直到决出第一名。

在高度项目比赛中，如果出现最好成绩相等，则按以下规定判定名次。

（1）在出现成绩相等的高度上，试跳次数较少者名次列前。

（2）如果成绩仍然相等，则在包括最后跳过的高度在内的决赛等全部比赛中，试跳失败次数较少者名次列前。

（3）如果成绩仍相等，且涉及第一名，则进行加赛，直到分出名次；如果成绩相等但不涉及第一名，则名次可并列。

4. 犯规

田赛涉及多项运动，各项运动的犯规情形不同，下面分别进行介绍。

（1）跳远、三级跳远

跳远、三级跳远有下列之一的情况即判犯规。

① 运动员身体任何部位触及起跳线之前的地面（包括橡皮泥显示板的任何部分）。

② 从起跳板两端之外起跳，无论是否超过起跳线的延长线。

③ 起跳后，在第一次触及落地区之前，运动员触及了助跑道、助跑道以外地面线落地区以外地面。

④ 在落地过程中触及落地区以外的地面，而落地区外的触地点较落地区内的最近触地点更靠近起跳线。

⑤ 离开落地区时，运动员在落地区外地面的第一触地点较落地区内最近触地点和在落地区内因身体失去平衡而留下的任何痕迹更靠近起跳线。

⑥ 在助跑或跳跃中采用任何空翻姿势。

⑦ 还未通知运动员试跳，但该运动员进行了试跳，不管是否成功，都应判该次试跳失败。

⑧ 无故错过该次试跳顺序。

⑨ 无故延误时限。比赛时，运动员无故延误时限，则不准参加该次试跳，以失败论处。如果在比赛中再次无故延误时限，则取消该运动员的比赛资格。

（2）跳高

跳高有下列之一的情况即判犯规。

① 使用双脚起跳。

② 运动员的试跳动作致使横杆未能停留在横杆托上。

③ 在越过横杆之前，身体触及立柱前沿垂直面以外的地面或落地区。但如果裁判员认为运动员并没有受益，则不应由此而判该次试跳失败。

④ 无故延误时限。

⑤ 当裁判员通知运动员试跳开始后，运动员才决定免跳，但时限已过，应判该次试跳失败。

⑥ 试跳时，运动员有意用手或手指把即将从横杆托上掉下的横杆放回。

⑦ 无故错过该次试跳顺序。

（3）投掷项目

在投掷项目比赛过程中，运动员如果有下列违反规则的行为即判犯规，成绩无效。

① 超出时间限制。

② 投掷铅球和标枪的技术不符合规则规定（规则要求铅球和标枪必须由单手从肩上掷出）。

③ 在投掷过程中，身体和器械的任何一部分不得触及投掷圈铁圈上沿或圈外的地面和标枪投掷弧、延长线及线以外地面的任何一部分，包括铅球抵趾板的上面，否则即为投掷失败。

④ 只有当器械落地以后，运动员才允许离开投掷圈或助跑道。标枪运动员投掷后在投出的标枪落地前，不能转身完全背对投出的标枪。完成投掷后，链球、铁饼和铅球运动员必须从投掷圈后半圈的延长线后面退出，标枪运动员必须从投掷弧及延长线后退出。

⑤ 运动员可以在比赛期间离开比赛区域，但必须经裁判员许可并由裁判员陪同。

⑥ 比赛过程中，运动员不能在比赛场地使用以下电子设备：摄像机、收音机、CD机、报话机、手机、MP3及类似的电子设备。

5. 裁判旗示

在跳跃项目比赛中，通常有一名主裁判手中持红、白旗帜各一面，用来示意运动员的试跳是否成功。举红旗表示试跳失败，成绩无效；举白旗表示试跳成功，成绩有效。

在投掷项目比赛中，通常有两名主裁判手中持红、白旗帜各一面，用来示意运动员的试投是否成功。举红旗表示试投失败，成绩无效；举白旗表示试投成功，成绩有效。两名裁判中，站在投掷区附近的称为内场主裁判，主要判定运动员在试投过程中是否犯规；站在落地区内的称为外场主裁判，主要判定器械的落地点是否有效。

4.3 径赛

径赛是在位移距离相同情况下，以耗时多少决定成绩的运动项目的总称，包括走和跑两类。下面主要介绍短距离跑、中长距离跑、跨栏跑和接力跑的技术与径赛项目竞赛规则要点。

微课视频

短跑

4.3.1 短距离跑、中长距离跑

跑是人类与生俱来的基本能力，几乎每个国家的文献中都有对跑这种比赛形式的描述。依照赛程不同，跑可以分为短距离跑和中长距离跑。

1. 短距离跑

短距离跑简称短跑，表现为人体以最大限度发挥人的速度极限本能，能有效地发展速度素质，是田径运动的基础项目，也在其他运动项目的训练中占有重要的地位。奥运会男子100m赛跑被称为"百米飞人大战"，是最知名、最受关注的运动项目之一。短跑全程由起跑、加速跑、途中跑和终点跑4个紧密相连的阶段组成，短跑中遇到的弯道跑也需要运动者特别注意。

（1）起跑

起跑包括起跑前的准备姿势和起动动作。在短跑比赛中，必须使用起跑器。起跑器如图4-18所示，其安装方法有普通式、接近式和拉长式3种。前起跑器抵足板与地面的夹角约为45°，后起跑器为60°～80°。安装起跑器的目的在于蹬离时运动者能充分发挥腿部肌肉的最大力量，从而获得向前的最大初速度，起跑后使身体能保持较大幅度的前倾姿势。

短跑必须采取蹲踞式起跑姿势，起跑过程包括"各就位""预备""鸣枪"3个环节，如图4-19所示。

图4-18　起跑器

AR 图4-19　蹲踞式起跑

听到"各就位"口令后，运动者可稍做放松（如深呼吸），然后俯身，两手于起跑线后撑地，两脚依次踏在前、后起跑器抵足板上，脚尖触地，将有力的腿放在前面，后膝跪地。双臂伸直约与肩同宽，四指并拢或稍分开，与拇指呈"人"字形，身体重心稍前移，肩约与起跑线平行。

听到"预备"口令后，运动者后膝离地，抬起臀部，使之稍高于肩，重心适当前移，体重主要落于双臂和前腿上。两小腿趋于平行，前腿膝角约为90°，后腿膝角约为120°，注意力高度集中，等候发令枪声。

听到枪声后，运动者两手迅速推离地面，屈肘做有力的前后摆臂，同时两脚用力蹬离起跑器，使身体以前倾姿势向前上方运动，躯干与地面呈15°～20°。后腿迅速屈膝向前上方摆出，但不宜过高。在后腿前摆并积极下压着地的同时，前腿快速蹬伸髋、膝、踝3个关节。躯干逐渐抬起，头部也随之上抬，视线逐渐向前移。

（2）加速跑

加速跑是为了充分利用起跑的初速度，在较短距离内尽快获得最高速度，加速距离一般为25～30m。运动员起跑后，第一步不宜过大，最好为3.5～4脚长，第二步为4～4.5脚长，以后逐渐增大。上体随着步长和速度的增加而逐渐抬起，两脚的落点逐渐靠近人体中线，形成一条直线（在起跑后10～15m处）。同时，双臂应积极摆动，上下肢协调配合。加速跑如图4-20所示。

图4-20 加速跑

（3）途中跑

途中跑指从完成加速跑开始到距终点10m左右的这段距离中运动者的跑动。在途中跑中，运动者需要继续发挥和保持最高速度。进入途中跑时，运动者应顺惯性放松跑2～3步，以消除肌肉的过分紧张。在百米跑中，途中跑的距离为65～70m。途中跑中，运动者应注意摆臂动作和摆腿动作。

① 摆臂动作。途中跑时上体稍前倾，两眼平视，颈肩放松，手半握拳，双臂屈肘，以肩关节为轴，用力前后摆动。前摆时，肘稍向内，肘关节角度变小；后摆时，肘稍向外，肘关节角度变大。摆动时，手和前臂不能摆过身体中线，双臂要交叉摆动。正确的摆臂动作能够维持平衡、调节节奏、加快步频和加大步幅。

② 摆腿动作。后蹬伸展阶段，支撑腿从伸展髋关节开始，依次蹬伸膝、踝关节，直到脚掌蹬离地面，在后蹬动作中速度极为重要；折叠前摆阶段，后蹬结束后，尽力折叠摆动腿的大、小腿，快速积极地向前摆动，同侧髋部随之前移；下压缓冲阶段，前摆至大腿高抬后，积极下压，前脚掌积极扒地。着地瞬间，小腿与地面接近垂直，迅速屈膝、屈踝缓冲，摆动腿随惯性快速向前摆动向支撑腿靠拢，使身体重心迅速前移，膝、踝关节屈曲角度达到最大，转入后蹬待发状态。

| 多学一招 |

支撑腿与摆动腿的蹬摆协调配合是途中跑技术的关键。一般情况下，摆动腿前摆速度快，步频也快；前摆幅度大，步幅也大。

（4）终点跑

终点跑包括终点冲刺和撞线。在这一阶段，运动者应尽量保持途中跑的高速度直到跑过终点。在距离终点15～20m时，运动者上体前倾，以增强后蹬力，同时加大摆臂的幅度和速度。在距离终点线最后一步时，运动者上体达到最大前倾幅度，用胸部或肩部撞线。通过终点后，运动者要调整步频和步幅，逐渐减速。

（5）弯道跑

弯道起跑时，为了形成一段直线距离的加速跑，应将起跑器安装在跑道右侧、正对左侧弯道的切点方向。运动者左手撑于起跑线后5～10cm处，身体正对弯道的切点，同时应缩短加速跑距离，较早抬起上体，沿切线跑进，如图4-21所示。

从直道进入弯道时，运动者身体应有意识地稍向圆心方向倾斜；后蹬时，右脚前脚掌内侧用力，左脚前脚掌外侧用力；摆动时，右腿膝关节稍向内，左腿膝关节稍向外，如图4-22所示。右臂的摆动幅度和力量略大于左臂，尽可能沿跑道内侧前进。

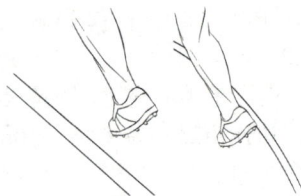

AR 图4-21　弯道起跑　　　　　　　　　图4-22　直道进入弯道

2. 中长距离跑

中跑包括800m跑和1 500m跑，长跑包括5 000m跑和10 000m跑（广义的长跑还包括马拉松），二者合称中长跑。现代中长跑各项目因距离不同，所以在动作技术的速度、幅度等细节方面存在区别，但整体动作基本相同，均要求保持较高的速度、积极有效的伸髋和快速有力的蹬摆。

（1）起跑

中长跑起跑姿势有"站立式"和"半蹲踞式"两种，如图4-23所示。800m跑的比赛多采用分道跑，运动员则多采用半蹲踞式起跑；1 500m及以上赛程的比赛不分道，运动员多采用站立式起跑。

中长跑时运动者听到"各就位"口令和枪声才起跑，站立式起跑和半蹲踞式起跑有一些差异。

① 各就位。听到"各就位"时，运动者先做一两次深呼吸。站立式起跑的运动者两脚前后开立，有力的腿在前，前脚脚尖紧靠起跑线后沿并且全脚掌着地，后脚前脚掌着地，两脚前后间距约一脚，左右间距约半脚。两膝弯曲，上体前倾（跑的距离越短，腿的弯曲度越大，上体前

站立式　　　半蹲踞式

图4-23　中长跑起跑姿势

倾幅度也越大），颈部放松，双臂在体前自然下垂或一前一后，身体重心落于前脚，保持稳定姿势；半蹲踞式起跑的动作与站立式大体相同，主要区别在其前腿的异侧臂的拇指和其他4指呈"八"字形撑在起跑线后，两脚均用前脚掌支撑，前后相距约一小腿长，左右间隔约一脚宽，两膝的弯曲角略小，体重主要落在前腿和支撑臂上。

② 鸣枪。运动者听到枪声后，后腿用力蹬地后积极前摆，前腿用力蹬伸；同时，双臂配合腿部动作快而有力地前后摆动，身体向前冲出。

（2）加速跑

起跑后，运动者上体保持一定的前倾姿势，双臂的摆动和腿脚的蹬摆都应迅速有力，逐渐加速；上体随之抬起，跑到有利的战术位置后转入途中跑。加速跑的距离和速度，应根据个人特点、战术要求和临场情况而定。

（3）途中跑

途中跑阶段运动者要注意保持速度，节省体力，找好节奏，并充分运用战术为获取优异成绩奠定良好的基础。

就途中跑的技术而言，中长跑与短跑实质相同，但由于距离和速度的不同，两者仍存在一定差异。一是，中长跑的途中跑中运动者上体自然伸直或稍向前倾，中跑时上体前倾约5°，长跑时上体前倾1°～2°，上体前倾的角度小于短跑。二是，中长跑后蹬时，角度较短跑稍大，用力程度和蹬伸幅度较短跑稍小。前摆时，大腿上摆的高度较短跑低，大、小腿的折叠程度较短跑小。三

是，中长跑的途中跑中特别强调动作与呼吸的配合，运动者身体重心的上下波动、弯道跑时的摆臂幅度、跑的频率系数（腾空时间与支撑时间的比值）均小于短跑。

（4）终点跑

终点跑是临近终点一段距离的加速跑，在这一阶段运动者应以顽强的意志调动全部力量，克服高度疲劳，加大摆臂速度和幅度，加快步频，冲向终点。

终点冲刺的距离应根据运动者个人的体力情况、战术要求和临场情况而定。一般中跑终点冲刺距离为200～400m，长跑在400m以上。终点冲刺时，运动者应注意观察对手的情况，抢占有利位置，把握冲刺时机。爆发力占优势的运动者，宜紧跟对手且晚冲刺，在进入最后直道时开始冲刺为宜；耐力占优势的运动者，宜早冲刺。

（5）中长跑的呼吸

中长跑途中，为了满足机体对氧气的需求，运动者可以采用口鼻同时进行呼吸的方法。呼吸的节奏应和跑的节奏相配合，并注意加大呼吸的深度（特别是呼气，只有充分地呼出二氧化碳，才能吸入更多的氧气）。一般采用两步一呼，两步一吸（也有一步一呼，一步一吸；三步一呼，三步一吸）。

> **｜多学一招｜**
>
> 中长跑中，大学生容易因氧气的供应无法满足机体活动的需要、代谢物质无法及时转移而出现胸部发闷、呼吸困难、动作无力、难以继续跑动等症状，这被称为"极点"现象。此时，大学生要以顽强的意志坚持跑下去，加大呼吸深度，适当调整步速，一段时间后"极点"现象就会消失或减轻，身体的运动能力也会逐渐提高，从而出现"第二次呼吸"。

4.3.2　跨栏跑

跨栏跑是在规定距离中，运动者跑步过程中跨越一定数量、一定间距和一定高度栏架的径赛项目，是田径运动中技术较复杂、节奏性较强、锻炼价值较高的项目之一。下面以男子110m跨栏跑为例，介绍跨栏跑的基本技术。

1. 起跑至第一栏

起跑至第一栏是为了在固定的距离内用固定的步数完成加速跑，为全程过栏奠定良好的速度和节奏基础。跨栏跑技术与短跑技术基本相同，起跑采用蹲踞式，但需要注意以下几点。

（1）起跑至第一栏一般跑7～8步，如果采用7步上栏，运动者应将起跨腿置于后起跑器上；如果采用8步上栏，则应将起跨腿置于前起跑器上。

（2）跨栏跑起跑后，运动者身体前倾幅度较小，上体抬起较早，大约在第6步时基本达到短跑途中跑的姿势。

（3）跨栏跑加速中，后蹬角度较大，步长增加较快。跨栏前倒数第二步达到最大步长，最后一步是短步，起跨腿前脚掌踏上起跨点，为跨栏步做准备。

2. 跨栏步

起跨腿前脚掌迅速、准确地踏上起跨点，其技术动作分为起跨、腾空过栏和着地。

（1）起跨

起跨是指从起跨脚踏上起跨点开始至后蹬结束的整个支撑时期。起跨的动作质量直接决定过栏速度、下栏时间和栏间跑进速度，是跨栏步技术的关键。

起跨点距栏架的距离一般为2～2.2m。起跨时，后蹬腿要求迅猛有力，起跨腿髋、膝、踝关节充分伸展并与躯干、头部基本呈一条直线，起跨角度（起跨离地时，身体重心与支撑点的连线同地面之间的夹角）约为70°。同时，摆动腿在体后屈膝折叠，足跟靠近臀部，膝向下，并以髋为轴、膝领先，大腿带动小腿充分向前摆超过腰部高度。上体随之前倾，摆动腿异侧臂屈肘向前上方摆出，肘关节达到肩的高度，另一臂屈肘摆至体侧，整个身体集中向前用力，形成良好的"攻栏"姿势。起跨如图4-24所示。

（2）腾空过栏

腾空过栏是指从蹬离地面身体转入无支撑阶段起到摆动腿过栏后落地时止的动作阶段。

运动者身体腾空后，摆动腿随惯性继续向前上方攻摆，膝关节高过栏架后，小腿向前伸展，脚尖勾起。摆动腿的异侧臂前伸，与摆动腿基本平行，同侧臂屈肘后摆，上体达到最大前倾角度，角度为45°～55°。同时，起跨腿屈膝提拉，小腿收紧抬平，约与地面平行或略高于地面，双腿在栏前形成一个120°以上夹角的大幅度劈叉动作。腾空过栏如图4-25所示。

摆动腿的脚掌移过栏架后，起跨腿屈膝外展，脚背屈外翻，以膝领先，经腋下迅速向前上方提拉过栏。双腿在空中完成一个协调有力的以髋关节为轴的剪绞动作。同时，双臂配合积极摆动，起跨腿同侧臂由前伸位置向侧后方做较大幅度划摆，另一臂屈肘前摆，以维持身体平衡。

（3）着地

摆动腿膝关节过栏瞬间，大腿积极下压，膝、踝关节伸直，以脚前掌着地，下栏着地点距栏架约1.4m，身体重心处于较高位置。运动者上体保持适当前倾，起跨腿加速向前提拉至身体正前方，大腿高抬，转入栏间跑。着地如图4-26所示。

图4-24　起跨　　　　　　图4-25　腾空过栏　　　　　　图4-26　着地

3. 栏间跑

栏间跑是从下栏着地点到下一栏起跨点之间的跑动，这一过程中运动者要以正确的节奏，继续发挥和保持最快速度，为下一栏的顺利起跨创造有利条件。

栏间跑的技术与短跑的途中跑实质基本相同，但受栏间距离和跨栏步的限制，其节奏与短跑不同。栏间距离为9.14m，除去跨栏步剩余5.3～5.5m，需跑3步，且3步步长各不相同：第一步最小，为1.5～1.6m；第二步最大，为2～2.15m；第三步中等，为1.85～1.95m。栏间跑的速度提升主要靠改变跑的节奏，从而使3步步长比例合理，做到频率快、节奏稳、方向正、直线性强、身体重心稍高、起伏较小。

4. 全程跑

跨栏跑中，运动者要合理地将跨栏步技术与栏间跑技术紧密地结合起来。起跑后，首先跨好第1栏并在第2栏、第3栏继续积极加速，充分发挥出最高速度；第4栏至第8栏尽量保持速度，并注意控制动作的准确性；第9栏、第10栏保持跑的节奏并准备冲刺，在跨过第10栏架后，运动者把跨栏节奏调整为短跑节奏，全力以赴冲向终点。

4.3.3　接力跑

接力跑是田径运动中唯一的集体项目，以队为单位，每队4人，每人跑相同距离。

接力跑中需要使用器材——接力棒。接力棒为光滑、彩色的空心圆管，由整段木料、金属或其他适宜的坚固材料制成，长度为20～30cm，周长为12～13cm，质量不低于50g。运动者必须持棒跑完各自规定的距离，然后将接力棒传递给下一位队友，接棒者可以在接力区前10m内起跑，和传棒者在20m的接力区内完成传、接棒。

标准田径跑道长400m，是由两个平行的直道和两个半径相等的弯道组成的一圈，4×100m接力跑刚好需跑完一整圈。4×100m接力跑中，4名队员分别称为第一棒、第二棒、第三棒和第四棒，其站位固定，如图4-27所示。接力跑的主要技术动作包括起跑和传、接棒。

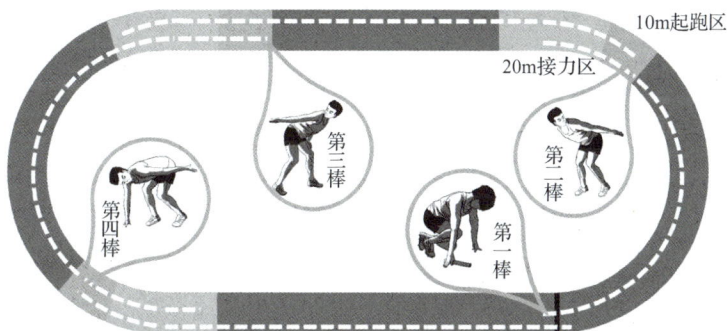

图4-27　4×100m接力跑中队员的站位

1. 起跑

接力跑中的起跑技术包括持棒起跑和接棒起跑两种。

（1）持棒起跑（见图4-28）。第一棒运动者通常采用蹲踞式起跑，其技术和短跑弯道起跑基本相同。运动者用右手的中指、无名指和小指握住棒的末端，拇指和食指分开撑地，接力棒不得触及起跑标志线和起跑标志线前的地面。

（2）接棒起跑。接棒者的起跑姿势既要有利于快速起跑和加速跑，也要让运动者能清楚地看到传棒者及起跑标志线。第二、第三、第四棒可用站立式或一手撑地的半蹲踞式起跑姿势。第二、第四棒应站在跑道外侧，左腿在前（也可右腿在前），右手撑地，身体重心稍向右偏，头转向左后方，目视跑近的传棒者和起跑标志线；第三棒应站在跑道内侧，右腿在前（也可左腿在前），左手撑地，身体重心稍向左偏，头转向右后方，目视跑近的传棒者和起跑标志线，如图4-29所示。

图4-28　持棒起跑　　　　　　　　图4-29　接棒起跑

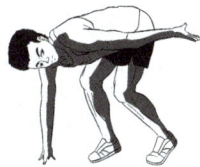

2. 传、接棒

接力跑中，传、接棒技术非常重要，下面介绍传、接棒方法，传、接棒时机，起跑标志线的确定以及各棒队员的分配。

（1）传、接棒方法

常用的传、接棒方法包括上挑式和下压式两种。

① 上挑式。接棒者的手臂自然后伸，与躯干呈40°～45°，掌心向后，拇指与其他4指分开，虎口朝下，传棒者将棒由下向前上方"挑"送入接棒者手中，如图4-30所示。上挑式动作自然，容易掌握，但如果第二棒手握棒的中段，那么第三、第四棒传接时由于棒的前端部分越来越短，易掉棒。

② 下压式。接棒者的手臂后伸，与躯干呈50°～60°，手腕内旋，掌心向上，虎口朝后，拇指向内，其余4指并拢向外，传棒者将棒的前端由上向前下方"压"入接棒者手中，如图4-31所示。下压式各棒次接棒者均能握于棒的一端，但接棒时手腕动作紧张，掌心向上引起身体前倾，会影响加速跑。

图4-30　上挑式　　　　　图4-31　下压式

（2）传、接棒时机

为了集中精神以保持高速度，4×100m接力运动者均采用听传棒者信号而不看棒的接棒方式。传、接棒者在20m接力区内，双方均达到相对稳定的高速度时，便是传、接棒的最佳时机。此时，一般距接力区前端3～5m。

传棒者跑到标志线时，接棒者开始由预跑区内或接力区后端迅速起跑。传棒者跑至接力区内，距接棒者1～1.5m时，向其发出"嘿"或"接"等接棒信号，接棒者听到后迅速向后伸手接棒。

（3）起跑标志线的确定

起跑标志线与起跑点的距离是根据传、接棒队员的跑速，传、接棒技术的熟练程度以及最佳传、接棒时机而定的，一般为5～6m。起跑标志线要在训练中多次实践并反复调整才能精确确定。

（4）各棒队员的分配

接力跑要求各棒运动者之间协调配合，每个人能够充分运用自己的特长，保证在快速跑进中精确、默契、迅速地完成传、接棒动作。一般而言，第一棒应起跑好，并善于跑弯道；第二棒应速度快，耐力好，善于传、接棒；第三棒除应具备第二棒的长处外，还要善于跑弯道；第四棒通常是100m跑成绩最好、冲刺能力最强的。

4.3.4　径赛项目竞赛规则要点

径赛项目竞赛规则要点主要包括短跑、中长跑的名次判定，短跑及中长跑的起跑规则，分道跑规则，分道规则，接力跑项目规则，等等。

1. 短跑、中长跑的名次判定

在田径比赛中，所有赛跑项目中参赛运动员的名次取决于其躯干（不包括头、颈、臂、腿、手或足）沿垂直面抵达终点线后的顺序，先到达者名次列前。任一赛次中，在按成绩录取进入下一赛次时如遇运动员成绩相等的情况，则终点摄像主裁判应考虑有关运动员的1/1 000s的实际成绩；如果成绩依然相等，则有关运动员均应进入下一赛次；如实际条件不允许，应抽签决定进入下一赛次的人选。在决赛中若出现第一名成绩相同的情况，裁判长有权决定是否重赛，若无条件重赛，则并列第一；至于其他名次成绩相同，按并列处理。

2．短跑及中长跑的起跑规则

在国际赛事中，所有400m及以下的径赛项目（短跑），必须采用蹲踞式起跑及起跑器。

发令员口令为"各就位""预备"，最后发令枪响。在"各就位"及"预备"口令之后，运动员应立即完成有关动作，否则属起跑犯规。如果有运动员抢跑，发令员就会宣布起跑犯规。每项比赛只允许运动员一次起跑犯规而不被取消资格，再次起跑犯规将被取消该项目的比赛资格。

除此之外，在"各就位"口令发出后，以声音或动作扰乱他人，也判为起跑犯规。在枪声响起前有任何起跑动作，均属起跑犯规。如因仪器或其他原因而非运动员造成的起跑犯规，应向所有运动员出示绿牌。

其他项目的起跑规则与短跑基本相同，只有细微差别。400m以上（不含400m）的径赛（中长跑）项目，均采取站立式起跑。发令员口令为"各就位"，当所有运动员在起跑线后准备妥当静止后，便可鸣枪开始比赛。全能项目的比赛，运动员可以被允许两次起跑犯规而不被取消资格，较其他项目多一次。

3．分道跑规则

在分道跑和部分分道跑的径赛项目中，运动员越出跑道且获得实际利益或冲撞、阻碍其他运动员会被取消参赛资格。运动员如果被推出或挤出指定的跑道，只要未获得实际利益也未影响他人，可不被取消参赛资格。同样，任何运动员在直道中越出其跑道或在弯道中越出其跑道的外侧，只要没有获得实际利益及阻碍他人，均不算犯规。

4．分道规则

运动员的跑道由技术代表抽签确定，运动员在所有短跑和跨栏跑中自始至终都必须在规定的跑道里。800m跑和4×400m接力跑中，运动员在规定的跑道里起跑，通过抢道标志线以后才能离开规定跑道，切入里道。第2轮开始的各轮比赛中，跑道的选择还需依据运动员在上一轮的比赛结果，如排在前4名的运动员抽签后分别占据第3、第4、第5、第6跑道，后4名抽签排定第1、第2、第7、第8跑道。

5．接力跑项目规则

接力跑项目规则除以下几点外，与短跑相同。

（1）4×100m接力跑是分道进行的，接棒者可以在接力区前10m内起跑。

（2）接力赛中，运动员必须在20m的接力区内完成交接棒。"接力区内"的判定是根据接力棒的位置，而不是根据运动员的身体或四肢的位置。

（3）在4×400m接力跑中，第一棒全程及第二棒的第一弯道是分道跑，第二棒运动员要跑至抢道线后方可自由抢道。第一棒的传、接必须在运动员指定的跑道内进行，其余各棒的传、接，由裁判员根据第二棒及第三棒运动员通过200m起点处的先后，按次序让第三棒及第四棒的队友在接力区内，由内至外排列等候接棒。所有接棒者均不可在接力区外起跑。

（4）接力棒必须拿在手上，直到比赛结束。完成交接棒后，运动员应留在本队的跑道中以免因影响他人而被取消比赛资格。任何运动员掉了棒，必须由本人拾回，而且要在不影响别人的情况下，方可越出跑道拾回接力棒。

6．跨栏跑项目规则

跨栏跑项目比赛中，各运动员必须在本人的跑道内完成比赛。运动员跨越栏架时，若腿或足从低于栏架顶的水平线跨越，或跨越他人赛道上的栏架，或故意以手或足撞倒任何栏架，均取消其参赛资格。其他规则同短跑。

7．赛次和分组

径赛一般分为第1轮、第2轮、半决赛和决赛4个赛次。赛次的安排和分组以及每一赛次的录取人数等将根据报名参加比赛的人数来决定。预赛分组时，要尽可能把成绩好的运动员平均分配到不同的小组中去。在其后的各轮比赛中，分组依据是运动员前一轮的比赛成绩。如果可能，相同国家或地区的运动员应分开。

思考与练习

一、思考题
请查阅资料，思考为什么田径运动被称为"运动之母"。

二、短跑练习
人数：4人一组。

时间：不限。

场地：学校运动场跑道。

练习方法：4位同学分站4条跑道，进行100m跑，可以请其他同学担任发令官，也可使用起跑器。

三、中距离跑练习
人数：8～12人一组。

时间：不限。

场地：学校运动场跑道。

练习方法：同学们分道或不分道，进行800m跑。

活动与探索

一、观看田径比赛
观看学校或系田径队的比赛或参观田径队训练，近距离感受田径魅力；也可在网络上搜索近期的专业田径比赛观看。田径运动的主要赛事有世界田径锦标赛、国际田联黄金联赛、奥运会田径赛等。

二、举办接力跑比赛
人数：每个队伍4人，最大队伍数为运动场跑道数。

场地：学校运动场跑道。

时间：不限。

规则：每个队伍自行决定队员的角色（第一棒到第四棒），请同学担任裁判；准备完毕后开展4×100m接力赛；其他规则同4×100m接力赛规则。

第5章

足球

案例引入

　　巴西国家男子足球队，外号"桑巴军团"，包揽了所有跟男子足球相关的奖项荣誉并保持着各项纪录。1958年瑞典世界杯决赛中，巴西队以5∶2大胜东道主瑞典队，获得冠军，成为史上第一支在欧洲获得世界杯冠军的美洲球队。之后，巴西队又在1962年、1970年获得两次世界杯冠军，永久地拥有了雷米特金杯。大力神杯时代，巴西队于1994年、2002年两夺世界杯冠军，成为夺得世界杯足球赛冠军最多的球队，被称为"五星巴西"。巴西队与其代表的足球文化深受巴西人民喜爱，巴西也因此被称为"足球王国"。

5.1　足球运动概述

　　足球运动凭借其对抗性强、战术多变、参与人数多等特点，被称为"世界第一运动"。同时，足球也是目前职业化程度最高、赛事影响力最大的运动项目。国际足球联合会（简称国际足联）是世界上最大的国际单项体育组织。同时，世界各地形成了鲜明、独特的足球文化，其成了人们重要的精神财富。

5.1.1　足球运动的起源

　　我国在西汉时期就出现有关对足球运动的记载，当时这种运动被命名为"蹴鞠"。一直到明清时期，蹴鞠一直在我国广泛开展并不断发展。蹴鞠后经阿拉伯人由中国传至欧洲，逐渐演变发展为现代足球。

　　现代足球运动的发明者不详，但公认其诞生于英国。1848年，英国的剑桥大学和牛津大学在足球比赛中制定了一系列的规则，足球运动史上第一部文字形式的规则《剑桥规则》诞生。

　　1863年10月26日，剑桥大学、牛津大学和凯尔波里特专科学校与伦敦周围地区11个主要的俱乐部和学校举行联席会议，创立了英格兰足球协会，这一天也成了人们公认的现代足球诞生日。两个月后，英格兰足球协会制定出世界上第一套统一的足球规则。

　　1872年，足球运动史上第一次协会间的正式比赛在英格兰和苏格兰之间进行。

5.1.2　足球运动的发展

　　现代足球和篮球、排球并称为"三大球"，经历了100多年的发展，现代足球运动已经发展为拥有各级赛事、完善俱乐部体系，涵盖各年龄段，参与人次以十亿计的全球性、全民性运动。据国际足联数据，全世界约35.72亿人次通过官方渠道收看了2018年俄罗斯世界杯，平均每场观看人次为1.91亿，可见其影响之广。

世界第一支足球俱乐部谢菲尔德足球俱乐部早在1857年就已成立，这是一只业余足球俱乐部；几年后，在英国诺丁汉郡，世界上第一支职业足球俱乐部诺茨郡足球俱乐部宣告成立。足球俱乐部一直是推动足球运动普及、技术提高和职业化的重要力量。大量的职业足球俱乐部使得足球联赛遍布世界五大洲，这是其他运动项目所不可比拟的。

世界上第一所足球协会是英格兰足球总会（以下简称英格兰足协），该组织在1863年宣告成立。1888年，世界上第一个全国性的足球职业联赛（即英格兰足球甲级联赛）成立；1892年，英格兰足协开始举行乙级联赛；1920年，出现了丙级联赛；1958年，又增加了丁级联赛。至此，英格兰足球联赛初具规模，分甲、乙、丙、丁四个级别，实行升降级制度。世界各国广泛采用借鉴这一联赛体制。

1900年，足球被列为第2届奥运会比赛项目。1904年，国际足球联合会成立，总部设在瑞士的苏黎世。1930年，第一届国际足联世界杯在乌拉圭举行。

2011年，国际足联设立了FIFA名人堂，以纪念全世界传奇球星，贝利、加林查、迭戈·马拉多纳、贝肯鲍尔、普拉蒂尼、齐达内、克鲁伊夫、列夫·雅辛、马尔蒂尼等足坛名宿都列名于名人堂。

现代足球运动最初于19世纪末至20世纪初由英国传入我国，并在我国开展得如火如荼。1913～1934年，我国共参加过10届远东运动会，获得了8次足球比赛的冠军。中华人民共和国成立后，我国积极促进足球运动的发展，不仅举办了全国足球比赛大会、全国青少年足球锦标赛等足球赛事，还积极探索联赛和职业化道路：中国足球甲级A组联赛于1989年成立，并于1994年开始职业化；中国足球协会超级联赛与2004年开始举办，我国4级足球体系建立。2002年，我国首次闯入世界杯决赛阶段。

我国女子足球运动技术水平提高很快，率先冲出亚洲并走向世界，在1996年美国亚特兰大第26届奥运会上获得亚军，且整体水平一直处于世界前列。

┤ 体育小百科 ├

国际足联世界杯（简称"世界杯"）是全世界国家级别球队参与，象征足球界最高荣誉、具有最高知名度和最大影响力的足球赛事，每4年举办一次，与奥运会并称为世界两大顶级体育赛事。

5.2 足球运动的基本技术

足球是一项竞技性和对抗性非常强的运动项目，经过多年的发展，足球运动的技术十分丰富。足球运动的基本技术包括踢球、接球、运球、头顶球、抢断和假动作等。

微课视频

踢球

5.2.1 踢球

踢球指运动者有目的地用脚把球击向预定目标的技术。踢球是足球技术中最重要的技术，主要用于传球和射门。踢球的技术动作很多，主要有脚内侧踢球、脚背正面踢球、脚背内侧踢球、脚背外侧踢球等。这些技术动作由助跑、支撑脚站位、踢球腿摆动、脚触球、踢球后的随前动作5个环节组成。

1. 踢定位球

定位球即没有运动、停留在草坪上的球，踢定位球技术是踢球乃至所有足球技术的基础。踢定位球的基本动作包括脚内侧踢球、脚背正面踢球、脚背内侧踢球、脚背外侧踢球。

（1）脚内侧踢球。脚内侧踢球又称脚弓踢球，运动者直线助跑，最后一步稍大些，支撑脚站在球的侧面约15cm处，脚尖正对出球方向，支撑腿膝关节微屈。在支撑脚着地时，踢球腿的大腿带动小腿由后向前摆动，在前摆的过程中大腿外展，当膝关节摆动至接近球的止上方时，小腿做爆发式摆动，在触球前将脚跟送出使得脚内侧部位所形成的平面与出球方向垂直，踢球脚脚尖微微翘起，脚底与地面平行，踝关节功能性地紧张使脚型固定，触（击）球后身体跟随球向前移动，如图5-1所示。

<图5-1　脚内侧踢球>

（2）脚背正面踢球。脚背正面踢球又称正脚背踢球，运动者直线助跑，最后一步稍大些，支撑脚积极着地支撑，脚尖正对出球方向，支撑腿膝关节微屈，踢球腿随跑动向后摆动，小腿弯曲，支撑的同时踢球腿以髋关节为轴，大腿带动小腿由后向前摆动。当膝关节摆至接近球的正上方时，小腿做爆发式摆动，脚趾屈，以脚背正面击球的后中部，如图5-2所示。击球后身体及踢球腿随球前移。

图5-2　脚背正面踢球

（3）脚背内侧踢球。脚背内侧踢球又称内脚背踢球，运动者直线助跑，最后一步稍大些，支撑脚积极着地支撑，在球的侧面10～12cm处，脚尖正对出球方向，支撑腿膝关节微屈，踢球腿随跑动向后摆动，小腿弯曲，支撑的同时踢球腿以髋关节为轴，大腿带动小腿由后向前摆动。当膝关节摆至接近球的正上方时，小腿做爆发式摆动，脚趾屈，以脚背正面击球的后中部，如图5-3所示。击球后身体及踢球腿随球前移。

图5-3　脚背内侧踢球

（4）脚背外侧踢球。脚背外侧踢球又称外脚背踢球，运动者助跑、支撑脚站位及踢球腿摆动均与脚背正面踢球技术的3个环节相同，不同的是用脚背外侧触球。此时要求膝关节和脚尖内转，脚背绷紧，触（击）球后身体随踢球腿的摆动前移，如图5-4所示。

图5-4 脚背外侧踢球

2. 踢运动中的球

相较于踢定位球，踢运动中的球显然难度更大。运动中的球主要有3种形式，即地滚球、空中球和反弹球，面对不同的来球，运动者的踢球方法也不同。

（1）地滚球。地滚球即在地面滚动中的足球。踢地滚球时，无论来球的运动方向是正前方、侧前方还是侧后方，运动者踢球的动作、要求与踢定位球相同。唯一不同的是支撑脚站位时应考虑足球的滚动速度，以保证在脚触球的瞬间支撑脚与足球的相对位置符合要求。

（2）空中球。空中球即空中飞来的球。运动者踢空中球时，需要根据来球的速度、运行轨迹，选好击球点，及时移动到位。无论用什么部位踢，都要根据来球的速度、运行轨迹来预测落点，把握好站位的提前量，将支撑脚踏在球落点的侧面。在击球环节，控制好脚型，在球落到膝盖以下时摆腿击球的中部，并控制小腿的上摆（送髋、膝关节向前平移），出球则不会过高。

（3）反弹球。反弹球是指球落地或击打在运动者身体上弹起的球。踢反弹球的准备工作与踢空中球类似，不同的是运动者需要在足球落地时，踢球腿爆发式前摆，在足球刚弹离地面时，控制好脚型击足球的中部。

┤ 多学一招 ├

当足球在空中且无法用头顶时，运动者可以使用倒钩的方式踢球，方法是：以踢球腿为起跳腿蹬地起跳，同时另一条腿上摆，身体后仰腾空，眼睛注视来球；蹬地腿在离地后迅速上摆的同时，另一条腿则向下摆动，以脚背正面击球的后部。踢球后，双臂微屈，手掌向下，手指指向头部相反方向着地，屈肘，然后背、腰、臀部依此滚动式着地。

5.2.2 接球

接球是指运动者有目的地用身体的合理部位将运行中的足球停下来，并将足球控制在所需要的范围内，以便更好地衔接下一个技术动作。常用的接球技术包括脚内侧接球、脚背接球、脚底接球、大腿接球和胸部接球。接球技术通常又由观察和移动、选择接球部位和技术动作、改变来球力度和随球移动4个环节组成。

微课视频

接球

1. 脚内侧接球

运动者使用脚内侧接球时，脚触球面积大，动作简单，较易掌握。比赛中运动者经常使用这种技术接各种地滚球、反弹球和空中球。

（1）接滚地球

使用脚内侧接滚地球可以采用两种方法，即引撤式和切挡式。

① 引撤式。运动者身体正对来球，判断来球的速度和方向，选好支撑脚位置，膝关节微屈。

接球脚根据来球的状态相应提起，膝、踝关节旋外，脚趾稍翘，用脚内侧对准来球，触球刹那，接球部位做相应的引撤接球动作，缓冲来球力量，将足球控制在需要的位置，如图5-5所示。

② 切挡式。运动者做好接球准备，将脚提至足球的2/3高度，使脚内侧与地面形成锐角，脚在触球的瞬间下切，将来球的动力转换为旋转力，将足球控制在需要的位置，如图5-6所示。

图5-5　脚内侧引撤式接地滚球　　　　　　图5-6　脚内侧切挡式接地滚球

（2）接空中球

运动者接空中球时，接球腿屈膝抬起，可根据需要采用引撤式或切挡式动作，接球落地后应随即将足球控制在地面上。

（3）接反弹球

运动者接反弹球时，接球腿的小腿应与地面形成一定夹角，并向下做压推动作，此时膝领先，小腿留在后面。

2. 脚背接球

脚背接球包括脚背正面接球和脚背外侧接球。

（1）脚背正面接球

脚背正面接球多用于接有较大抛物线的来球，包括提膝式和勾脚式两种。

① 提膝式。判断足球的落点并及时移动到位，脚背正面迎下落的足球，当足球与脚面接触的瞬间，接球脚以足球下落的速度同步下撤，此时接球腿的膝关节、踝关节、脚趾均保持适度的紧张，脚尖微翘将足球接到需要的地方，如图5-7所示。

② 勾脚式。微抬脚，脚背适度向上勾起，在足球接触脚背的瞬间踝关节放松，将足球接到身体附近，如图5-8所示。

图5-7　脚背正面提膝式接球　　　　　　图5-8　脚背正面勾脚式接球

（2）脚背外侧接球

脚背外侧接球的摆腿方向与接球方向相反，可以与假动作结合起来迷惑对手。运动者需要根据来球类型选择接球方式。

① 接地滚球。判断足球的落点并及时移动到位，支撑腿的膝关节微屈，接球腿抬起屈膝，脚内翻且小腿与地面成锐角，身体正对接球后球将运行的方向，脚的高度约为足球的半径，大腿带

动小腿，脚背外侧向接球后足球将运行的方向推送，身体随足球移动，如图5-9所示。

②接反弹球。判断足球的落点并及时移动到位，支撑脚站在来球落点的侧后方，触球部位在足球下方，其他与脚背外侧接地滚球相同，如图5-10所示。

图5-9　脚背外侧接地滚球　　　　　图5-10　脚背外侧接反弹球

3. 脚底接球

脚底接球好学易用，便于运动者将球接到合适的位置，常被用来处理各种地滚球和反弹球。

（1）脚底接地滚球

运动者身体正对来球方向，移动前迎，支撑脚站在球的侧面（前或后均可），脚尖正对来球方向，膝关节微屈。同时接球腿提起，膝关节微屈，脚背略屈，使脚底与地面夹角略小于45°（且脚跟离开地面），一般以前脚掌接触足球的上部为宜。在触球瞬间接球脚可轻微趾屈（前脚掌下点）将足球停住，也可根据需要在接球同时将足球推向前方或拉向身后，如图5-11所示。

（2）脚底接反弹球

运动者根据来球落点，及时前移迎球，支撑脚站在落点侧后方，脚尖正对来球方向，足球落地瞬间，用接球脚前脚掌去触球的中上部，微屈膝，用脚掌将足球接在体前。若需接球到身后，则应在触球瞬间继续屈膝，将足球回拉，并伴随支撑脚以前脚掌为轴旋转90°以上，如图5-12所示。

图5-11　脚底接地滚球　　　　　图5-12　脚底接反弹球

4. 大腿接球

一般用大腿正面接球，这里相对较软，能有效缓冲来球的力量，常用来处理各种空中球。

（1）接抛物线较大的下落球。运动者面对来球方向，根据足球的落点迅速移动到位，接球腿的大腿抬起，当足球与大腿接触的瞬间大腿下撤将足球接到需要的位置。

（2）接低平球。运动者面对来球方向，根据来球高度，接球腿的大腿微屈，送髋前迎来球，当足球与大腿接触瞬间收撤大腿，使足球落在需要的位置。

┌─ **多学一招** ┄┄┄┄┄┄┄┄┄┄┄┄┄┄┄┄┄┄┄┄┄┄┄┄┄┄┄┄┄

　　　当来高球时，为使球尽快落地，运动者应根据来球的方向，在球即将接触大腿时，适当调整大腿的倾斜度，并使大腿随着球向下，以缓冲来球力量，让球尽快平稳落地，以便下一个动作的开展。

5. 胸部接球

胸部具有面积大、肌肉较丰满等特点，比较适合缓冲来球力量，适合用于接高球。胸部接球有挺胸式和收胸式两种。

（1）挺胸式接球。接球时，身体正对来球，双腿自然开立，膝微屈，双臂在体侧自然屈抬，上体稍后仰与来球形成一定的角度。触球刹那，胸部主动挺送，使足球触胸后向前上方弹起落于体前，如图5-13所示。

（2）收胸式接球。面对来球，两脚左右或前后开立，双臂自然张开，挺胸迎球，触球瞬间收胸、收腹、臀部后移将足球接在体前，如图5-14所示。若需将足球接在体侧，则触球瞬间转体将足球接在转体后相应的一侧。

图5-13 挺胸式接球

图5-14 收胸式接球

5.2.3 运球

运球是运动员在跑动中用脚连续推拨足球，使足球处于自己控制范围内的动作。运球技术包括脚背正面运球、脚背外侧运球和脚内侧运球。运球技术由动作的选择与准备、跑动中间断触球和准备下一动作3个环节组成。

微课视频

运球

1. 脚背正面运球

运球时，运动者身体保持正常跑动姿势，上体稍前倾，步幅不宜过大，运球腿提起，膝关节稍屈，髋关节前送，提踵，脚尖下指，在着地前用脚背正面触球后中部将球推向前，如图5-15所示。由于脚背正面运球时身体保持正常跑动姿势，可以发挥出较快的速度，因此这种技术多用在运球前方一定距离内无对手阻拦时。

2. 脚背外侧运球

运球时，运动者身体保持正常跑动姿势，上体稍前倾，步幅不宜过大，运球腿提起，膝关节稍屈，髋关节前送，提踵，脚尖绕矢状轴向内旋转，使脚背外侧正对运球方向，在运球脚落地前用脚背外侧推拨球的后中

图5-15 脚背正面运球

部，如图5-16所示。脚背外侧运球的身体姿势与正常跑动时的身体姿势基本相同，其同样可以运用在快速跑动的运球场景中。另外，脚背外侧运球时运动者可以通过改变脚背外侧正对方向来改变行进方向，所以运动者可以利用身体将对手与球隔开。脚背外侧运球适合运用在掩护足球的场景中。

3. 脚内侧运球

运球前进时，运动者支撑脚位于足球的侧前方或侧方，肩部指向运球方向，支撑腿膝关节微

屈，重心放在支撑腿上，另一条腿提起屈膝，用脚内侧推球前进，然后运球脚着地，如图5-17所示。肩部指向运球方向，身体侧转，虽然移动速度较慢，但身体前倾有利于将对手与球隔开，因此这种技术动作多用在配合传球，或有对手阻拦需用身体做掩护时。

图5-16　脚背外侧运球　　　　　　　AR 图5-17　脚内侧运球

5.2.4　头顶球

头顶球是指运动者面对高空球时，在空中直接处理来球，争取时间上的优势和主动，它是运动者传球、射门、抢球和断球的有效手段。按照顶球位置的不同，头顶球可以分为前额正面顶球和前额侧面顶球。

1. 前额正面顶球

运动者面对来球，两脚前后开立，膝微屈，重心放在两脚上。顶球前，上体后仰，重心移到后脚，双臂自然摆动，维持身体平衡，两眼注视来球。顶球时，双腿用力蹬地，上体由后向前快速摆动，借助腰、腹和颈部力量，用前额正面将球顶出。顶球过程中，身体重心从后脚移到前脚，然后单脚跳起顶球，如图5-18所示。

2. 前额侧面顶球

运动者身体稍侧对来球，两脚自然前后站立，击球一侧的支撑腿在前，身体稍向后微屈，重心落在后腿上，双臂自然张开，眼睛注视来球。顶击球时，后脚向击球方向猛力蹬伸，身体随之向出球方向转动侧摆，同时颈部侧甩发力，用前额侧面将球击出，如图5-19所示。

图5-18　前额正面顶球　　　　　　图5-19　前额侧面顶球

5.2.5　抢断

抢断即从对方持球球员脚下抢夺球的控制权，是一种积极有效的防守手段，不仅能干扰或破坏对方的进攻，而且一旦抢断成功就能立即组织反攻。抢断技术由选择位置、实施抢断和抢断后的动作衔接3个环节组成。

1. 正面抢断

在对方带球队员迎面而来时，运动者可采用正面抢断方式。两脚前后开立，两膝稍屈，身体重心下降，并落在两脚中间，面向对方带球球员。当对方带球或触球即将着地或刚刚着地时，立即抢球。抢球脚的脚弓正对球，并跨出一步，膝关节弯曲，上体前倾，身体重心移至抢球脚上。如对方已有准备，在双方脚同时触球时，脚触球后要顺势向上提拉，使球从对方脚背滚过，身体迅速跟上，把球控制住。双方上体接触时，抢球人可用合理部位冲撞对方，使之失去平衡，从而将球控制在自己脚下，如图5-20所示。

微课视频

抢断

图5-20　正面抢断

2. 合理冲撞

当双方队员并肩跑动，或争夺迎面来球时，双方都可采用合理冲撞来抢断。当与对方平行跑动抢球时，身体重心要降低，靠近对方一侧的手臂贴紧身体。在对方靠近自己的脚离地时，可用肩和上臂做合理的冲撞动作，使对方身体失去平衡，从而把球抢过来，如图5-21所示。

图5-21　合理冲撞

3. 铲球

铲球是抢断技术中难度最高的一种，通常在用其他方法抢不到球时才采用。当防守队员移动到运球队员正前方时，膝关节屈曲，重心下降，可在运球队员刚刚触球后，先蹬左（右）腿，跨右（左）腿，双脚沿地面向球滑铲，然后小腿、臀部、上体依次着地，身体随铲球动作向前滚动，随即尽快起身，如图5-22所示。

图5-22　铲球

5.2.6　假动作

假动作是指运动员在比赛中，为了隐藏自己的真实动作意图，利用各种动作的假象，来迷惑对手，使对手产生错误的判断或失去身体重心，形成对自己有利的形势，从而取得时间、空间上的优势。

微课视频

假动作

1. 踢球假动作

运动者已控制球或正准备控制球，准备与同伴配合及接球时，对手前来堵抢，挡住其路线时，可先向一方做假动作，当对手以假当真去封堵假动作路线时，应突然改变方向将球传给同伴或在另一方向接同伴传球。

2. 头顶球与胸接球假动作

当运动者面对胸部以上的高空来球，准备接球时，若对手迎面逼近准备抢截，运动者可以做出胸或头接或顶的假动作诱使对手立定，以假当真，在其封堵接、传路线时，突然改变动作，用头或胸将球顶出或接住。

3. 运球假动作

运动者持球，对手迎面跑来抢断时，运动者可用左（右）脚的脚背内侧扣拨球动作结合身体的虚晃动作，诱使对手的重心发生偏移，然后用左（右）脚的脚背外侧向同侧方向拨运球越过对手。

对手从侧面来抢断时，运动者先做快速向前运球动作，诱使对手紧追，这时突然减速做停球假动作，当对手上当时，再突然起动加速推球向前甩掉对手。

当对手从身后来抢断时，运动者用左（右）脚掌从球的上方擦过，做大交叉步，身体也随动作前移，诱使对手向运球者的移动方向堵截，然后运球脚以前脚掌为轴，突然向右（左）后方转身，再用右（左）脚脚背内侧将球扣回，把对手甩掉。

5.3　足球运动的基本战术

足球运动拥有丰富的战术储备，荷兰队以"4-3-3"阵型和"全攻全守"战术名扬世界，西德队依靠"自由人"战术夺得世界杯冠军，曼彻斯特联以"两翼齐飞"统治英超……选用合适的战术，能够为球队赢得胜利奠定基础。

微课视频

比赛阵型

5.3.1　比赛阵型

想要赢得比赛胜利就需要提前安排好攻守战术，以该战术为依据制定的全队队员在场上的位置排列和职责分工称为比赛阵型，比赛阵型是球队攻守力量搭配和分工的形式。比赛阵型根据队员的职责和排列的层次分为后卫线、前卫线和前锋线。阵型的人数排列原则是从后卫到前锋，守门员不计算在内。目前，足球运动中的基本阵型有"4-3-3""4-4-2""3-5-2""5-3-2"4种，如图5-23所示。

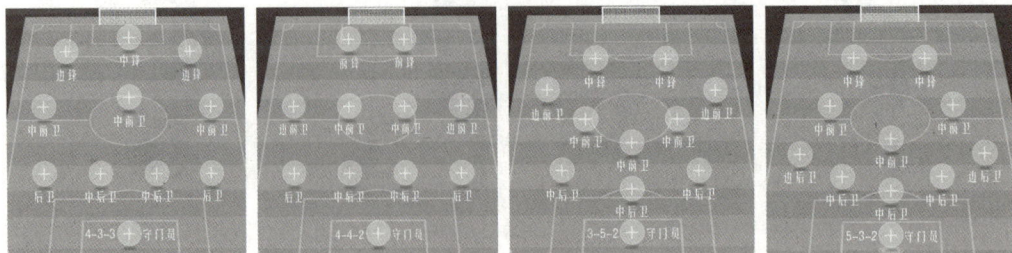

图5-23　比赛阵型

比赛中，球队还需要根据实际情况衍生出许多变阵。选择阵型要以本队队员的特长、技能、技术水平与赛队的特点为依据。此外，阵型绝不是僵化的规定，每个队员都应在明确基本位置和主要职责前提下，以获得比赛胜利为目标，灵活地进行比赛。

5.3.2 局部配合进攻战术

在进攻中，球员面临的最大问题就是对方球员的阻拦和抢断，因此过人成为进攻中的首要目标。足球的局部配合进攻战术包括"二过一"战术配合和"三过二"战术配合。

1. "二过一"战术配合

"二过一"战术配合是指两个进攻队员在局部地区通过两次或两次以上的连续传球配合，越过一个防守队员的战术行动。"二过一"是集体配合的基础，可以在任何场区、位置上运用这种方法摆脱对方的抢断或突破防线。"二过一"是进攻的两个队员相距10m左右，进行一传一切的配合。要求传球平稳、及时，一般多用脚内侧、脚外侧传球，以传地平球为主。传球的位置，尽可能是接球人脚下或其前面两三步远的地方。

2. "三过二"战术配合

"三过二"战术配合是指在比赛场地中的局部地区，通过3个进攻队员的连续配合突破两个防守队员的防守。由于这种配合有两个同队队员可以同时接应传球，因此持球人的传球路线更多，且进攻面更大。

5.3.3 整体进攻战术

整体进攻战术是指在比赛中一方获得球后，通过队员之间的传递配合达到射门的目的而采用的配合方法。与局部配合进攻战术相比较，整体进攻战术具有进攻面更大、进攻和反击速度更快等特点。

微课视频

整体进攻战术

1. 边路进攻

边路进攻一般是围绕边锋球员进行的配合方法，因此边锋球员的速度要快，个人突破能力要强，传中技术要突出。其方法是由守转攻时，获球队员将球传给边锋球员或其他边路上的队员，从边路发起进攻，经过局部配合突破后，一般采用下底和回扣传中方式，将球传到中央，由其他队员包抄射门。

2. 中路进攻

中路进攻时，必须要求边锋球员拉开进攻，借以牵制对方的后卫，诱使对方中间区域出现较大的空隙，为中路进攻创造有利条件。前场和中场队员要机动灵活地跑位，以有效破坏对方的防线。进攻的推进应有层次。传球要准确，技术动作应在跑动中准确、简练地完成。

3. 快速反击

比赛中当攻方进攻时，后卫线往往压至中场附近，防守人数也由于插上进攻和助攻而相对减少，此时如防守方能抓住对方防区空隙较大和回防速度较慢的机会，乘攻方失球之机发动快速反击，往往能取得良好的效果。但其难度较大，既要冒险，又要有准确、快速的传切配合技能。

5.3.4 局部配合防守战术

面对对方进攻时，球队中的数个队员可以选择补位、围抢和造越位等战术进行防守。

微课视频

局部配合防守战术

1. 补位

补位是足球比赛中在局部地区队员集体进行配合的一种方法。当防守过程中一个防守队员被对手突破时，另一个队员应立即上前进行封堵。

2. 围抢

围抢是足球比赛中在某局部位置上，防守一方利用人数上的相对优势（通常是两三个队员）同时围堵对方的持球队员，以求在短时间内达到抢断球或破坏对方进攻（防守）的目的。

3. 造越位

在足球比赛中，当球传出的瞬间，进攻方有人站在对方倒数第二名防守队员的后面，并参与进攻（拿球或策应），就算越位犯规。基于这一规则，防守方可以采用造越位战术，即防守方球员在对方传球的瞬间，突然向对方半场冲刺，造成对方接球队员与本方端线之间没有防守队员（除门将外）的局面，使对方越位犯规。造越位需要后防线上的球员配合默契，统一前进，如果有人落在了后面，就无法形成越位。

> **｜多学一招｜**
>
> 有造越位，就有反越位。反越位即进攻方球员在防守方采用造越位战术，后卫线集体向前压时，进攻方传球队员突然把球传向异侧，由埋伏在第二线的队员突然插上控球突破，威胁球门，使对手猝不及防。

5.3.5 整体防守战术

面对对方整体进攻时，球队就需要采取整体防守战术。整体防守战术主要有盯人防守、区域防守和综合防守3种。

微课视频

整体防守战术

1. 盯人防守

盯人防守是指被盯防的对手跑到哪个位置，防守队员就盯防到哪里的一种防守战术。盯人防守分为全场盯人和半场盯人。这种防守方法的优点是分工明确，针对性强；但体力消耗大，一旦被突破，很难补位，会使整个防线出现很大的漏洞。因此，在比赛中，单纯采用盯人防守方法是不利的。

2. 区域防守

由攻转守时，根据场上位置的分布，每个防守队员负责防守一定的区域：当对方队员跑到本区域时，就负责盯防；当对方队员离开这个区域，就不再盯防。这种战术较为省力。但是，对方可以任意交叉换位，容易造成局部以少防多的被动局面。因此，目前在比赛中已很少采用这种防守方法。

3. 综合防守

综合防守是指盯人防守与区域防守相结合的防守方法。综合防守是目前在比赛中普遍采用的一种防守方法，它集中了盯人防守和区域防守的优点，从而球队在防守中能根据场上情况进行逼抢、盯人、保护与补位，以达到防守的目的。

5.4　足球运动的主要规则

足球赛事具有成熟、严密的规则。大学生在开展足球运动和参加足球竞赛之前，应该首先了解足球运动的主要规则。

5.4.1 足球的基本规则

足球基本规则主要涉及以下方面。

1. 设施规范

足球运动的设施规范涉及比赛场地、比赛用球。

（1）比赛场地。

足球比赛场地必须是长方形的，边线的长度必须长于球门线的长度，边线长度为90～120m，宽度为45～90m。国际足球比赛场地的长度为100～110m，宽度为64～75m。世界杯足球比赛场地的边线长度是105m，宽度是68m。足球比赛场地如图5-24所示。

足球比赛场地是用线来标明的，所有线的宽度不超过12cm，这些线作为场内各个区域的边界线，包含在各个区域之内。场地中包括两条较长边线、两条较短的球门线。比赛场地被中线划分为两个半场。在场地中线的中点处做一个中心标记，并以此点为圆心画一个半径

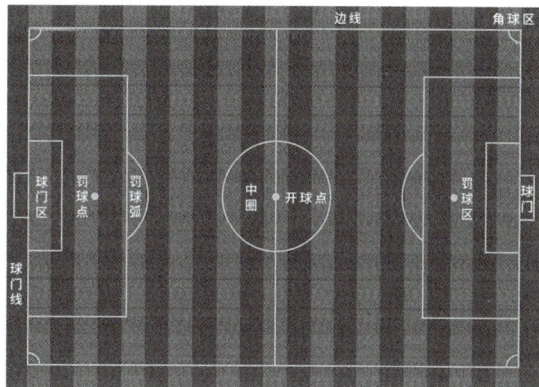

图5-24　足球比赛场地

为9.15m的圆，该圆被称为中圈。球门位于球门线中间位置，长7.32m，高2.44m，且必须是白色的。从球门线画两组垂直于球门线，并伸向比赛场地内的不同长度的线，分别与一条平行于球门线的线相连接，所划分的矩形区域分别被称为球门区和罚球区。在每个罚球区内距球门柱之间等距离的中点11m处设置一个罚球点。在罚球区外，以罚球点为半径画一段弧，此弧被称为罚球弧。另外，在场地每个角上各竖一根不低于1.5m的平顶旗杆，上系一面小旗，以每个角旗杆为圆心、1m为半径画一个1/4圆，弧内区域称为角球区。

在两条边线后还有一条长15cm，垂直并距离端线20cm的短线，两条短线之间的区域为发球区。发球区的深度延伸至无障碍区的终端。

（2）比赛用球。

足球比赛用球应为球体，外壳应用皮革或其他许可的材料制成，且不得使用可能伤害运动员的材料。球的圆周不长于70cm且不短于68cm；比赛开始时的重量不大于450g且不小于410g；球在比赛过程中破裂或损坏，需要停止比赛；比赛中未经裁判员许可不得更换比赛用球。

2. 赛制

足球比赛分为上、下两个半场，每半场45min，中间休息不得超过15min。比赛场地的选择是以裁判员掷硬币的方式决定的，猜中者选择上半场比赛的进攻方向，另一方开球，开始比赛。

足球比赛分组循环赛期间的积分规则为：胜一场积3分，平1场积1分，负1场积0分，最终以积分多少决定小组名次。如积分相等，则根据赛前规程确定的不同名次判定标准，如根据净胜球、进球数、胜负关系等来排定名次。

3. 运动员和裁判员

每队上场队员不得多于11名，其中必须有一名守门员。如果场上一队的队员少于7人，则比赛不能开始。奥运会足球比赛中，每场比赛最多可以使用3名替补队员；场外和场上队员未经裁判员许可不能擅自进出场地。比赛时，守门员和其他队员的位置不能随意交换，如需要交换，须经过裁判员同意。

一场正式的足球比赛中，一名主裁判员、两名助理裁判员（边裁）、两名附加助理裁判员（底线裁判）和一名第4官员负责裁判工作。主裁判员在场内跑动，具有场上最终判决权，决定比赛时间是否延长、比赛是否推迟和终止。助理裁判员站在边线外，通过旗语示意越位及球出界，协助主裁判员的场上判罚，但没有最终判决权。附加助理裁判员站在底线后，负责观察禁区内的犯规和不正当行为，以及判断球是否越过球门线。

4. 死球

足球不论从地面还是空中全部越过球门线或边线，或比赛已被裁判员停止，就造成死球。如果足球从球门柱、横梁或角旗杆，甚至是从裁判员或助理裁判员身上弹回场内，则比赛继续。全部越过球门线或边线时的死球，有掷界外球、踢球门球、踢角球和开球4种处理方式。

（1）掷界外球。足球从地面或空中全部越过边线时成死球，由最后触球者的对方球队队员从球越出边线处掷界外球，但掷界外球不能直接得分。

（2）踢球门球。当足球的整体不论从地面还是空中越过球门线，而最后触球者为攻方队员，且不是进球得分时，由防守方从球门区内的任何一点踢球，且可以直接射门得分。

（3）踢角球。当球的整体不论从地面还是空中越过球门线，而最后触球者为防守方队员，且不是进球得分时，由进攻方将球放在离球出界处最近的角球区内踢球，且可以直接射门得分。

（4）开球。进球得分后死球，由进球方的对方球队开球。

5. 伤停补时

足球比赛有时根据场上情况在比赛时间上需要补时，有时是1～2min，长可为5～6min，时间长短由裁判员决定。补时的原因主要有：一是处理场上受伤者；二是拖延时间；三是其他原因。

6. 越位

足球比赛构成越位要满足以下条件：在同伴传球时，脚触球的瞬间，在对方半场内如果同伴的位置与对方倒数第二名队员的位置相比更靠近对方球门线，这时该队员处于越位位置。需要说明的是，与对方倒数第二名队员平行时不判越位。裁判员在下列情况中判罚越位犯规：干扰比赛、干扰对方队员、利用越位位置获得利益。

7. 暂停比赛

正式足球比赛一般场上不能暂停，只有在极特殊的情况下，如队员受伤或发生意外纠纷才鸣哨暂停。恢复比赛是在比赛停止时球所在的地点坠球，重新开始比赛。现在足球比赛道德水准普遍很高，通常一方如看到场上有受伤队员，都会将球踢出界。恢复比赛时，对方也会将球踢回。

8. 进球与胜利

当球的整体从球门柱间及横梁下越过球门线，而此前未违反竞赛规则，即为进球得分。在比赛中进球数较多的队为胜者，如两队进球数相等或均未进球，则比赛为平局。若比赛结束为平局，可以采用加时赛或点球决胜等国际足球理事会同意的方式决出比赛的胜者。

（1）加时赛。加时赛共30min，上、下半场各15min。在加时赛规定的时间结束后，以进球数较多的队伍为胜者，如两队进球数相等或均未进球，则以点球决胜方式决出比赛的胜者。加时赛也可采用"金球制"，即首先进球的一方立即获胜。

（2）点球决胜。点球决胜前双方会提交罚球名单，按照名单顺序踢点球，前5轮比较总进球数，之后则变为1球决胜制，即一旦一方罚进点球而另一方罚失，那么罚进点球的一方就胜利。如11轮之后仍为平局，则从名单第一个重新开始，仍为1球决胜制。

5.4.2 任意球

足球比赛的任意球分为两种——直接任意球和间接任意球。

（1）直接任意球。判罚直接任意球主要针对恶意踢人、打人、绊倒对方的行为，另外用手拉扯、推搡对方，手触球的行为也属于这一类，还有辱骂裁判员、辱骂他人的行为也要判罚直接任意球。这种任意球可直接射门得分。如果这些行为发生在罚球区，就要判罚球点球。

（2）间接任意球。若发生危险动作、阻挡、定位球的连踢等行为，应判罚间接任意球。这种任意球不能直接射门得分，只有当球进门前，触及另外一名队员才可得分。罚球区内这种犯规不能判罚球点球。

无论直接任意球还是间接任意球，防守方都要退至9.15m线以外，如果不按要求退出9.15m线以外，裁判员可出示黄牌警告。

5.4.3　罚球点球

在罚球区内应判罚直接任意球的犯规要改为判罚球点球。罚球点位于球门前约11m（12码）。罚球点球时，除罚球队员，双方队员不能进入罚球区。如防守方进入罚球区，进球有效，不进则重罚；如进攻方进入罚球区，进球应重踢，如不进则为防守方球门球。在罚球点球时，守门员可以在球门线上左右移动，但不可以向前移动。

5.4.4　红牌、黄牌

英国足球裁判肯·阿斯顿发明足球比赛中的红、黄牌，用以对犯规球员做出处理。

（1）黄牌警告。如果队员犯有非体育道德行为、以语言或行动表示异议、持续违反规则、延误比赛重新开始、当以角球或任意球重新开始比赛时不退出规定的距离、未得到裁判员许可进入或重新进入比赛场地、未得到裁判员许可故意离开比赛场地，都将被裁判员警告并出示黄牌。领取黄牌的球员仍可继续比赛。

（2）红牌罚下。如果队员出现严重犯规、暴力行为、向对方或其他任何人吐唾沫、用故意手球破坏对方的进球或明显的进球得分机会、用可判为任意球或点球的犯规破坏对方向本方球门移动着的明显的进球得分机会、使用无礼的或侮辱的语言及动作，将被罚令出场并出示红牌，且该队员必须立即离开比赛场地和技术区域。

┤体育小百科├

球员如果在第一场比赛中得到一张黄牌，第二场又被罚一张黄牌，就累积两张黄牌，虽然不会在第二场被罚出场，但是将会在下一场判一场球监，不得上场比赛。但是如果在同一场比赛中得到两张黄牌，那就视同得到一张红牌，除了被当场驱逐出场外，还要再被判一场球监。

思考与练习

一、思考题

搜集相关资料，思考足球为什么能成为"世界第一运动"。

二、踢球练习

人数及分组：2～3人一组。

时间：不限。

场地：任意空旷场地。

练习方法：两人相距6m左右，面对面站立。一人将球踢给对方，另一人将球踢回。熟练后可以逐步拉开距离，也可以3人站成三角形，循环踢球。

三、带球行进练习

人数：不限。

时间：不限。

场地：足球场。

练习方法：每位同学沿指定方向运球前进，看看谁先到终点。

活动与探索

一、观看比赛

观看学校足球比赛或参观足球队训练，近距离感受足球魅力；也可在网络上搜索近期的专业足球比赛观看。足球运动的主要赛事有世界杯、欧洲冠军联赛、欧洲杯、美洲杯、英格兰足球超级联赛、西班牙足球甲级联赛、德国足球甲级联赛、意大利足球甲级联赛及法国足球甲级联赛。

二、足球模拟赛

人数：分为两队，每队7人，每队包含一名守门员，可以有多名替补队员。

场地：可以是半个足球场，也可以是一个篮球场（以篮球架为球门）。

时间：全场比赛时间为40min，上、下半场各20min，中间休息10min。

规则：基本规则与普通足球比赛一致，每队每场替补出场队员的人数和人次不限，可轮换休息；比赛无越位限制，角球和任意球可直接射门得分；如果队员被红牌罚下，2分钟后可上一名替补队员。

第6章

篮球

案例引入

姚明，身高达226cm，外号"小巨人"，是我国优秀篮球运动员。在2002年美国职业篮球联赛（National Basketball Association，NBA）选秀中，姚明以状元秀身份被休斯敦火箭队选中司职中锋，在2003—2009年连续6个赛季（生涯共8次）入选NBA全明星阵容。同时，姚明还是中国男子篮球队的主力，曾随队取得亚洲男篮锦标赛4连冠、2002年亚运会冠军，并在2000年、2004年、2008年3度参加奥运会，帮助中国队两次闯进8强。退役后，姚明担任了亚洲篮球联合会主席、中国篮球协会主席，继续为篮球事业贡献自己的力量。

6.1　篮球运动概述

篮球是以手为中心的身体对抗性体育运动，也是"三大球"之一，因其高度娱乐性、竞技性和观赏性在世界范围内拥有广泛的受众。

6.1.1　篮球运动的起源

1891年，在美国马萨诸塞州国际训练学校任教的詹姆斯·奈史密斯（James Naismith）博士从当地儿童用球投向桃子筐的游戏中得到启发，创编了篮球游戏，他制定了第一个篮球竞赛规则，共13个条款。篮球在随后的一百多年时间风靡全世界，成为一项全球性的球类运动，为了纪念这位篮球运动先驱，国际篮球联合会于1950年将世界男子篮球锦标赛的金杯命名为"奈史密斯杯"。

6.1.2　篮球运动的发展

篮球运动以其特有的魅力，深受世界各国人民的喜爱并且具备相当高的职业化程度。

篮球运动在美国开展后不久，便传入墨西哥，并很快在墨西哥各地发展得如火如荼。墨西哥成为除美国外，第一个开展篮球运动的国家。

1904年，在美国圣路易斯举办的第3届奥林匹克运动会上，第一次进行了篮球表演赛。1936年，在德国柏林第11届奥运会上，篮球成为正式比赛项目。在1976年，女子篮球被列为第21届蒙特利尔奥运会的正式比赛项目。

1932年，国际业余篮球联合会在瑞士的日内瓦宣告成立，总部设于瑞士尼永。这一组织后来改称国际篮球联合会，负责制定国际篮球球例、制定篮球比赛用的篮球场和篮球规格、控制球员的调动、任命可以在国际篮球比赛执法的裁判和举办大型篮球比赛。到2020年，国际篮球联合会共有213个会员。

1946年，NBA成立，标志着篮球开始走向职业化。1967年美国篮球协会联盟创立，与NBA直接竞争，直到1976年被NBA兼并。

1950年，世界男子篮球锦标赛首次举办；3年后，世界女子篮球锦标赛首次举行。

1959年，奈史密斯篮球名人纪念堂成立，以表彰全世界所有对篮球事业有卓越贡献的人。2016年2月13日，姚明成为亚洲第一位入选名人堂的球员。

---| 体育小百科 |---

　　NBA全明星赛，一年一度的NBA球星汇集的表演赛，每年由东西部两个地区的最佳球员组成两支球队举行一场比赛决定胜负。来自世界各地的球迷可以登录NBA官方网站，为自己喜爱的球员投票，获票最多的运动员就将获得全明星赛参加资格。

篮球运动在1896年前后传入我国，最初主要在天津、上海及北京等有限的城市青年会中组织和某些中等以上学校少数学生中开展。1910年的第一届全国运动会上，篮球被列为表演项目，1914年被列为正式比赛项目，女子篮球于1930年被列为正式比赛项目。

中华人民共和国成立后，篮球运动在我国得到了普及与发展，篮球竞技水平有了历史性突破，国家男女队曾接连居亚洲榜首并达到世界先进水平。我国女篮在1984年第23届奥运会上夺得铜牌，1992年在第25届奥运会上获得第2名，1994年在澳大利亚世界锦标赛上获得第2名。我国男篮分别在1996年第26届奥运会、2004年第28届奥运会、2008年第29届奥运会都取得过第8名的好成绩。20世纪80年代中期至90年代中期，中国篮球事业得到了全面的大普及、大发展、大提升，各类篮球俱乐部相继成立，篮球竞赛的文化氛围和职业化、商业化气息渐浓，每年一次的中国男子篮球职业联赛（China Basketball Association，CBA）和大学生篮球联赛受到了广泛的关注。

6.2　篮球运动的基本技术

篮球是一项个人技术和团队配合并重，竞技性和对抗性都非常强的运动项目。篮球运动的基本技术包括移动、运球、传球、接球、投篮、防守和抢篮板球等。

6.2.1　移动

进攻者运用急起、急停、转身、变速变向跑等移动动作，摆脱防守完成进攻任务。防守者则运用跑、停、滑步、后撤步、交叉步等动作阻止进攻。这些争取比赛主动权的行动都离不开快速、灵活的脚步移动动作。

6.2.2　运球

运球是篮球运动的基础性技术，其不仅是个人摆脱防守的有力手段，而且还是组织全队进攻的重要方法。下面介绍几种主要运球技术。

微课视频

移动

1. 原地运球

运动者通常用手指运球，掌心空出，非运球手屈臂上抬，保护球。运球时注视前方，屈膝，上体稍前倾，抬头平视，且运球不要超过自己的腰部，最好左右手都可运球。

（1）高运球。以肘关节为轴，肩胛带动上臂，如图6-1所示。

（2）低运球。降低重心，球不超过膝盖，上臂、前臂同时发力拍球，通过手指、手腕与手臂的合作，将球控制在身体的一侧，如图6-2所示。

（3）单手前后运球。运球位置应该在身体一侧，手指向下，变换手腕，前臂协同手腕将球击地向前推，待球反弹后向后拉，如图6-3所示。

微课视频

运球

图6-1 高运球　　　　图6-2 低运球

（4）单手左右运球。运球位置应该在身体前侧，手指向下，变换手腕，前臂协同手腕，将球击地后向左右两侧推拉，如图6-4所示。

图6-3 单手前后运球　　　　　　图6-4 单手左右运球

（5）体前变向。使用两只手在体前进行变向运球，此时脚应该尽量原地活动，并随着球的方向抬起，为行进间的变向做好准备，如图6-5所示。

（6）背后变向。使用两只手在背后进行变向运球，球的落点在双腿之间，此时脚应该尽量原地活动，身体随着球的节奏进行摆动，为行进间的变向做好准备，如图6-6所示。

图6-5 体前变向　　　　　　图6-6 背后变向

2. 行进间运球

行进间运球是在原地运球非常熟练的情况下，结合移动或跑动进行运球。

（1）运球急停急起。可用两步急停，双腿屈膝前后开立，跨出第一步时，身体稍后仰的同时拍球的上方，降低球的反弹高度，使球在原地反弹，并且降低身体的重心，用腿和异侧臂护球。急起时，拍球的后上方，身体重心移至前脚掌，同时后脚迅速蹬地跨出，超越防守者，迅速向前推进。运球急停急起的特点是动作突然、起动快、线路多变、攻击力强、易摆脱防守。运球急停急起如图6-7所示。

（2）体前变向换手运球。右手运球向左侧变向时，右手拍球的右侧上方，使球从右侧反弹向左侧，同时左脚向右侧前方跨步，侧左肩向前，并迅速用左手拍球的正后方继续运球前进。左手运球向右变向时，则与右手动作相反。体前变向换手运球的特点是便于结合假动作，变化突然，易造成防守者错误判断，伺机运、传球，从左至右、从右至左变向运球。体前变向换手运球如图6-8所示。

图6-7　运球急停急起

图6-8　体前变向换手运球

（3）后转身变向运球。身体左侧对防守者，左脚在前做中枢脚，右手向右后侧运球或向后运球，同时做后转身，换左手拍球的后上方运至左侧，右脚落地贴近防守者的右侧（脚尖向前），然后运球继续前进，如图6-9所示。后转身变向运球的特点是转身时便于保护球、改变球的路线、攻击力强、灵活多变。

图6-9　后转身变向运球

（4）胯下变向运球。这是使球穿过双腿之间来改变运球方向的运球技术。近来比赛中有频繁使用胯下变向运球技术的倾向。胯下变向运球的优势是双腿可以保护球，且可以安全转换方向，使防守者的手难以够着球，如图6-10所示。

图6-10　胯下变向运球

（5）背后运球。进攻队员在靠近防守者的同时，快速将球在背后换至另一只手运球，这种运球方式常用于摆脱防守者，如图6-11所示。

图6-11 背后运球

6.2.3 传球、接球

传球是运动者将球从空中交予队友的技术动作，接球则是接队友传球的技术动作。传球与接球技术是篮球竞赛中团队配合的基本技术。

1. 传球

传球包括双手胸前传球、单手肩上传球、单手体侧传球、击地传球和头上传球。

（1）双手胸前传球

运动者两手五指自然分开，拇指相对呈八字形，用指根以上部位握球的两侧后下方，掌心空出，双臂自然弯曲于体侧，将球置于胸前。肩、臂、腕肌肉放松，两眼注视传球目标，身体保持准备传球的姿势。传球时，后脚蹬地，身体重心前移，同时双臂前伸，手腕由下向上翻转，同时拇指用力下压，食指、中指用力弹拨，将球传出。双手胸前传球如图6-12所示。双手胸前传球是一种最基本、最常用的传球方法，准确性高、容易控制、富于变化。

微课视频

传球

图6-12 双手胸前传球

（2）单手肩上传球

以原地左手肩上传球为例，运动者两脚前后开立，左脚在前，侧对传球方向，左手肩上托球于头侧，掌心空出，以转体、挥臂、甩腕及手指拨球的力量将球传出。单手肩上传球是一种中远距离传球的方法，如图6-13所示。其特点是传球力量大、速度快、距离远，在长传快攻和突破起跳分球时经常被采用。

图6-13 单手肩上传球

（3）单手体侧传球

以原地左手体侧传球为例，运动者两脚开立，双腿微屈，双手持球于腹前。传球时，左脚向左跨步的同时将球移至左手，出球前一刹那，持球手的拇指在上，掌心向前，手腕后屈，出球时前臂向前做弧线摆动，当球摆过身体左前方时，迅速收前臂，用手腕、手指的力量将球传出，如图6-14所示。其特点是隐蔽、动作快而幅度小。

图6-14　单手体侧传球

（4）击地传球

击地传球是一种近距离的、较隐蔽的传球方法，是小个子运动者对付高大防守者的有效传球手段。击地传球方法很多，如单手体前传球、双手体前传球、单手体侧传球、单手背后传球等，运动者均可完成通过地面反弹力传球给同伴的任务，图6-15所示为双手击地传球。击地传球时传球者要掌握好球的击地点，击地点一般在传球者距离接球者2／3的地方。当防守自己的对手距离自己较远，而传球的距离又较近时，可向防守者的脚侧击地传球。球弹起的高度一般在接球人的腰部为宜。

AR 图6-15　双手击地传球

（5）头上传球

头上传球需要运动者瞄准接球者的头部以上部分，双手持球两侧，直接持球于头上，后脚蹬地，以腰为轴，上半身后仰向前发力，手指、手腕进行拨球来控制球的高度和方向，如图6-16所示。

图6-16　头上传球

2．接球

接球时，运动者要注视来球，肩、臂都要放松，手臂应迎球伸出，手指自然分开。当手指触球时，屈肘，臂后引，缓冲来球的力量，两手握球，保持身体平衡，以便做下一个动作。

（1）接传球。双手在胸前张开，双臂伸出迎球，双眼注视着传球队员，用指腹先碰触球，过渡到手掌，再用双臂将球钳住，如图6-17所示。快速移动时为了保持接球的稳定性，可以做双脚跳步急停。

图6-17　接传球

（2）接击地球。掌心向着来球反弹的方向，屈膝弯腰并向前下方伸手迎球，两手五指自然分开成上、下手接球姿势。在球刚刚离地弹起时，手指触球将球接住。接球后手腕迅速向上翻，持球于胸腹前保持身体平衡，呈基本站立姿势。

（3）接球后急停。安全接球后急停已成为进攻技术的基础。其要点是准确把握转入下次进攻的衔接点，不要做带球走等违规的动作。

（4）摆脱接球。摆脱接球是抢先一步接球的动作。为了安全准确地接球，无球队员切入、策应，以配合创造接球机会。

6.2.4　投篮

投篮是篮球运动中的直接得分技术。运动者需要在复杂变化的球场上，使用一切合理手段将球投进篮筐。投篮可分为双手投篮、单手投篮，胸前投篮、肩上投篮、头上投篮，原地投篮、行进间投篮和跳起投篮。

微课视频

投篮

1．原地双手胸前投篮

运动者两脚左右或前后站立，两膝微屈，两脚脚跟略离地面，上体稍向前倾，两手手指自然张开，握球两侧略后的部位，拇指相对呈八字形，掌心空出，持球于胸前，屈肘靠近身体（见图6-18）。投篮时，两脚蹬地，身体伸展，同时双臂向前上方伸出，拇指向前上方用力推送，手腕稍外翻，使球从拇指、食指、中指指尖投出，球向前旋转飞出。

2．原地单手肩上投篮

以原地右手肩上投篮为例，运动者右手五指自然分开，掌心空出，用指根以上部位持球，拇指和小指控制球体，左手扶球的左侧，右手屈肘，置球于右肩上方，如图6-19所示。投篮时，下肢蹬地发力，右臂向前上方伸直，手腕前屈，食指、中指用力拨球，通过指端将球柔和地送出。球出手的同时，身体随投篮动作向前伸展。

3．行进间单手低手投篮

运动者在跑动中接球或运球突破上篮时，应先跨右脚接球或拿球，接着跨左脚起跳，左脚跨的步子稍小一些（已能掌握基本动作者，其左脚跨出的步子大小，可根据对方防守的情况和自身进攻的需要选择），右腿屈膝上抬，身体上升到最高点时，右臂向上方或前上方伸出，掌心向上，用手指和手腕的力量，将球上拨。

AR 图6-18　原地双手胸前投篮　　　　图6-19　原地单手肩上投篮

4．行进间单手肩上投篮

行进间单手肩上投篮方法以右手投篮为例，脚下前期动作和行进间单手低手投篮一样，不同之处是右腿屈膝上抬的同时，双手向前上方举球，腾空后右臂向前上方伸展（将手举到最高点），完成投篮。

5．运球急停跳投

在快速运球中，用一步或两步的方式接球停步，两膝微屈，身体重心下降，迅速蹬地起跳，同时两手迅速举球于右肩上。当身体接近最高点处于稳定的一刹那，迅速向上伸臂，用右手手腕和手指的力量将球投出。

6.2.5　防守

防守是篮球运动中合理限制对手行动、阻止对手得分的技术。针对有球对手和无球对手的防守技术不同。

1．防守有球对手

当对手接球后，防守队员迅速调整防守位置和距离，占据对手与球篮之间的有利位置，还要与对手保持适当的距离（一臂左右）。一般来说，对手离球篮远，则防守队员离对手远，并根据对手的特点（投篮或突破）调整位置和姿势，采用适当的步法积极移动，阻截和干扰对方传球、投篮，同时伺机抢、断球。防守时的步法主要有以下3种。

（1）平步滑步。防守队员应降低重心，两脚平行开立。横向滑步，双手屈臂仰起，保持重心在前脚掌，以便控制身体平衡并扩大防守面积。滑动时脚不要交叉和并拢；不要跳，并保持重心不动，始终保持在球篮与进攻对手之间。平步滑步如图6-20所示。

（2）上步滑步。防守队员用向前进攻的步法或碎步，向前接近进攻对手。这种步法可保持防守队员的重心，以防接近进攻对手时被突破，同时，防守队员上步脚同侧的手臂应扬起，以封堵、干扰对手出球，如图6-21所示。

（3）斜步滑步。防守队员应两脚前后开立以扩大防守面积。后脚脚尖和前脚脚跟在一条线上，合理运用撤步、向前（后）滑步、交叉步，前脚同侧手臂根据球的位置向上或向下，调整身体平衡，以扩大防守面积。斜步滑步如图6-22所示。

2．防守无球对手

防守队员应站在对手与球篮之间的内侧，与对手保持适当的距离和角度，做到以人为主，人球兼顾，使对手和球都在自己的视野之内，防守队员随对手的动作积极跟进移动，调整防守位置，堵截其移动和接球的路线，手臂做出伸出、挥摆、上举等动作，干扰对手接球，争取抢、断球。

图6-20 平步滑步　　　图6-21 上步滑步　　　图6-22 斜步滑步

（1）防纵切。A传球给B，a以防守B为主，当A向篮下移动时，a应合理运用身体堵住A的移动路线，同时伸臂阻止A接球，迫使对手向远离球的方向移动，如图6-23所示。

（2）防横插。A持球，C欲横插过去要球，c应上步挡住对手，并伸臂不让对手接球，用背贴着对手，随其移动到有球一侧，如图6-24所示。

（3）防溜底。A持球，C溜底的时候，c要面向球滑步移动，至纵轴线时，迅速上右脚前转身，错位防守，右臂伸出不让对手接球，如图6-25所示。

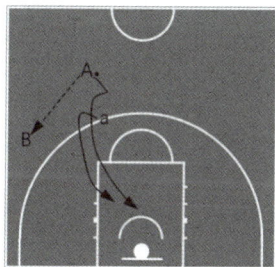 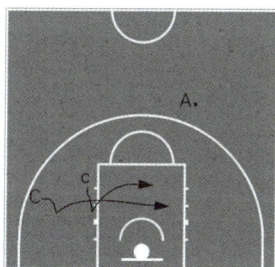 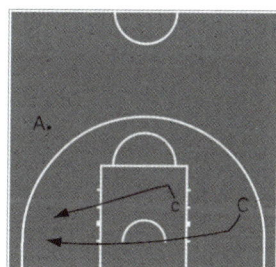

图6-23 防纵切　　　图6-24 防横插　　　图6-25 防溜底

6.2.6 抢篮板球

篮板球是指投篮不中后，从篮板或球篮反弹的球。此时，双方都会积极地争夺篮板球，以获得主动权。抢篮板球包括抢进攻篮板球和抢防守篮板球两种。

1. 抢进攻篮板球

当同伴或自己投篮时，近篮的进攻队员首先应判断球的反弹方向，然后先向相反方向的侧前方跨步，利用身体虚晃的假动作，诱开身前的防守队员，绕跨挤到对手的前面或侧前方，抢占有利位置，借助跨步或助跑起跳，跳至最高点补篮或抢篮板球。

2. 抢防守篮板球

当对手投篮出手后，防守队员首先应注意对手的动向，并根据当时与进攻队员所处的位置和距离的远近，运用上步、撤步和转身抢占有利位置，把进攻队员挡在身后，与此同时还要判断球的落点，准备起跳。

3. 篮板球技术动作

抢篮板球包括卡位和抢球两步。

（1）卡位

卡位是指抢占对手与球篮之间的有利位置。抢进攻篮板球突出"前冲抢"，抢防守篮板球突出"先挡人，后抢球"。

（2）抢球

运动者可以采用双手、单手和点拨球的方式抢球。

① 双手。手指触球的瞬间，双手用力握球，腰腹用力，迅速屈臂将球拉至胸腹间，同时两肘外展，保护球。

② 单手。起跳到最高点时，近球侧手臂向球伸展，手指触球后迅速屈腕、屈肘收臂，将球拉下，另一只手尽快握球，护球于胸腹间。

③ 点拨球。起跳到最高点时，用指端点拨球的侧方、侧下方或下方。

6.3　篮球运动的基本战术

篮球运动经过多年的职业化发展，形成了丰富的战术，其中，基础配合、快攻与防快攻、攻防半场人盯人、区域联防等是篮球运动的基本战术。

6.3.1　基础配合

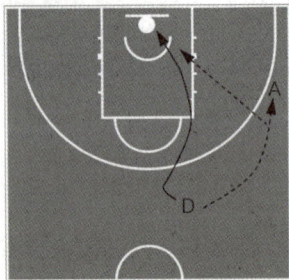

篮球运动中的基础配合包括进攻基础配合与防守基础配合。

1. 进攻基础配合

进攻基础配合，是指两三名进攻队员，为了创造投篮机会，合理运用技术进行合作的方法。

（1）传切配合

传切配合又可以分别为一传一切配合和空切配合两种。

① 一传一切配合。队员D传球给队员A后，立刻摆脱对手，向篮下切入，接队员A的回传球投篮，如图6-26所示。

② 空切配合。队员A传球给队员D时，队员C突然切向篮下接队员D的传球投篮，如图6-27所示。

（2）突分配合

突分配合是有球队员持球突破后，根据具体情况利用传球与队友配合的方法。

图6-26　一传一切配合　　　图6-27　空切配合

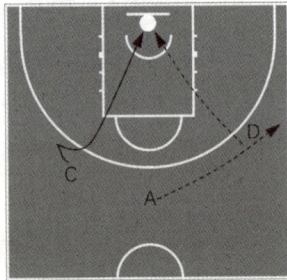

其要求是：突破动作要突然、快速；在突破过程中，要随时观察场上攻、守队员行动和位置的变化，既要做好投篮的准备，又要做好及时、准确地传球给同伴的准备。其他进攻队员要及时跑到有利于进攻的位置接球。

（3）掩护配合

掩护配合是采用合理的行动掩护队员，用自己的身体挡住队友的防守者的移动路线，使队友得以摆脱防守，或利用同伴的身体和位置使自己摆脱防守的一种配合方法。掩护配合的形式根据掩护的位置和方向不同，分为前掩护、后掩护、侧掩护3种。

（4）策应配合

策应配合是处于3秒区的队员背对或侧对球篮接球，与3秒区外队友的空切相配合而形成的战术。策应队员抢占有利位置后，要用转身、跨步及时调整策应的方向和位置，以便协助队友摆脱防守。3秒区外队员要根据策应队员的位置和机会，及时传球，争取做到人到球到，并在传球后及时摆脱防守者，准备接球投篮。

2．防守基础配合

防守基础配合，是指两三名防守队员，为破坏对手攻势进行配合，或当队友防守出现困难时，及时协作的方法。

（1）关门配合

"关门"是两个防守队员靠拢协同防守突破的配合方法。当对手D从正面突破时，队员a、队员d或队员d、队员c进行关门配合，如图6-28所示。关门配合要求防守队员积极堵住进攻对手的突破路线，临近突破一侧的防守队员要及时向同伴靠拢进行"关门"，封堵对手D的突破路线。

（2）夹击配合

夹击配合是指两个防守队员积极防守一个进攻对手的配合方法。对手A从底线突破，队员a封堵底线，迫使对手A停球，队员d同时向底线迅速跑去与队员a协同夹击对手A，封堵其传球路线，迫使其违例或失误，如图6-29所示。夹击配合要求防守队员正确地掌握夹击的时机和区域，果断行动。在形成夹击时，防守队员要用身体和腿部限制进攻对手的活动，用手臂封堵传球或接球路线，但要防止不必要的犯规。

（3）补防配合

补防配合是指防守队员在队友漏防时，立即放弃自己的对手，去补防那个威胁最大的进攻者，而漏防的防守队员及时换防的一种协同防守方法。对手D传球给对手A，突然摆脱队员d的防守直插篮下，此时队员c放弃防守对手C，补防对手D，队员d则补防对手C，如图6-30所示。

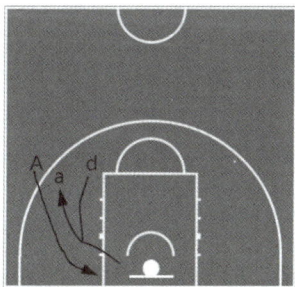

图6-28　关门配合　　　图6-29　夹击配合　　　图6-30　补防配合

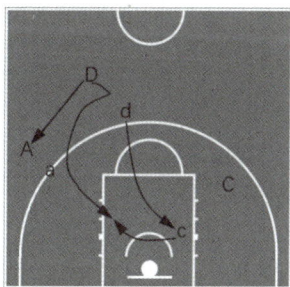

（4）交换防守配合

交换防守配合是为了破坏进攻对手的掩护配合，防守队员之间及时地配合，通过交换自己所防守的对手而扩大防守面积、减少防守漏洞的一种防守基础配合。

6.3.2　快攻与防快攻

快攻是篮球竞赛中常用的进攻战术，是队伍得分的重要手段。因此，篮球运动者既要学会组织开展快攻，也要学会防对手的快攻。

1．快攻

快攻是队伍在防守中获得球权，转入进攻时，趁对手没做好防守准备，以最快的速度、最短的时间，进行攻击的一种进攻战术。发动快攻的时机是在抢获后场篮板球、抢球、断球和跳球获球后。快攻的形式有短传与运球结合快攻、抢后场篮板球长传快攻、断球长传快攻，也可结合多种方式展开快攻。

（1）短传与运球结合快攻。短传与运球结合快攻是指队员在后场获球后，利用快速的短传球

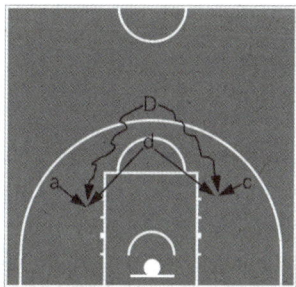

和运球推进相结合的方法迅速推进到前场进行攻击的一种配合方法。其特点是参加人数多、机动灵活、层次清楚、容易成功，但对队员配合的技巧要求较高。

（2）抢后场篮板球长传快攻。队员D抢到后场篮板球后，首先观察场上的情况，寻找长传快攻机会。队员B和队员C判断队员D有可能抢到篮板球时，便立即向对手半场运动，争取超越防守对手接队员D的长传球投篮，如图6-31所示。

（3）断球长传快攻。队员c断球后，看到队员b已到达进攻位置，可立即传球或运球后传球给队员b投篮，如图6-32所示。

2. 防快攻

应对快攻，防守方需要注意几点。

（1）有组织、积极地堵截对方发动快攻的第一传，是防守快攻的关键。

（2）防守快速突进对手。快速突进对手是对方长传快攻的主要成员，如果快速突进对手接到球，将给防守造成极大的困难。因此，当对手抢获篮板球时，外线队员要迅速退守，在退守过程中，控制好中路，堵截快下路线，紧逼沿边线对手的进攻队员，切断对方长传球的路线。

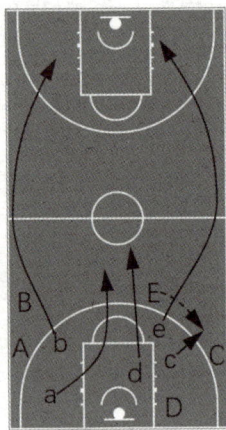

图6-31　抢后场篮板球长传快攻　　图6-32　断球长传快攻

（3）提高以少防多的能力。当对手发动快攻并迅速地向前场推进时，防守方往往来不及全部退防，出现以少防多的局面。若队员具备一防二、二防三的能力，重点防篮下，就能为同伴回防赢得时间。这就要求队员提高个人防守能力，以及提高补防能力。

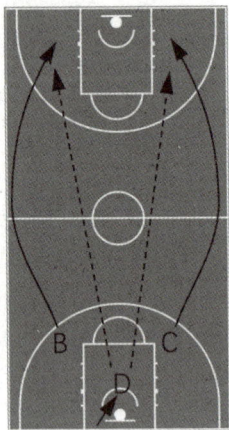

6.3.3　攻防半场人盯人

攻防半场人盯人是每个防守队员看守一个进攻对手并与同伴协防的全队防守战术，是普遍运用的基础防守战术。

1. 人盯人防守

人盯人防守战术是在由攻转守时，放弃前场的防守，全队迅速退回后场，每人盯住自己对手的配合方法。它以个人防守为基础，综合运用关门、夹击、补防、交换等多人之间的防守基础配合方法所形成的全队战术。

（1）防守要点。人盯人防守要从由攻转守时开始。此时，每个队员都要快速退向后场，立即找到对手，形成集体防守；要根据对手、球、球篮选择有利位置，做到人、球、区兼顾，与同伴协同防守。

（2）防守原则。队员要遵循"以球为主，人球兼顾""有球紧，无球松""近球紧，远球松"的原则，积极移动，抢占有利位置。

（3）运用时机。扩大到整个半场的人盯人防守，常用于对付外围远投较难、突破与篮下进攻能力和后卫控球能力相对较弱的队；范围缩小到罚球线附近的人盯人防守，用于对付中远距离投篮不准、突破和篮下攻击能力较强的队，本队得分已占优势，保持体力再扩大战果时。

2. 进攻人盯人防守

进攻人盯人防守战术是根据人盯人防守战术的特点，从每个队员的实际出发，综合运用传接球、投篮、运球、突破等个人技术动作和传切、掩护、策应等多人之间的基础配合战术的一种全队进攻战术。进攻人盯人防守战术的要点为：由守转攻后，每个队员要迅速到位。

6.4　篮球运动的主要规则

篮球赛事具有成熟、严密的规则。大学生在开展篮球运动和参加篮球竞赛之前，应该首先了解篮球运动的主要规则。

6.4.1　篮球比赛的基本规则

篮球比赛的基本规则包括设施规范和赛制。

1. 设施规范

篮球运动的设施规范涉及比赛场地、比赛用球、篮球架和篮圈。

（1）比赛场地

篮球比赛场地应是一个长方形的坚实平面，无障碍物，有土质、水泥、沥青和木质等场地。奥运会篮球比赛和世界篮球锦标赛的比赛场地长度为28m，宽15m，其他比赛场地长度最多可减少4m，宽度最多可减少2m，要求其变动成比例。球场长边的界线称边线，短边的界线称端。球场上各线都必须十分清晰，线宽均为0.05m。篮球比赛场地如图6-33所示。

篮球比赛场地是用线来标明的，从边线的

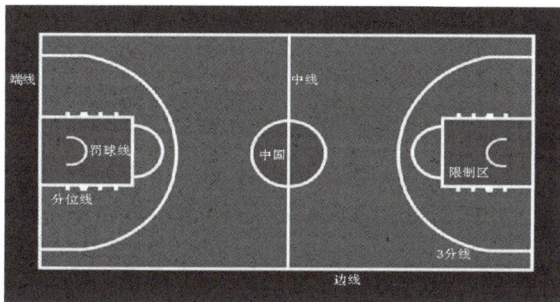

图6-33　篮球比赛场地

中点画一平行于端线的横线，该横线称中线。中线应向两侧边线外各延长0.15m。中圈应画在比赛场地的中心，从圆周的外沿丈量，其半径为1.8m，此区域为比赛开始时，跳球争夺球权的区域。3分线是以球篮中心正下方地面的点为圆心，画一条半径为6.75m的半圆弧，此圆心距离端线内沿的中点1.57m。进攻方在3分线外投篮命中后得3分。根据比赛的赛别不同，3分线的位置也会有所不同。罚球线是距离端线5.80m且与端线平行的一条线，进攻投篮被犯规后，球员会站在罚球线上进行罚篮，罚中一次篮得一分。限制区是画在比赛场地上的一个长方形区域，它由端线、延长的罚球线和起自端线终于延长的罚球线外沿的线所限定。这个区域又称"3秒区"，在进攻时进攻球员在里面不能停留超过3s。分位线是限制区两侧的短线，是队员罚球时界定抢篮板球队员位置的短线。

（2）比赛用球

所有男子比赛用球为7号球，质量为600～650g，圆周75～76cm；所有女子比赛用球为6号球，质量为510～550g，圆周70～71cm；青少年使用5号球，质量为470～500g，圆周69～71cm。

（3）篮球架和篮圈

篮球架的支柱距端线外沿至少1m。篮板应横宽1.8m，竖高1.05m，下沿距离地面2.9m（原1.8m×1.2m尺寸的篮板仍可使用）。篮板的底部、边沿和支柱应做适当包扎。篮圈的上沿距地面3.05m，蓝圈的圈条直径为1.7～2cm。篮圈应用实心钢材制成，其内沿直径最小为450mm，最大为459mm，每个篮圈的顶沿应水平放置，距地面3.05m（误差±6mm），与篮板的两条竖边等距离。

2. 赛制

篮球赛制涉及比赛时间、队员、裁判员、计胜方法、跳球和争球、活球和死球。

（1）比赛时间

篮球比赛由4节组成，每节10min。在第1节和第2节（第一半时）之间，第3节和第4节（第二半时）之间及每一决胜期之前有2min的比赛休息时间；两个半时之间的比赛休息时间为15min，以全场得分多者为胜。如果在第4节比赛时间终了时比分相等，需要一个或多个5min的决胜期来继续比赛，直至决出胜负。

（2）队员

篮球比赛由两个队参加，每队上场5人，其中1人为队长，替补球员有7人。在比赛时间内，当一名球队成员在比赛场地上，并且有资格参赛时，他是一名队员。当一名球队成员不在比赛场地上，但是有资格参赛时，他是一名替补队员。比赛中每队的换人次数不限。但是，要登记的暂停在第一半时的任何时间每队可准予2次，在第二半时任何时间可准予3次，每一决胜期的任何时间每队可准予1次。

（3）裁判员

整个比赛过程由裁判员（三人制包括主裁判员、第一副裁判员和第二副裁判员。二人制包括主裁判员和副裁判员）、记录台人员（包括记录员、助理记录员、计时员和24s计时员）和技术代表管理。

（4）计胜方法

将球投入对方球篮得2分，在3分区外投入对方球篮得3分，罚球中1次得1分。比赛时间到后，比分多的一方获胜。

（5）跳球和争球

跳球。在第1节比赛开始时，一名裁判员位于中圈，在任何两名互为对方队的队员之间将球抛起，即一次跳球发生。

争球。当双方球队各有一名或多名队员有一手或双手紧握在球上，以至于不采用粗野的动作任一队员都不能控制球时，即一次争球发生。

（6）活球和死球

活球情况：跳球中，球离开主裁判员抛球的手时；罚球中，罚球队员可处理球时；掷球入界中，掷球入界的队员可处理球时。

死球情况：在任何投篮或罚球中篮时；球停留在篮筐上或卡在篮筐和篮板上时；技术犯规执行罚球时；多次罚球第一罚之后；活球中，裁判员鸣哨时；竞赛计时器信号响起以结束每节竞赛时；球队控制球过程中，24s计时器信号响时。

6.4.2 篮球比赛的违规现象

篮球比赛中的违规现象分为两类：一种是违例，指违反篮球比赛规则的行为；另一种是犯规，指侵犯队员有利权益的行为。

1. 违例

违例即是违反规则。违例的判罚规则是将球权判给对方队在靠近发生违例的地点掷球入界，正好位于篮板后面的地点除外。

（1）带球走。其也被称为走步违例，当持活球的队员用同一只脚向任何方向踏出一次或多次，其另一只脚（称为中枢脚）不得离开与地面的接触点，如果中枢脚离开了这个接触点就构成带球走违例。当持球队员跌倒并在地面上滑行，或躺或坐在地面获得控球权，如果该队员持球滚动或站起来，也属于带球走违例。

（2）非法运球。队员在运球后，用双手同时触及球或允许球在一手或双手中停留时，运球即完毕。运球结束后，除非失去控球权后又重新控制球，否则队员不得再次运球，如果再次运球，则为非法运球违例。

（3）拳击球或脚踢球。比赛中队员不得故意用拳击球或用腿的任何部分去阻挡球，否则将判违例。如果球偶然地接触到腿的任何部分，或腿的任何部分无意碰到球，则不算违例。

（4）球回后场。在比赛中，前场控制球的队，不得使球再回到后场（即回到中线之后），否则为球回后场违例。具体判定球回后场有3个条件：一是该队必须控制球；二是球进入前场后，在球又回到后场前该队队员（或裁判员）最后触及球；三是球回后场后，该队队员在后场最先触及球。这3个条件必须依次连续发生。

（5）干涉得分和干扰。投篮（罚球）的球在飞行下落并完全在篮圈水平面之上时，双方队员不可触及球。当投篮的球触及篮圈时，双方队员都不得触及球篮或篮板，不得从下方伸手穿过球篮并触及球，不得使篮板和篮圈摇动。如果进攻队员违犯这一规定，中篮无效，将球判给对方，对方在罚球线延长部分的界外掷球入界；如果防守队员违犯这一规定，不论是否投中，均判投篮（罚球）队员得分。

（6）3s违例。当某队在前场控制活球并且比赛计时钟正在运行时，该队队员在对方的限制区内持续停留的时间超过3s，将判违例。

（7）5s违例。进攻球员必须在5s之内掷出界外球；或在被严密防守时，必须在5s之内传、投或运球；当裁判员将球递给罚球队员并表示可处罚时，该队员必须在5s内出手。否则，便是违例。

（8）8s违例。一个球队从后场控制活球开始，必须在8s内使球进入前场（对方的半场）。否则，便是违例。

（9）24s违例。每当一名队员在场上控制活球时，该队必须在24s内尝试投篮。否则，便是违例。

（10）跳球违例。跳球的球在上升阶段时，以下3种情况应判跳球违例：跳球队员触及球；跳球队员未触及球时，其他队员进入中圈或移动位置；跳球队员直接接住球。

2. 犯规

犯规是对规则的违犯，含有与对方队员的非法身体接触或违反体育道德的举止。裁判员对违犯者登记犯规并随后按规则予以处罚。

（1）侵人犯规

侵人犯规是一种队员与对方队员的接触犯规方式。具体表现为无论球是活球还是死球，场上队员通过伸展其手、臂、肘、肩、髋、腿、膝、脚或将身体弯曲成"不正常的姿势"（超出其圆柱体），甚至是任何粗野或猛烈的动作来拉、推、撞、绊、阻止对方队员行进。

对于侵人犯规，有以下3种判罚规则。

① 在所有情况下都要给犯规队员登记一次侵人犯规。如果侵人犯规对象为未做投篮动作的队员，由非犯规队在靠近犯规地点的界外掷球入界重新开始比赛。

② 如果犯规队处于全队犯规处罚状态，且犯规对象为未做投篮动作的队员时，应判给被侵队员2次罚球，代替掷球入界。

③ 对正在做投篮动作的队员犯规，如果投篮成功，应计得分并判给1次追加罚球；如投篮未中，则要根据投篮的地点，判给2次或3次（3分投篮时被犯规）罚球。

（2）技术犯规

技术犯规是指所有（不包括与对方队员接触）的队员犯规，包括：不顾裁判员警告；没有礼貌地冒犯裁判员、技术代表、记录台人员或球队席人员；使用冒犯或煽动观众的语言和举止；戏弄对方队员或在对方队员的眼睛附近摇手妨碍其视觉；在球穿过球篮后，故意触及球以延误比赛；阻碍对方队员执行掷球入界以延误比赛；假摔以伪造一次犯规等。

对于技术犯规，有以下一些判罚规则。

① 队员技术犯规，应给其登记一次技术犯规，作为全队犯规之一计数。教练员、替补队员和随队人员的技术犯规，对每一起违犯行为都要登记教练员一次技术犯规，但不作为全队犯规之一计数。

② 技术犯规的处罚是判给对方2次罚球，以及随后在记录台对面的中线延长部分掷球入界，如果技术犯规发生在比赛开始前或休息期间，罚球完毕后，比赛要在中圈跳球开始或重新开始。

（3）违反体育道德的犯规

根据裁判员的判断，一名队员不是在规则规定的范围内合法地试图去直接抢球，发生的接触犯规是违反体育道德的犯规，应给犯规队员登记1次违反体育道德的犯规。

发生违反体育道德的犯规时，有以下一些判罚规则。

① 登记犯规队员一次违反体育道德的犯规，判给对方两次罚球，再追加一次中场掷界外球权。

② 如果被犯规队员正在做投篮动作，投中有效，再判给一次罚球和一次掷界外球权；如果未投中，应判给两次罚球（投3分球时罚3次）和一次掷界外球权。

（4）取消比赛资格的犯规

凡属十分恶劣的不道德行为，可判为取消比赛资格的犯规。对于取消比赛资格犯规，判罚规则是登记犯规队员一次取消比赛资格的犯规，并令其离开比赛场地，余下判罚同违反体育道德的犯规罚则。

思考与练习

一、思考题

思考篮球运动能够锻炼运动者的哪些肌肉，能够提高运动者的哪些机能。

二、传接球练习

人数及分组：两人一组。

时间：不限。

场地：任意空旷场地。

练习方法：两人相距6m左右，面对面站立；一人使用传球技术，将球传给对方，另一人接球，并将球传回；熟练后，两人可以逐渐拉开距离，或者练习行进间传接球，也可以3人站成三角形，进行小规模传接球配合。

三、趣味运球赛

人数：不限。

时间：不限。

场地：篮球场。

练习方法：在篮球场中沿直线排放锥形桶，每5m摆放一个（可缩短距离，加大难度）；4组同学同时出发，以S形运球前进，绕开所有锥形桶；如果没能绕过，则退回上一个锥形桶重新运球，看哪一组最先完成运球。

活动与探索

一、观看比赛

观看学校或系篮球队的比赛或参观篮球队训练，近距离感受篮球魅力；也可在网络上搜索近期的专业篮球比赛观看。篮球运动的主要赛事有NBA、CBA、奥林匹克运动会篮球比赛、世界篮球锦标赛等。

二、篮球模拟赛

人数及分组：分为两队，每队5人，可以有多名替补队员。

场地：标准篮球场。

时间：比赛分4节，每节各10min，每节之间休息3min，中场休息5min。

规则：基本规则与标准篮球比赛一致，每队每场替补出场队员的人数和人次不限，可轮换休息。

第7章

排球

案例引入

　　中国国家女子排球队（简称中国女排）在世界排球史上书写下了辉煌的纪录，曾在1981年和1985年世界杯、1982年和1986年世锦赛、1984年洛杉矶奥运会上夺得冠军，成就创造历史的"五连冠"。进入21世纪后，又在2003年世界杯、2004年奥运会、2015年世界杯、2016年奥运会、2019年世界杯夺冠，共10次获得排球三大赛（世界杯、世界锦标赛和奥运会）冠军。今天，中国女排依然是世界排坛的重要力量，是各项世界级赛事冠军的有力竞争者。

7.1　排球运动概述

　　排球运动距今已有120余年历史，在这120余年里，排球从一项地方性、娱乐性活动逐渐发展为全球性、竞技性运动。今天，排球已成为最受喜爱的运动之一，延伸出室内排球、沙滩排球、气排球、软式排球等众多形式。

7.1.1　排球运动的起源

　　1895年，美国人威廉·摩根（William Morgan）创造了排球比赛，原始的排球运动使用篮球场地，只是中间悬挂了球网，两队隔网站立，以篮球胆为球，在网上打来打去，不使其落地。1896年7月，美国杂志《体育》上发表了排球比赛的最初规则，但当时的规则还相当粗陋，例如参赛人数由双方在赛前临时商定，双方人数相等即可。但从此，排球作为一项独立运动开始发展。

7.1.2　排球运动的发展

　　排球一经出现，很快受到学校和社会的广泛重视，同时也被列为军事体育项目，很快便取得了可观的发展。在1900年前后，排球自美国传入加拿大，加拿大成为世界上第二个开展排球运动的国家。

　　1921—1938年是排球发展的重要时期，为适应排球技术的飞速发展，人们对排球规则进行了一系列的修改和完善。

　　在法国排球联合会的倡议下，国际排球联合会（简称国际排联）于1947年4月14日在巴黎成立，其总部设在瑞士洛桑。两年后，国际排联策划组织了第一届世界男子排球锦标赛，世界排球锦标赛后来成了重要的国际赛事。

　　1985年，世界排球名人堂于马萨诸塞州的霍利奥克创建，用以纪念和表彰对世界排球运动做出过重大贡献的人士，郎平、袁伟民、魏纪中分别于2002年、2007年、2017年入选名人堂。

随着排球各大赛事的开展，排球的技战术水平不断提高。20世纪50年代初，东欧各国的高点强攻和个人进攻战术处于世界领先地位。到了20世纪60年代，日本女排在国际排坛崛起，创造了垫球、滚翻救球、勾手飘球等技术。之后，古巴、巴西等国排球队相继在世界赛事中大放异彩，将排球竞技推上了新的层次。

我国是接触排球最早的国家之一，早在1905年，排球就传入我国，但当时仅在广东等地开展。自20世纪50年代起，我国排球运动得到了较快的发展，形成了一套以快球为中心的快攻掩护战术，此后男排在掌握"盖帽"拦网技术的基础上，创造了"平拉开"扣球新技术，发展了我国排球快攻打法的特点。20世纪70年代中期，我国首创了"时间差"打法。男排创造的前飞、背飞、拉三和拉四等技术，丰富了快中有变的自我掩护打法，在世界级比赛中取得了良好的效果。1979年，中国男排、女排分别夺得了亚洲排球锦标赛男子组和女子组的冠军，并获得了奥运会参赛资格，实现了冲出亚洲的愿望。

┤ 体育小百科 ├

排球最初被称为 Mintonette，1896 年，世界上最早的排球赛举行后，特哈尔斯戴博士将其命名为 Volleyball，意为"空中飞球"。排球传入我国后的一段时间里，比赛中每队人数为 16 人，分站 4 排，由此得名"排球"并沿用至今。

7.2　排球运动的基本技术

排球是一项对抗性性与策略性并重、个人技术和团队配合缺一不可的运动，对运动者的力量、反应速度、灵活性、弹跳能力、动作准确度等都有较高的要求，能有效锻炼腿部、腰腹部和上肢肌肉。排球运动的基本技术包括准备姿势、移动、发球、垫球、传球、扣球和拦网等。

7.2.1　准备姿势

准备姿势是排球运动的基础，按照身体重心的高低，排球运动的准备姿势可分为稍蹲准备姿势、半蹲准备姿势和低蹲准备姿势3种。

1. 稍蹲准备姿势

两脚左右开立，与肩同宽，一只脚在前，两膝微屈，身体重心位于两脚之间，并稍靠近前脚，后脚脚跟稍提起，上体稍前倾，双臂放松，自然弯曲置于腹前，两眼注视球并兼顾场上各种情况，两脚保持微动状态，如图7-1所示。

2. 半蹲准备姿势

两脚开立略比肩宽，两膝弯曲，上体前倾，重心靠前，膝部的垂直线落于脚尖前，双臂放松，自然弯曲置于腹前，两眼平视，注意来球，两脚保持微动状态，如图7-2所示。

3. 低蹲准备姿势

身体重心比半蹲准备姿势更低、更靠前，两脚间距更宽，膝关节弯曲的程度大于半蹲准备姿势，肩部垂直线过膝，膝部垂直线超过脚尖，双臂弯曲置于胸腹之间，如图7-3所示。

微课视频

准备姿势和移动

图7-1　稍蹲准备姿势

图7-2　半蹲准备姿势

图7-3　低蹲准备姿势

7.2.2　移动

合理的移动技术能使运动者及时接近球并保持好球与人的关系，为后续动作的开展争取时间和空间。移动分为起动、移动步法和制动3个环节。

1.　起动

快速起动能够使运动者迅速移动到预定位置，起动的速度取决于准备姿势、反应能力和腰腿部的速度力量。

2.　移动步法

起动后，运动者应根据临场战术的需要，灵活地采用各种移动步法进行移动。排球的移动步法包括并步、跨步和交叉步。

（1）并步与滑步

以向右运动为例，左脚内侧蹬地的同时，右脚向外跨出一步，在右脚落地时，左脚迅速并上，形成击球前的准备姿势。连续地并步即滑步，如图7-4所示。

（2）跨步

向移动方向跨出一大步，深屈膝，上体前倾，跨步可向前、后、侧前各方向，也可以过渡到倒地动作，如图7-5所示。

（3）交叉步

以向右交叉步为例，上体稍向右转，左脚从右脚前面向右交叉迈出一步，然后右脚再向右跨出一大步，同时身体转向来球方向，保持击球前的姿势，如图7-6所示。

AR 图7-4　并步与滑步

AR 图7-5　跨步

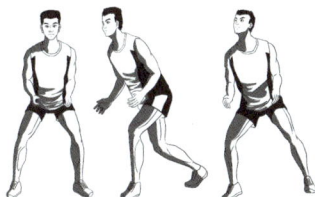
AR 图7-6　交叉步

3.　制动

在移动到预定位置后，为克服身体惯性的冲力，保持稳定的击球姿势，运动者必须运用制动技术。基础的制动技术包括一步制动法和两步制动法。

（1）一步制动法。一步制动时，在移动的最后跨出一大步，同时降低重心，膝和脚尖适当内转，全脚掌横向蹬地，抑制身体重心继续移动的趋势，并用腰腹力量控制上体，使身体重心的投影落在两脚所构成的支撑面内。

（2）两步制动法。两步制动时，以倒数第二步做第一次制动，接着跨出最后一步做第二次制动；同时身体后仰，重心下降，双脚用力蹬地，使身体处于做下个动作的有利姿势。

┤ 多学一招 ├

基于基础移动步法，运动者还能够使用一些更快速的移动步法，以应付更复杂、更紧迫的局面，如连续快速并步而成滑步，在跨步过程中跳跃腾空（即为跨跳步）。

7.2.3 发球

发球是运动者在发球区内自己抛球后，用一只手直接将球击入对方场区的击球方法。发球的方法很多，下面介绍最基本的几种。

1. 正面下手发球

正面下手发球是正面对网，手臂由后下方向前摆动，在腹前将球击入对方场区的发球方法。发球时，运动者面对球网，两脚前后开立，左脚在前，两膝微屈。上体稍前倾，重心偏后脚。左手持球于腹前，将球轻轻抛起在体前右侧，离手高约20cm，在抛球的同时右臂伸直以肩为轴向后摆动，借右腿蹬地力量，身体重心随着右手向前摆动击球而移至前脚。在腹前以全手掌、掌根或虎口击球后下方。正面下手发球如图7-7所示。

图7-7 正面下手发球

2. 正面上手发球

运动者面对球网，两脚前后自然开立，左脚在前，用左手托球于身前，抬高手臂，手掌平托上送，将球平稳地垂直抛于右肩前上方，高度适中。在左手抛球的同时，右臂抬起，屈肘后引，肘与肩平，上体稍向右转。击球时，利用蹬地、转体和收腹带动右臂挥动，在右肩前上方伸直手臂，以全手掌击球中下部。击球时，手指自然张开贴合球，手腕迅速主动地做推压动作，使击出的球呈上旋飞行。运动者还可加入一步、两步或多步助跑，加强发球的力量和攻击性。正面上手发球如图7-8所示。

微课视频

发球

3. 正面上手发飘球

正面上手发飘球是采用正面上手形式，使发出的球不旋转、不规则飘晃飞行的一种发球方法。其准备姿势同正面上手发球，但抛球比正面上手发球稍低、稍靠前。击球前，运动者手臂自后向前做直线挥动。击球时，五指并拢，手腕稍后仰，用掌根平面击球中下部，作用力通过球体重心。击球瞬间手指、手腕紧张，手型固定，不加推压动作，手臂有突停动作。正面上手发飘球如图7-9所示。

AR 图7-8 正面上手发球

图7-9 正面上手发飘球

4. 勾手飘球

勾手飘球时，运动者侧面对网站立，以利用身体转动和腰部力量带动手臂快速挥动击球。具体而言，运动者左肩对网，左手将球抛向左肩前上方，抛至相当于击球点的高度。在抛球的同时，右臂伸直向身体右侧后下方摆动，身体重心移至右脚。当球上升到最高点时，右脚蹬地，身体向左侧转动，带动手臂沿弧线挥动，在右肩前上方以掌根或半握拳拇指根部坚硬平面击球后中下部，击球瞬间，手腕稍后仰并保持紧张，用力集中，作用力通过球体的重心。击球后，可做突停或下拖动作。勾手飘球如图7-10所示。

5. 跳发飘球

跳发飘球时，运动者需面向球网站在距端线2~4m处，利用单手或双手将球抛向前上方，随着抛球离手向前助跑起跳。击球前，手臂自后向前做直线挥动。击球时，五指并拢，手腕稍后仰，用掌根平面击球的中下部，作用力通过球体重心。击球瞬间手指、手腕紧张，手型固定，手臂有突停动作，不加推压动作。跳发飘球如图7-11所示。

图7-10 勾手飘球　　　　　图7-11 跳发飘球

6. 跳发球

跳发球时，运动者需面向球网站在距端线2~4m处，利用单手或双手将球抛向前上方，随着抛球离手向前助跑起跳。起跳时，双臂协调大幅摆动，利用收腹和转体带动手臂挥动以击球。在身体升至最高点时以全手掌击球的中下部，击球时，手腕要有推压的动作。跳发球如图7-12所示。

图7-12 跳发球

7.2.4 垫球

垫球是运动者通过手臂或身体其他部位，使来球从垫击面上反弹出去的击球动作，常用于接发球、接扣球、接拦回球等情况。其技术动作包括正面双手垫球、体侧垫球、跨步垫球、单手垫球、背垫球等。

1. 正面双手垫球

正面双手垫球是运动者双手在腹前垫击来球的一种垫球方法，是各种垫球技术的基础，是最基本的垫球方法，图7-13所示为正面双手垫球的基本手型。

正面双手垫球时，运动者采用半蹲准备姿势，双手成垫球手型，手腕下压，双臂外翻形成一个平面，当球飞到腹前一臂距离时，双臂夹紧前伸，插到球下，向前上方蹬地抬臂，迎击来球，利用腕关节以上10cm左右处的桡骨内侧平面击球的后下部，身体重心随击球动作前移，如图7-14所示。

图7-13　正面双手垫球的基本手型　　　　图7-14　正面双手垫球

为化解来球的力量，当来球力量较大时，运动者的击球动作要小，速度要慢，手臂适当放松。若来球力量极大，则运动者根据来球的高低和角度，采用半蹲或低蹲准备姿势，击球时含胸、收腹，手臂随球屈肘后撤，适当放松，并在撤臂缓冲的同时，用微小的前臂和手腕动作控制垫球方向和角度。

2. 体侧垫球

体侧垫球是在身体侧面垫球的方法。右侧垫球时，运动者以左脚前脚掌内侧蹬地，右脚向右跨出一步，身体重心随即移至右脚，并保持右膝弯曲，双臂夹紧向右侧伸出，击球面对准来球方向，利用转腰收腹的力量在体侧击球的后下部。体侧垫球如图7-15所示。

3. 跨步垫球

向前或向一侧跨出一步的垫球方法称为跨步垫球，其能有效应对速度较快、弧线低、距身体1m左右的来球。跨步垫球时，运动者在判断来球的落点后，要迅速向来球方向跨出一大步，屈膝深蹲，臀部下降，双臂夹紧伸直插入球下，用两前臂的内侧平面击球的后下部，对准垫出方向，将球平稳垫起，如图7-16所示。

图7-15　体侧垫球　　　　　　　　图7-16　跨步垫球

4. 单手垫球

当来球较远、速度快以致来不及或不便使用双手垫球时，运动者可采用单手垫球。单手垫球动作快、垫击范围大，但触球面积小，不易控制球的方向和轨迹。单手垫球可结合各种步法接近球，可采用虎口、半握拳、掌根、手背以及前臂内侧击球。单手垫球如图7-17所示。

5. 背垫球

在接应队友垫飞的球或将球处理过网时，运动者可能需要将球垫向身体后方，此时就需要运用背垫球技术。背垫球的垫击点通常较高，垫球时运动者首先要判断来球的轨迹、方向和离网距离，然后迅速移动到球的下落处，背对来球方向，双臂夹紧伸直，插到球下。击球时利用蹬地、展腹和上身后仰动作带动双臂向后上方摆动抬送，以前臂击球前下方，将球向后上方击出，如图7-18所示。

图7-17 单手垫球

图7-18 背垫球

7.2.5 传球

传球是排球运动的一项重要技术，是防守和进攻间的必要衔接环节，是队伍组织进攻战术的基础。按照传球的方向，传球动作分为正面传球、侧传球和背传球。此外，运动者还可以跳起在空中完成传球动作，这一技术称为跳传。

1. 正面传球

正面传球即面对出球方向的传球动作，是最基本的传球方法，也是其他传球技术的基础。运动者采用稍蹲准备姿势，当来球接近额头时，蹬地、伸膝、伸臂，两手微张，经脸前向前上方迎球。击球点在额头前上方约一球距离处。当手触球时，两手自然张开呈半球形，手腕稍后屈，拇指相对呈一字或八字形，两手间有一定距离，用拇指内侧，食指全部，中指的二、三指节触球的后下部，无名指和小指在球两侧辅助控制传球方向。两肘适当分开，依靠腿、臂、手指、手腕力量，以及球的反弹力将球传出。正面传球如图7-19所示。

图7-19 正面传球

2. 侧传球

身体侧对传球目标并向体侧传出球的传球动作叫侧传球。以向右侧传球为例，运动者采用稍蹲准备姿势，迎球时蹬地抬臂，重心稍右移。击球点在额右前上方，传球手型同正面传球，全身协调用力，上体和手臂向右侧伸展，左侧手臂动作比右侧速度更快、幅度更大、用力的距离更长。侧传球如图7-20所示。

3. 背传球

背传球是指背对传球目标的传球动作。背传球时，运动者身体背面正对传球目标，上身保持正直或稍后仰，身体重心在两脚之间，双手自然抬起，放松置于脸前。迎球时，抬上臂、挺胸、上体后仰。击球点保持在额上方，比正面传球稍高、稍后。触球时，手腕后屈并适当放松，掌心向上，击球的下部，手型与正面传球相同。背传球动作要领是蹬地、展腹、抬臂、伸肘，依靠手指、手腕的力量，将球向后上方传出。背传球如图7-21所示。

4. 跳传

当来球弧线较高而又接近球网时，运动者需要跳起传球，即跳传。跳传需要运动者首先掌握好起跳点和起跳时间。起跳后，双臂屈肘抬起，两手置于脸前，击球点保持在额上方，在身体跳至最高点时，做伸臂动作，用手指、手腕的力量将球传出，如图7-22所示。跳传可起到加快进攻速度和迷惑对方的作用，并且可使进攻战术多样化，扩大进攻的范围，多用于二传。

图7-20 侧传球

图7-21 背传球

图7-22 跳传

| 多学一招 |

　　跳传时，由于人在空中，运动者无法用上伸腿蹬地的力量，因此要加大摆臂的幅度和速度，增强击球力量，以保证传球质量。

7.2.6 扣球

　　扣球是运动者跳起在空中，将高于球网上沿的球击入对方场区的击球方法，是排球比赛中攻击性最强、最有效的进攻技术之一。

1. 正面扣球

　　正面扣球是最基础的扣球技术动作，适用于近网和远网扣球，其动作如图7-23所示。

微课视频

扣球

图7-23 正面扣球

　　（1）准备姿势。运动者扣球助跑前采用稍蹲准备姿势，站在离网3m左右处，身体转向来球方向，观察来球，做好向各个方向助跑起跳的准备。

　　（2）助跑。助跑开始时，运动者左脚先向前迈出一步，紧接着右脚再快速跨出一大步，左脚及时并上，踏在右脚之前，两脚尖稍向右转。

　　（3）起跳。在助跑跨出最后一步（即第二步），左脚并上踏地制动的同时，双臂自后积极向前摆动，随着双腿蹬地向上起跳，双臂配合起跳有力地向上摆动。

　　（4）空中击球。运动者起跳后，挺胸展腹，上体稍向右转，右臂向后上方抬起，身体呈反弓形。挥臂时，运动者迅速转体、收腹发力，依次带动肩、肘、腕各关节向前上方以鞭甩动作挥出。击球时，五指微张，以掌心为主，全掌包满球，在手臂伸直的最高点的前上方击球的后中部，同时主动用力屈腕屈指向前推压球，使扣出的球呈上旋状态。

　　（5）落地。落地时，运动者以两脚前脚掌先着地再迅速过渡到全脚掌着地，同时顺势屈膝、收腹，以缓冲下落的力量，立即做好下一个动作的准备。

2. 调整扣球

扣由后场区传到网前的球即调整扣球。调整扣球技术动作与正面扣球相同，但由于球由后场区传出，既可能是近网球，也可能有远网球，还可能是拉开球或集中球，且球与球网成一定的角度并且弧线不固定，运动者难以判断来球轨迹，因此扣这种球难度较大。调整扣球时，运动者要准确判断来球的方向、弧线、速度和落点。调整好人和球的关系，选择好起跳点，掌握好起跳时间。根据人和球网的距离，合理地采用不同的扣球方法，控制好扣球的力量、速度、方向、路线和落点。调整扣球如图7-24所示。

3. 单脚起跳扣球

单脚起跳扣球时，运动者采用与球网成小夹角或顺网的一步、两步或多步助跑。助跑后，左脚跨出一大步，上身后倾，在右腿向前上方摆动的同时，左腿迅速蹬地跳起，双臂配合摆动，帮助起跳，起跳后扣球动作与正面扣球动作一致，如图7-25所示。

图7-24　调整扣球

图7-25　单脚起跳扣球

4. 扣半高球

扣半高球的技术方法和正面扣球基本相同，只是来球的高度有所区别。半高球的高度一般在网上1m左右，需要传球队友和运动者密切配合，运动者需要预判球的轨迹，快速上步，将球击出，如图7-26所示。

5. 扣快球

扣快球是运动者在队友传球前或传球的同时起跳，并迅速将队友传球击入对方场区的扣球。这种扣球的特点是速度快、力量大、时间短、落点近、突然性强、牵制能力强。扣快球技术动作方法较多，有扣近体快球、扣半快球、扣短平快球、扣平拉开快球、扣背快球、扣背平快球、扣调整快球等。常见的是扣近体快球，这种球是在传球队友体前或体侧50cm左右扣出的快球。扣近体快球时，运动者应助跑到网前，当队友传球时，在队友体前或体侧近网处迅速起跳，起跳后快速挥臂，将刚刚传出网带的球扣入对方场区。击球时，运动者应利用收胸动作，带动前臂和手腕迅速鞭甩挥出，以全手掌击球的后上部，如图7-27所示。

图7-26　扣半高球

图7-27　扣快球

7.2.7 拦网

拦网是运动者靠近球网，将手伸向高于球网处阻挡对方来球的行动。

微课视频

拦网

1. 单人拦网

单人拦网的技术动作分为准备姿势、移动、起跳、空中动作和落地5个互相衔接的部分。

（1）准备姿势。运动者面对球网，两脚左右开立，约与肩同宽，距网30～40cm。两膝微屈，双臂屈肘置于胸前。

（2）移动。常用步法有跨步、并步、交叉步等。无论采用哪种移动步法，运动者都要做好制动动作，以保证在向上起跳的同时避免触网和冲撞同队运动者。

（3）起跳。原地起跳时，双腿屈膝，重心降低，随即用力蹬地，双臂以肩发力，于体侧近身处，划弧或前后摆动，帮助身体迅速跳起。移动后的起跳与原地起跳一样，但要注意制动并使移动与起跳动作紧密衔接。

（4）空中动作。起跳时，运动者两手从额前沿球网向上方伸出，双臂伸直并保持平行，两肩上提。拦网时，双臂应伸过网去接近球。两手自然张开，屈指屈腕呈半球状，如图7-28所示。当手触球时，两手要突然收紧，手腕下压盖在球的前上方。

（5）落地。拦球后，运动者要做含胸动作，以保持身体平衡。手臂要先后摆或上提，从网上收回至本场地上空，再屈肘向下收臂，以保持身体平衡。与此同时屈膝缓冲，双脚落地，随即转身面向后场，准备接应来球或准备做下一个动作。

2. 集体拦网

集体拦网又称多人拦网，即同队多个运动者共同拦网，此技术能够扩大拦网面积，以应对力量大、速度快、轨迹难以判断的扣球，对队员间的默契和配合有较高的要求。根据参与拦网的人数，集体拦网又可分为双人拦网和三人拦网。

（1）双人拦网

双人拦网是前排两名运动者互相靠近、同时起跳的拦网方式。双人拦网时，应以一人为主拦者，另一人为配合者。主拦者并不固定，通常距对方扣球点近的运动者应为主拦者。主拦者必须抢先移动到正对扣球点的位置，做好起跳准备；配合者则迅速靠近主拦者，准备与主拦者同时起跳，如图7-29所示。双人拦网起跳时，两名运动者之间的距离一定要合适，距离太远，跳起后将出现"空门"；距离太近，起跳时易互相干扰，致使双方都跳不高。同时，两人的手臂应该在体前画小弧向上摆伸，身体要尽量垂直向上起跳，防止互相碰撞或干扰。运动者的两只手臂在空中既不能重叠，造成拦击面缩小；又不能间隔太宽，造成中间漏球。

┌─ **多学一招** ─┐

扣球靠近边线时，球容易经拦网者手臂反弹出界，为避免这种情况，靠边线近的拦网者，其外侧的手应适当内转。

（2）三人拦网

三人拦网的动作方法与双人拦网相同，关键在于移动迅速，到位恰当，配合密切，如图7-30所示。三人拦网中，无论对方从哪个位置扣球，一般都以3号位运动者为主拦者，2号、4号位运动者为配合者。由于三人拦网对队员间配合的要求高，加之减弱了防守、保护的力量，故只在对方扣球进攻力强，路线变化多时采用。同时，拦网者要在瞬间从防守转为进攻，从被动转为主动，而这些都要在空中进行，这就要求拦网积极主动，判断准、起动快、跳得高、下手狠。

图7-28　单人拦网　　　　　图7-29　双人拦网　　　　　图7-30　三人拦网

7.3　排球运动战术

排球是一项团队对抗运动，战术对比赛胜负具有非常重大的影响。排球运动的基本战术包括阵容配备、进攻战术和防守战术。

7.3.1　阵容配备

排球比赛中，一队需有6名队员上场比赛。球员常见的角色分配包含攻手（分为主攻手和副攻手）、二传手和自由防守球员（专职防守的球员）3种。排球场的一方区域可以划分为6个区，每个区中有一名队员，如图7-31所示。阵容配置即队伍的人员组织形式，其主要形式包括"四二"配备、"五一"配备等。

4	3	2
5	6	1

图7-31　排球队员位置

1. "四二"配备

"四二"配备由4名进攻队员（主攻和副攻队员各两名）和两名二传队员组成，进攻队员分别站在对角的位置上，如图7-32所示。"四二"配备的优点是每一轮次前排都有一名二传队员和两名进攻队员，便于组织"中二三""边二三"进攻，战术配合有一定的稳定性；缺点是前排进攻点相对较少。

2. "五一"配备

"五一"配备由5名进攻队员和一名二传队员组成。位置的安排与"四二"配备基本相同，只是由一名进攻队员站在与二传对应的位置上作为接应二传，以应对某些二传队员来不及到位传球所形成的被动局面，但主要还是承担进攻任务，如图7-33所示。"五一"配备的优点是加强了拦网和前排进攻力量，全队的进攻队员只需适应一名二传队员的技术特点，有利于统一指挥、相互配合，能够更好地控制比赛的节奏，使进攻战术富于变化；缺点是担当接应二传的队员需要兼顾攻守两端，技术要求高。

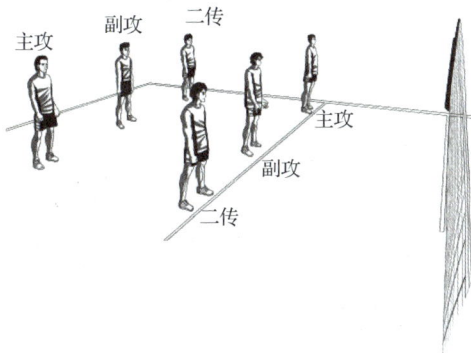

图7-32　"四二"配备　　　　　　　　　　　图7-33　"五一"配备

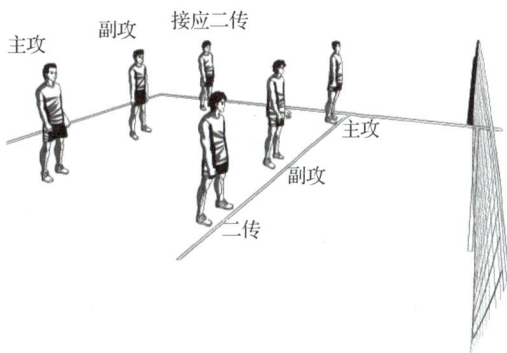

7.3.2 进攻战术

进攻是队伍得分的直接手段，合理的进攻战术能够帮助球队取得胜利。进攻战术包括"中一二"进攻、"边一二"进攻和"插上"进攻。

1. "中一二"进攻

"中一二"进攻是由前排中间的3号位队员作为二传队员，其他5名队员将来球垫传给二传队员，再由二传队员将球传给4号位或2号位队员扣球进攻的战术形式，如图7-34所示。其特点是组织容易，但战术变化较少，进攻点位只有两个，战术意图容易被识破，进攻的突然性和隐蔽性小。其变化形式有扣球队员通过二传队员传出的集中球、拉开球、背传球和平快球等，采用斜线助跑、直线助跑和跑动中变步起跳扣球等。

微课视频

阵容配备和进攻战术

图7-34 "中一二"进攻战术

2. "边一二"进攻

"边一二"进攻是由前排2号位队员担任二传，其他5名队员将来球垫传给二传队员，再由二传队员将球传给4号位、3号位队员进攻的战术形式，如图7-35所示。其特点是形式简单，容易掌握。其变化形式除"中一二"战术形式变化外，还可组织"快球掩护拉开""前交叉""围绕""快球掩护夹塞""梯次""短平快掩护拉开""掩护活点进攻"等战术变化。

3. "插上"进攻

"插上"进攻是在对方发球后，由后排一名队员插上到前排担任二传，把球传给前排4号位、3号位、2号位队员进攻，如图7-36所示。其特点是保持前排3人进攻，充分利用网的全长，发挥每个队员的特点，组成快速多变的战术。其进攻的突破点多，突然性强，使对方难以有效地组织集体拦网和防守。

图7-35 "边一二"进攻战术

图7-36 "插上"进攻战术

7.3.3 防守战术

当对方掌握球权时，球队要采取恰当的防守战术，以应对各种进攻。防守战术根据来球类型而不同，包括接发球防守、接扣球防守和接拦回球防守。

1. 接发球防守

当对方发球时，球队要根据对方发球的特点，采取不同的阵型，通常采用5人接发球和4人接发球。

微课视频

防守战术

（1）5人接发球

5人接发球是指5名队员担任一传，只有一名二传队员站在网前或从后排插上准备二传，如图7-37所示。其优点是队员均衡分布，每人接发球的范围相对减小，接发球成功率高。

（2）4人接发球

4人接发球中，插上二传队员与同列的前排队员均站在网前不接发球，其他4名队员站成"浅盆"形或"一"字形接发球，如图7-38所示。其特点是便于后排插上反攻。

"浅盆"形站位　　　　"一"字形站位

图7-37　5人接发球防守阵型　　　　图7-38　4人接发球防守阵型

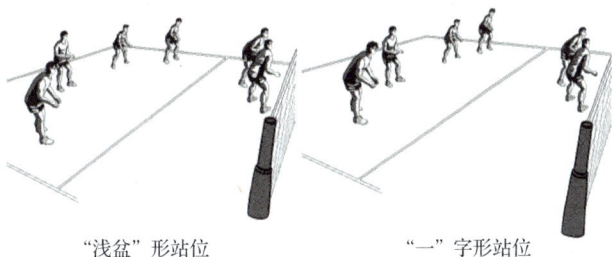

> **┤多学一招├**
>
> 　　4人接发球中，后方4名队员的站位可细分为"浅盆"形和"一"字形。"浅盆"形站位时，中间两名队员站位靠后，能较好应对落点靠后的球；"一"字形站位则适宜接跳发球、大力球。

2.接扣球防守

扣球力量大、速度快，威胁最大，球队通常采用前排拦网与后排防守的整体配合应对扣球。

（1）单人拦网的防守阵型

当对方扣球威胁不大、扣球路线变化不多时，队伍可以主动采用单人拦网的防守阵型。通常前排一人拦网，其他队员形成阵型，如图7-39所示。拦网队员拦扣球对手的主要进攻路线，不拦网队员及时后撤防守前区，后排队员后撤加强后场防守。

图7-39　单人拦网防守阵型

（2）双人拦网的防守阵型

双人拦网的防守阵型主要应对进攻力量较强且路线变化较多的对手，通常为两人拦网，4人接球的阵型，如图7-40所示。双人拦网包含"心跟进"和"边跟进"两种防守战术。

①"心跟进"防守战术。本方拦网能力强，对方采取打吊结合战术时，宜采用"心跟进"防守战术。当进攻方4号位队员进攻时，防守方2号、3号位队员拦网，后排中心的6号位队员在本方拦网时跟在拦网队员之后进行保护，其余3名队员在后排形成弧形防守。其优点是加强了前区的

防守能力，缺点是后排防守队员之间的空当较大。

② "边跟进"防守战术。对方进攻较强、吊球较少时，多采用"边跟进"防守战术。当进攻方4号位队员进攻时，防守方2号、3号位队员拦网，其他4个队员形成半圆弧形防守。如遇进攻方吊前区，由边上1号位队员跟进防守。其优点是加强了拦网，缺点是边上的队员既要防直线，又要跟进防前区，比较困难。

（3）3人拦网时的防守阵型

3人拦网的防守阵型主要应对扣球对手进攻实力很强但不善于吊球的情况，通常为3人拦网，3人后排接球的防守阵型，如图7-41所示。这种阵型加强了拦网力量，但后防的空隙也相对增大。3人拦网时，后排防守的6号位队员可以跟进到进攻线附近保护，也可退至端线附近防守。

图7-40　双人拦网防守阵型　　　　　　图7-41　3人拦网防守阵型

3. 接拦回球防守

拦回球是指本方扣球时被拦回的球，拦回球通常速度快，所以接拦回球防守的保护阵型应形成多道弧形防线，且第一道防线紧跟在扣球人身后。

7.4　排球运动的主要规则

排球运动需要依托规范的场地设施和明确的规则而开展。运动者应了解排球运动的主要规则。

7.4.1　排球基本规则

排球基本规则涉及设施规范、比赛时间、站位轮换、比赛开始、计胜方法、暂停和换人。

1. 设施规范

排球运动的设施规范涉及比赛场地、比赛用球、排球网、网柱和标志杆。

（1）比赛场地

排球比赛场地为18m×9m的长方形，四周至少有3m宽的无障碍区，场地上空至少高7m内不得有障碍物。场中间横画一条线（即中线）把球场分为相等的两个场区。中线与进攻线构成前场区，前场区被认为是向边线外延长的，直至无障碍区的边沿；进攻线与端线构成后场区。所有界线的宽均为5cm，线的宽度均包括在场区内。排球比赛场地如图7-42所示。

在两条边线后还有一条长15cm，垂直并距离端线20cm的短线，两条短线之间的区域为发球区。发球区的深度延伸至无障碍区的终端。

（2）比赛用球

排球比赛用球圆周为65～67cm，质量为260～280g，气压为0.3～0.325kg/cm^2。通常正式比赛使用的排球都是国际排联批准的比赛用球，通常为一色的浅色球或多色球。

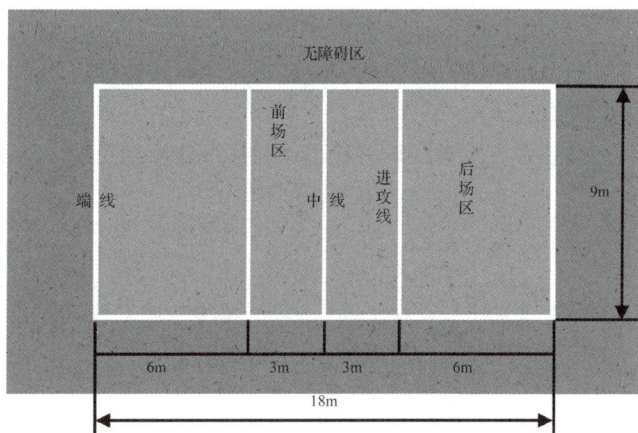

图7-42 排球比赛场地

（3）排球网、网柱和标志杆

排球场地中线上空架有球网，网宽1m，长9.5m，挂在场外两根圆柱上，圆柱高2.55m。排球运动的球网的高度，男子为2.43m，女子为2.24m。少年比赛，男子网高一般为2.35m，女子网高一般为2.15m。球网两端垂直于边线和中线的交界处各有5cm宽的标志带，在其外侧各连接一根长1.8m的标志杆。

2. 比赛时间

排球比赛是没有时间限制的。其中，局和局相隔3min，每次响哨到发球，预备时间是8s。

3. 站位轮换

排球站位是轮换的，没有规定某个位置必须站担任某个角色的队员，但同类型的队员一般站对角，例如，主攻A站4号位，那么对角的1号位必然站的主攻B；副攻A在3号位，6号位就必然是副攻B；二传站2号位，接应二传则会在5号位。换位依据轮次来，首先由1号位队员发球，下轮则该队员转到6号位，由上轮在2号位的队员，转到1号位发球，依次顺时针转。如该本方发球被对方得分，本方轮次不变，直到本方得分，换人发球。

4. 比赛开始

比赛的目的是各队遵照规则，将球击过球网，使其落在对方场区的地面上，而防止球落在本方场区的地面上。每队可击球3次（拦网触球除外），将球击回对方场区。

比赛由发球开始，发球队员击球使其从网上飞至对方场区，比赛由此连续进行，直至球落地、出界或某一队不能合法地将球击回对方场区。

5. 计胜方法

排球比赛采用五局三胜制，胜三局的队胜一场。比赛中，某队胜1球，即得1分（每球得分制）。接发球队胜1球时得1分，同时获得发球权，队员按顺时针方向轮转一个位置。每局比赛获胜需满足两个条件：至少获得25分（决胜局第五局为15分）且领先对手至少2分。即当比分为24：24时，比赛继续进行至某队领先2分（26：24、27：25、…）为止；决胜局比分为14：14时，比赛继续进行至某队领先2分（16：14、17：15、…）为止。

6. 暂停和换人

在比赛中，每队最多可以请求2次暂停和6次换人。暂停时间限制为30s。第1～4局，每局另外有2次时间为60s的技术暂停，每当领先队达到8分和16分时自动执行。决胜局（第5局），没有技术暂停，每队在该局中可请求2次30s的普通暂停。

7.4.2　犯规

排球运动中的犯规包括发球犯规、位置错误犯规和击球时的犯规。

1. 发球犯规

排球运动对发球有严格规定，发球击球时和击球后都可能面临犯规。

（1）发球击球时的犯规

发球击球时的犯规如下。

① 发球次序错误。

② 发球队员在击球或击球起跳时，踏及场区（包括端线）或发球区以外地面。

③ 发球队员在第一裁判员鸣哨允许发球后8s内未将球击出。

④ 球未被抛起或持球手未清楚撤离（明显离开球）就击球。

⑤ 双手击球或单手将球抛出、推出。

⑥ 将球抛起准备发球却未击球。

（2）发球击球后的犯规

发球击球后的犯规如下。

① 球触及发球队其他队员或球的整体没有从过网区内通过球网的垂直平面。

② 界外球。

③ 球越过发球掩护的个人或集体（在发球时，某一队员或两名以上队员密集站位或挥臂跳跃、移动遮挡接发球队员视线，且发出的球从他或他们上空飞过，则构成个人或集体发球掩护犯规）。

2. 位置错误犯规

排球规则规定，当发球队员击球时，若场上队员不在其正确位置上，则构成位置错误犯规。出现下列情况之一者均为位置错误犯规。

① 发球队员击球时，场上其他队员未完全站在本场区内。

② 发球队员击球时，场上队员未按"每一名前排队员至少有一只脚的一部分比同列后排队员的双脚距中线更近"的规定站位。

③ 发球队员击球时，场上队员未按"每一名左边（右边）队员至少有一只脚的一部分比同排中间队员的双脚距左（右）边线更近"的规定站位。

3. 击球时的犯规

队员击球时也可能面临多种犯规。

（1）连击犯规

排球比赛中，运动员身体任何部分均可触球，但一名队员（拦网队员除外）连续击球两次或球连续触及身体的不同部位即为连击犯规。但在第一次击球时，允许队员在同一击球动作中，球连续触及身体的不同部位。

（2）持球犯规

排球运动员在比赛中，身体任何部分均可触球，但球必须被击出，不得接住或抛出，否则即构成持球犯规。

（3）4次击球犯规

一个队连续触球4次（拦网除外）为4次击球犯规。队员不论是主动击球还是被动触及，均算该队员击球一次。

（4）借助击球犯规

队员在比赛场地内借助同伴或任何物体的支持进行击球，皆为借助击球犯规。

（5）队员在球网附近的犯规

队员在球网附近的犯规包括过网击球犯规、过中线犯规、触网犯规和网下穿越进入对方空间妨碍对方比赛犯规等。

① 对方进攻性击球前或击球时，在对方空间触及球为过网击球犯规。

② 比赛进行中，队员整只脚、手或身体其他部分越过中线并接触对方场区，为过中线犯规。

③ 比赛过程中，队员触网或触标志杆不犯规，但队员在击球时或干扰比赛情况下的触网或触标志杆即为触网犯规。队员击球后可以触及网柱、全网以外的网绳或其他任何物体，但不得影响比赛。

④ 比赛过程中，在不妨碍比赛的情况下，允许队员在网下穿越进入对方空间。若网下穿越进入对方空间的队员妨碍了对方比赛则为网下穿越进入对方空间妨碍对方比赛犯规。

（6）拦网犯规

拦网犯规包括过网拦网犯规、后排队员拦网犯规、拦发球犯规和从标志杆外伸入对方空间拦网犯规几种情况。

① 在对方进攻性击球前或击球时，在对方空间拦网触球为过网拦网犯规，判断过网拦网的依据是进攻队员与拦网队员触球时间的先后。

② 后排队员或后排自由防守球员完成拦网或参与完成集体拦网，为后排队员拦网犯规。

③ 拦对方发过来的球为拦发球犯规。从标志杆外伸入对方空间拦网并触球为拦网犯规。

（7）后排队员进攻性击球犯规

后排队员在前场区内或踏及进攻线（或其延长线），将整体高于球网上沿的球，击过球网垂直面或触及对方拦网队员，则为后排队员进攻性击球犯规。

7.4.3 自由防守球员的有关规定

排球比赛的各队可以在最后确认的12名队员中选择1名作为自由防守球员（Libero）。自由防守球员身着区别于其他队员颜色的服装。比赛前，自由防守球员必须登记在记分表上，并在旁边注明"L"字样，其号码必须登记在第一局上场阵容位置表上。自由防守球员仅作为特殊的后排队员参加比赛，在任何位置上（包括比赛场区和无障碍区）都不得将高于球网的球直接击入对方场区完成进攻性击球。自由防守球员不得发球、拦网或试图拦网。自由防守球员在前场区进行上手传球且所传球的整体高于球网上沿时，其同伴不得在高于球网处完成对该球的进攻性击球。

思考与练习

一、思考题

"跨越艰难险阻，需要坚强的意志，需要拼搏的精神，需要团结的作风。历久弥新的女排精神给我们以深刻的启迪，激发我们发扬女排精神，在新的征程中赢得新胜利。"央视快评如此评价女排精神。请收集相关资料，讲一讲什么是女排精神，女排精神给你哪些启发和触动。

二、垫球练习

人数及分组：2人一组。

时间：不限。

场地：任意空旷场地。

练习方法：两人相距6m左右，面对面站立。一人抛球，另一人将球垫回队友方向。熟练后，两人可以互相垫球或拉开距离。两人互相垫球10个回合且球不落地，即表明两人基本掌握了垫球技术。

三、发球与接发球对抗

人数：4～6人一组，各组人数相等，两两对抗。

时间：不限。

场地：排球场。

练习方法：两组同学分别站在球网两边，一组为发球组，成员轮流发球；一组为接发球组，使用拦网、传球、垫球、扣球等技术将球击回对方半场。发球组成员全部发球后，双方交换角色，由原接发球组成员轮流发球。

活动与探索

一、观看比赛

观看学校或系排球队的比赛或参观排球队训练，近距离感受排球的魅力；也可在网络上搜索近期的专业排球比赛观看。排球运动的主要赛事有世界排球锦标赛、世界杯排球赛、奥林匹克运动会排球赛、世界青年（少年）排球锦标赛和世界沙滩排球锦标赛巡回赛等。

二、排球模拟赛

人数：双方场上队员均为4人，每队替补队员人数不限。

场地：排球场。

时间：不限。

规则：三局两胜，每局比赛时间不限，局间休息时间均为1min。至少获得15分且赢对手2分或2分以上的队伍为胜队。当发球队员击球时，除发球队员外，双方队员必须在本场区内，可随意站立，没有固定的位置，没有位置错误或轮转错误，但有发球次序错误。每队最多可击球3次（含拦网触球），第3次必须将球从球网上空击回对方场区。任何队员在本场区都可以对任何高度的球进行进攻性击球。每局比赛中，每队可请求一次暂停，每次暂停时间为30s，任一队员都可向裁判员提出暂停请求。球落地或犯规时可以请求换人。

第8章

乒乓球

案例引入

　　中国国家乒乓球队是乒乓球赛场的常胜之师。自容国团 1959 年赢得第一个世界冠军至 2020 年底，中国国家乒乓球队几十年来共为祖国夺取 100 多个世界冠军。无论是男单、男双、女单、女双，还是混双和团体，中国队都拥有亮眼的表现。2008 年北京奥运会，我国运动员马琳、王皓、王励勤分别获男子单打冠亚季军，张怡宁、王楠、郭跃分别获女子单打冠亚季军，获得所有单打奖牌。同时，中国队还获得男子团体和女子团体冠军，包揽奥运会所有金牌。

8.1　乒乓球运动概述

　　乒乓球与羽毛球、网球并称"三小球"，因其节奏快、技巧性强、变化多而深受人们喜爱。乒乓球尤其受我国人民喜爱，被誉为我国的"国球"。

8.1.1　乒乓球运动的起源

　　乒乓球运动起源于英国，是由网球派生和发展起来的，欧洲人将其称为"table tennis"，意味"桌上的网球"。19世纪末的欧洲盛行网球运动，由于场地和天气的限制，英国大学生便把网球移到室内，以餐桌为球台，以书为球网，以羊皮纸为球拍，在餐桌上打球，形成了乒乓球的雏形。大约在1890年，英格兰人詹姆斯·吉布从美国带回了一种空心玩具球，并逐步用于"桌上网球"运动。后由于该玩具球触拍、触桌时发出"Ping Pong"的声音而得名，在我国，则将这项运动称为"乒乓球"。

8.1.2　乒乓球运动的发展

　　1926年12月，国际乒乓球联合会（International Table Tennis Federation，ITTF）在德国柏林成立，举行了第一届世界乒乓球锦标赛。此后，世界乒乓球运动经历了5个重要的阶段：第一阶段，欧洲乒乓球运动的全盛期（20世纪20年代至50年代初）；第二阶段，日本称雄世界乒坛时期（20世纪50年代）；第三阶段，中国乒乓球运动的崛起时期（20世纪60年代）；第四阶段，欧洲乒乓球运动的复兴和欧亚乒乓球运动对抗时期（20世纪70年代至80年代）；第五阶段，奥运时代（20世纪80年代至今）。

　　1904年，乒乓球运动由日本传入我国上海。由于器材均从国外进口，因此参与这项运动的人并不多，运动水平低。1930年，中国队首次参加了第9届远东运动会的乒乓球赛。1935年，中华全国乒乓球协会在上海成立。中华人民共和国成立后，乒乓球运动迅速普及。

　　20世纪50年代，我国在全国范围内开展了群众性的乒乓球运动，技术水平迅速提高。1952年10月，在北京举行了第一次全国乒乓球锦标赛。1959年，我国优秀运动员容国团在第25届世界乒乒球锦标赛中获得第一个男子单打世界冠军，这标志着我国乒乓球运动在世界乒坛的崛起。1981年，中国队在第36届世界乒乓球锦标赛上获得了全部7项正式比赛的冠军。

1988年汉城（现首尔）奥运会，乒乓球成为正式比赛项目，中国队夺得女子单打和男子双打冠军。

1999年，第一届中国乒乓球超级联赛开赛，标志着我国乒乓球职业化的开始。中国乒乓球队近几十年来在世界三大赛事中共为祖国夺取了100多个世界冠军，并且包揽了4届世乒赛、2次奥运会的全部金牌，创造了世界体坛罕见的长盛不衰的历史。

⌐ 体育小百科 ⌐

乒乓球自1988年成为奥运会正式比赛项目，当时的项目是男子单打、女子单打、男子双打、女子双打4项。2005年，国际奥委会宣布取消乒乓球男女双打项目，改为男女团体，总项目仍是4项。2017年，国际奥委会执委会宣布，男女混合双打成为东京奥运会正式比赛项目，乒乓球总项目达到5项。

8.2　乒乓球运动的基本技术

乒乓球是一项技巧性极强的运动，其基本技术包括握拍、基本站位、基本姿势、基本步法、发球、接发球、推挡、攻球和搓球等。

8.2.1　握拍

乒乓球的握拍方式有两种，即直拍握法和横拍握法。

1. 直拍

直拍握法的优点是：正反手都用球拍的同一拍面击球，一般情况下不需要两面转换，出手较快；正手攻球快速有力，攻斜线、直线球时拍形变化不大，对手不易判断，便于从速度、球路和力量上取得主动权；手腕动作灵活，发球可做较多变化。其缺点是：反手攻球时，因受身体阻碍较难掌握，不易起重板；攻削交替时手法变化大，影响击球速度和准确性；防守时照顾面积较小。

直拍握法是用拇指和食指握住球拍拍柄与拍面的结合部位。食指的第三关节内侧贴在拍柄右侧，食指的第二关节压住球拍的右肩，第一关节自然弯曲；拇指的第一关节压住球拍的左肩；其他三指自然弯曲斜形重叠，并以中指第一关节贴于球拍的1/3上端，如图8-1所示。

2. 横拍

横拍握法照顾面比直拍握法大，攻球和削球时握拍的手法变化不大；反手攻球不受身体阻碍，便于发力；削球时用力方便，易于发挥手臂的力量和控制旋转变化。但在还击左右两面来球时，需变换击球拍面；攻斜线、直线球时调节拍形的幅度大、动作明显，易被对方识破；台内正手攻球也较难掌握。

横拍握法是以中指、无名指、小指自然地握住拍柄，拇指在球拍正面轻贴在中指旁边，食指自然伸直斜于球拍的背面，虎口轻微贴拍，如图8-2所示。

微课视频

握拍

⌐ 体育小百科 ⌐

乒乓球握法并无优劣之分，直拍握法是我国运动员的传统握法，但在2010年后逐渐式微，横拍握法成为高水平运动员主流握法。但是，中国运动员发明了"直拍横打"技术，提高了直拍的反手能力，使得直拍重回竞技赛场，与横拍一较高下。

图8-1　直拍握法

图8-2　横排握法

8.2.2　基本站位

微课视频

基本站位

乒乓球运动者应根据不同类型的打法、个人技术特点和身体特点确定站位，以右手持拍为例，基本站位的一般形式如下。

（1）左推右攻打法的站位在近台偏左，距球台30～40cm。

（2）两面攻打法的站位在近台中间偏左，距球台40～50cm。

（3）弧圈球打法的站位在中台偏左，距球台约50cm。两面拉弧圈球的站位在中间略偏左。

（4）横板攻削结合打法的站位在中台附近；削球打法的站位则在中远台附近。

8.2.3　基本姿势

乒乓球击球前身体的基本姿势（见图8-3）应该是两脚平行站立，距离略比肩宽，保持身体平稳，重心置于两脚之间；两脚稍微提踵，前脚掌内侧着地，两膝微屈内扣，上体含胸略前倾；右手握拍于腹前，手臂自然弯曲，持拍手腕放松，左手协调平衡；下颌稍向内收，两眼注视来球；形如箭在弦上，视球以外为无物。

图8-3　基本姿势

┃ 多学一招 ┃

乒乓球基本姿势的关键是要做到重心低，起动快。两脚略比肩宽和屈膝内扣是为了保持身体重心的稳定；前脚掌内侧着地和稍微提踵是为了保证能快速起动。横握球拍时肘部向下，前臂自然平举即可，其余与直拍握法相同。

8.2.4　基本步法

微课视频

基本步法

在乒乓球运动中，运动者需要保持灵活的步法，对来球做出敏捷的反应。乒乓球运动中的基本步法包括单步、跨步、跳步、并步、交叉步。

（1）单步。运动者以一只脚为轴心，另一只脚向前、后、左、右移动一步，身体重心随之落到移动脚上，挥拍击球。单步特点是移动简单，范围小，身体重心平稳，适用于球离身体较近时的情况。

（2）跨步。运动者用来球方向的异侧脚蹬地，同侧脚向来球方向跨出一大步，身体重心随即移到同侧脚，异侧脚迅速跟上。跨步特点是移动范围比单步大，适用于球离身体较远时的情况；移动速度快，多用于借力回击。

（3）跳步。运动者以来球方向的异侧脚蹬地为主，两只脚发力同时离地，异侧脚先落地，同侧脚随即着地并立即挥拍击球。跳移过程中，身体重心起伏不宜过大，落地要稳。跳步特点是移动范围比单步和跨步大，移动速度快，适用于来球离身体较远、较急时的情况。

（4）并步。运动者用来球方向的异侧脚向同侧脚并一步，然后同侧脚再向来球方向迈一步，挥拍击球。并步特点是移动时脚步不腾空，身体重心平稳，移动范围不如跳步大。

（5）交叉步。运动者用来球方向的同侧脚发力，异侧脚迅速从体前做平行交叉横跨一大步，同侧脚迅速跟上落地还原，挥拍击球。交叉步移动范围比其他步法大，适用于来球距身体较远时主动发力进攻的情况。

8.2.5 发球

运动者通过发球技术，可以发出不同速度、旋转、弧度、落点的球，以求力争主动、先发制人。

1. 平击发球

平击发球速度慢、力量轻，几乎不带旋转，易掌握，是初学者的入门技术，也是其他发球技术的基础。平击发球分为正手平击发球和反手平击发球两种。

（1）正手平击发球时，运动者站位近台，抛球的同时，向右后方引拍。当球下降至稍高于网时，上臂带动前臂向前平行挥动，球拍稍前倾，或接近垂直，击球的中上部，如图8-4所示。击球后，手臂继续向左前上方顺势挥动，并迅速还原。

图8-4　正手平击发球

（2）反手平击发球时，运动者站位近台，抛球的同时，向左侧后方引拍。当球下降至稍高于网时，上臂带动前臂向前平行挥动，球拍稍前倾，或接近垂直，击球的中上部，如图8-5所示。击球后，手臂继续向右前上方顺势挥动，并迅速还原。

图8-5　反手平击发球

2. 正手发转和不转的球

正手发转和不转的球是用相似的动作迷惑对方，发出旋转差异较大的球。其准备姿势与正手平击发球相似，运动者左手将球抛起，拍面后仰，同时握拍手略向外展，向身体右后方引拍，右臂从身体右后上方向左前下方挥动，触球瞬间手腕放松，摩擦球的中下部，如图8-6所示。发转球时，用球拍下半部靠左的一侧去摩擦球的底部。发不转球时，拍面的后仰角度小一些，用球拍上半部偏右的一侧碰击球的中下部，将球向前推出。

图8-6　正手发转和不转的球

3. 反手发转和不转的球

反手发转和不转的球的准备姿势与反手平击发球相似，运动者左手将球抛起，拍面后仰，同时握拍手略向外展，向身体左后方引拍，右臂从身体左后上方向右前下方挥动，触球瞬间手腕放松，摩擦球的中下部，如图8-7所示。反手发转球和不转球的击球位置与正手一致。

图8-7　反手发转和不转的球

4. 发短球

发短球是指发至对方距球网约40cm范围内的球，且第二跳不出台。短球具有发球动作小、出手快、落点短的特点。正反手均可发短球。

在抛球时，运动者向身体右后方引拍，手腕放松。当球从高点下降至稍高于网时，前臂向前下方稍用力，拍面后仰，击球瞬间手腕发力为主，触球中上部并向底部摩擦。

5. 正手发侧上、侧下旋球

正手发侧上、侧下旋球是指用近似的发球方法发出两种旋转方向完全不同的球，极易迷惑对手，并具有较大的威胁性，是常用的发球技术。所发出的球均会较强烈地左侧旋。

正手发侧上旋球时，运动者通常右脚在后；抛球时，持拍手向右上方引拍，手腕略向外展。当球下落时，手臂迅速向左前下方挥动，在球与网同高时触球，触球瞬间拍面略微立起，手腕快速内收向左上方挥动，使球拍从球的中部略偏下向左上方摩擦。正手发侧下旋球时，手腕快速向左下方转动，使球拍从球的中下部向左下方摩擦。正手发侧上、侧下旋球如图8-8所示。

图8-8　正手发侧上、侧下旋球

6. 反手发侧上、侧下旋球

反手发侧上、侧下旋球与正手发侧上、侧下旋球的作用相似，所发出的球会较强烈地右侧旋。反手发侧上旋球时，运动者通常左脚在后；抛球时，持拍手向左后上方引拍，手腕略向外展。当球下落时，手臂迅速向右前下方挥动，在球与网同高时触球，触球瞬间拍面略微立起，手腕快速内收并向右前下方挥动，使球拍从球的中部略偏下向右上方摩擦。反手发侧下旋球时，手腕快速向右前下方转动，使球拍从球的中下部向右侧下部摩擦。反手发侧上、侧下旋球如图8-9所示。

图8-9　反手发侧上、侧下旋球

8.2.6　接发球

接发球由点、拨、带、拉、攻、推、搓、削、摆短等技术组成。接发球需要"对症下药"，即根据对方发球类型来选择对应的接发球技术。

1. 接正手短、长上旋球

上旋球是快速往自身方向旋转的球，特点是上升力强，触碰桌面和球拍后弹起高，很容易回球出界。

（1）接正手短上旋球

正手短上旋球一般用正手台内攻回接，运动者接球时拍面应前倾，右脚在前，左脚在后，用较小动作往持拍手的同侧后方引拍。球拍在高点期间触球的中上部，往左前上方用力挥拍，如图8-10所示。

图8-10　接正手短上旋球

（2）接正手长上旋球

正手长上旋球一般用正手拉回接，运动者接球时拍面应前倾，左脚在前，右脚在后，用较大动作往持拍手的同侧后方引拍。球拍在上升期间触球的中上部，往左前上方用力挥拍，如图8-11所示。

图8-11　接正手长上旋球

2. 接反手短、长下旋球

下旋球与上旋球相反，下坠力强，很容易回球触网。

（1）接反手短下旋球

反手短下旋球一般用搓球回接，运动者接球时拍面后仰，右脚在前，左脚在后，持拍手用较小动作往腹部位置引拍。球拍在上升或下降期间触球的中下部，往前下方挥拍，如图8-12所示。

图8-12　接反手短上旋球

（2）接反手长下旋球

反手长下旋球一般用拉球回接，运动者接球时右脚在前，左脚在后，用较大动作往持拍手的异侧后下方引拍。球拍在高点或下降期间触球的中上部，往右前下方用力挥拍，如图8-13所示。

图8-13　接反手长下旋球

3. 接旋转不明发球

当无法判断来球的旋转方向时，运动者站位应稍远离台面，运用慢搓，在球下降中期接球，这样有利于增加判断时间，降低来球旋转强度，赢得接球的技术选择时间。

4. 接短球

由于对方发来的球是台内近网短球，运动者回接时要注意及时上前，以找到适合的击球位置，同时要控制好身体的前冲力量。接发球后要迅速还原，准备回接下一拍来球。无论采用搓、削、挑、带哪一种方法回接短球，都应特别注意，来球会落在台内，台面会影响引拍，因此要充分依靠前臂和手腕发力，同时要根据来球的旋转方向调节拍面角度、击球部位、击球时间和用力方向。

8.2.7　推挡

推挡是运动者用球拍借助对方来球的反弹力进行挡击的一种技术，虽然球速慢、力量小，但是能够有效控制球的轨迹。

微课视频

推挡

1. 直拍推挡

直拍推挡技术中的"挡"着重防守，强调借力，如在接重板或速度较快的球时，多采用"挡"，其主要有平挡、减力挡、侧挡等技术；"推"主进攻，强调主动加力，加快球速。

（1）直拍平挡（挡球）。运动者两脚平行站位，身体靠近球台。击球前，上臂贴近身体，前臂约与台面平行，球拍置于腹前，拍面近乎垂直，如图8-14所示。击球时，调整好拍形，在来球上升前期触球中部或中上部，借来球的反弹力将球挡回。

（2）直拍快推。近台中偏左站位，运动者右脚稍前，上臂和肘关节靠近身体。拍面垂直，当球弹起至上升前或中期时，拍面略前倾，上臂带动前臂向前或前上方加速推出，击球中上部。

（3）直拍加力推。加力推动作较大，回球力量大，球速快，主要用于对付反手位速度较慢、反弹偏高的球。当来球弹至上升后期或高点期时，运动者拍面前倾，上臂带动前臂，前臂带动手腕向前或前下方加速发力推出，击球中上部或上中部。加力推时，可以配合髋、腰共同发力。

图8-14　直拍平挡

2. 直拍横打

使用反手直拍横打的攻击力强，通常运动者右脚在前，左脚在后，以肘关节为轴，身体向左下方转动，手腕向内，球拍前倾，如图8-15所示。在球的下降前期击球，摩擦球的中上部；重心从左脚移至右脚，击球后迅速还原。

图8-15　直拍横打

3. 横拍拨球

横拍拨球时，运动者通常左脚在前，右脚在后，球拍前倾，向后下方引，肘关节略前伸，右肩略下沉，如图8-16所示。击球时以肘关节为轴，向前上方挥拍，摩擦球的中上部，击球后迅速还原。

图8-16　横拍拨球

8.2.8　攻球

攻球是乒乓球运动中争取主动得分的主要手段之一，具有力量大、速度快等特点，也是乒乓球运动的基础技术之一。

1. 正手攻球

正手攻球具有站位近、动作小、速度快、攻击性强的特点。

（1）正手快攻球。运动者左脚稍前，身体站球台中间，呈基本姿势站立。前臂引拍至身体右侧下方，球拍呈半横状，且不得低于球台。击球时，在上臂带动下，前臂和手腕由右侧方向左前上方挥动，拇指压拍，食指放松，拍面稍前倾，在来球弹起上升期，击球中上部。击球后，手臂随势向前挥摆，迅速还原成击球前的准备姿势。正手快攻球如图8-17所示。

（2）正手台内攻球。正手台内攻球时，运动者站位近台，右方来球时右脚上步，中间或偏左方向来球时左脚上步。上步时上臂和肘部前移，前臂伸进台内迎球。当来球跳至高点期，下旋强时，拍面稍后仰，前臂和手腕向前上方发力，击球的中下部；下旋弱时，拍面接近垂直，前臂和手腕以向前发力为主击球的中部；攻上旋球时，拍面稍前倾，前臂和手腕向前发力击球的中上部。

微课视频

攻球

图8-17　正手快攻球

（3）正手中远台攻球。正手中远台攻球时，运动者左脚稍前，身体离球台较远。持拍手臂以较大幅度向右后方引拍，拍面接近垂直。击球时，右脚蹬地、向左转体的同时，上臂带动前臂由右后方加速向左前上方发力挥动，手腕边挥边转使拍面逐渐前倾，在来球弹起至下降前期，击球中部或中上部。

（4）正手扣杀攻球。正手扣杀攻球具有非常强的攻击性，攻球时，运动者前臂内旋使拍面稍前倾，身体向右转动的同时，持拍手臂引拍于身体右后方。右脚蹬地，身体左转的同时，持拍手上臂带动前臂加速向左前上方发力挥动，拍面稍前倾，在来球弹起至高点期，击球的中上部。正手扣杀攻球的击球点通常在胸前50cm为宜。

2. 反手攻球

反手攻球具有站位近、动作小、速度快、变化多的特点，主要用于应对反手攻球、拉球和推挡球，是两面攻击选手的常用技术。

（1）反手快攻球。运动者左脚稍后，身体离球台较近。持拍手臂自然弯曲并外旋使拍面前倾，上臂与肘关节自然靠近身体，引拍至腹前偏左的位置。击球时，在上臂带动下，前臂和手腕向右前上方挥动，同时配合外旋转腕动作，使拍面稍前倾，在来球弹起上升期，击球中上部。反手快攻球如图8-18所示。

图8-18 反手快攻球

（2）反手中远台攻球。运动者右脚稍前，身体离球台较远。身体左转的同时，持拍手的上臂和肘关节靠近身体，前臂向左下方移动，引拍至身体左侧下方，拍面稍前倾。击球时，身体右转的同时，持拍手臂由左后方向前挥动，前臂在上臂带动下，向前上方用力，并配合向外转腕，使拍面稍倾，在来球弹起下降期，击球中下部。

3. 正手拉球

正手拉球的力量较大且旋转较快，是一种具有较大威力的攻球技术。正手拉球时，运动者通常左脚在前，右脚在后，并降低重心，然后身体向右转动，增大向右下方引拍的幅度，球拍低于球台，右肩下沉，重心在右脚上。击球时蹬右脚，随着转髋转腰，快速收前臂，当球落到身体的右前方位置时，往左前上方挥拍击球，击球点离身体稍远，在来球下降期击球的中部或稍偏下部。击球后，手臂顺势挥动，重心快速移到左脚，如图8-19所示。

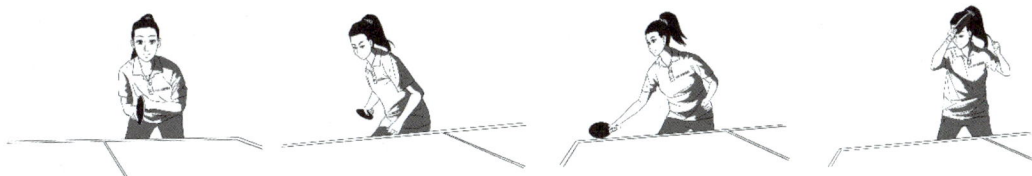

🅐🅡 图8-19 正手拉球

4. 反手拉球

反手拉球技术相比正手拉球技术出手速度快、动作小、落点变化多。反手拉球时，运动者通常左右脚平行（或右脚稍靠前），降低重心的同时右肩略下沉，身体向左转动，增大向左下方引拍的幅度，将球拍引至腹前偏左处，球拍低于球台，肘关节略向前顶出。在球位于高点期时向前上方挥动球拍，以肘关节为轴，击球的中上部，如图8-20所示。

图8-20　反手拉球

8.2.9　搓球

搓球是一种近台还击下旋球的技术，具有动作小、弧线低、落点活、旋转变化多等特点。

微课视频

搓球

1. 快搓

快搓动作幅度较小，回球速度较快，能借助来球的前进力回击，是对付削球和搓球的一种方法。

运动者右脚稍前，身体靠近球台。来球在身体左侧时，可运用反手搓球。击球时，上臂迅速前伸，前臂跟随向前，拍面稍后仰，利用上臂前送力量，在球上升期击球中下部。来球在身体右侧时，可以运用正手搓球。搓球时，身体稍向右转，手臂向右前上引拍，然后前臂和手腕向前下方用力，在球的上升期击球中下部。

2. 慢搓

慢搓的动作幅度较大，回球速度较慢，靠主动发力回击，回球有一定旋转强度。

（1）反手搓球时，运动员向左上方引拍，前臂以肘关节为轴，快速向前下方用力挥摆，伸手腕辅助用力，手指配合使拍面后仰，在球的下降前期切击球中下部，如图8-21所示。

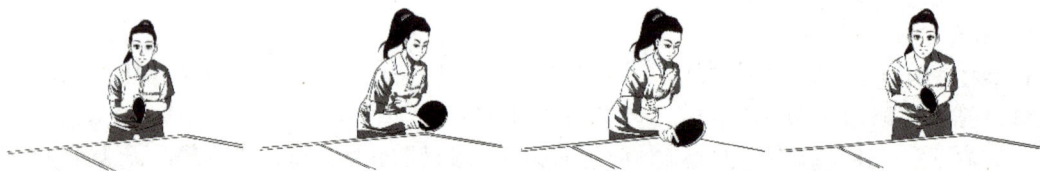

图8-21　反手搓球

（2）正手搓球时，运动员手臂外旋使拍面后仰，前臂提起，向后上方引拍。当来球至下降前期，手臂快速向左前下方挥摆，屈手腕辅助用力，切击球中下部。正手搓球如图8-22所示。

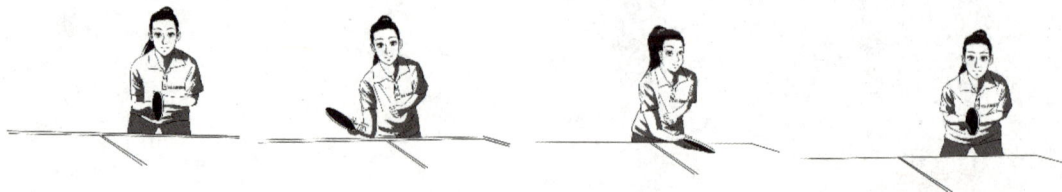

图8-22　正手搓球

3. 搓转与不转

搓转与不转的动作与快搓的动作相同。决定转与不转要看击球作用力是偏离球心还是通过球心。搓转球时，除击球速度加快、击球力量和拍面后仰角度加大以外，运动者还要在球拍切击球时切薄一些，使其作用力远离球心，形成旋转较强的下旋球。而搓不转球时，减小拍面后仰角度，击球中下部并向前上推，使击球力量接近或通过球心。

8.3　乒乓球运动的基本战术

乒乓球是一项双人隔网对抗运动，运动者要想战胜对手，除需具备扎实的技术外，还需要有明确的战术。乒乓球运动的基本战术包括发球抢攻战术、接发球战术、对攻战术、推攻战术、搓攻战术和削攻战术。

8.3.1　发球抢攻战术

发球抢攻战术是乒乓球所有打法，特别是进攻型打法的主要战术及得分手段。发球抢攻战术以发球的旋转、速度、落点灵活变化为主要技术特征，常用的有以下3种。

（1）发下旋转与不转球抢攻。

（2）发正、反手奔球抢攻。

（3）发正、反手侧上、下旋球抢攻。

执行发球抢攻战术时，运动者要注意以下几点。

（1）发球要有线路和落点变化，使对方在前、后、左、右走动中接发球。

（2）发球后要有抢攻准备，抓住抢攻的机会。

（3）自己发什么球，对方可能以什么技术回击，都要在发球前做到心中有数，这样才能较好地做好抢攻的准备。

微课视频

发球抢攻战术

8.3.2　接发球战术

接发球战术是发球抢攻战术的直接对立面。接发球战术一方面要抑制、扰乱或破坏对方运用发球抢攻的战术，降低发球抢攻的质量，形成相持状态；另一方面要从被动中求主动，通过过渡性接发球技术力争在第4板抢先上手，转入对己方有利的战局，同时抓住机会采用接发球抢攻直接得分或设法取得明显的优势。

（1）正手快攻接发球抢攻战术用于应对上旋球，抢攻时需要判断来球的落点和路线，发力不可过猛，回球时应该利用落点调动对方以抢占主动权。

（2）正手快拉接发球抢攻战术用于应对下旋球，抢攻时的引拍动作不宜过大，来球若是下旋强度较大，应增加摩擦避免回球下网。

（3）反手快攻接发球抢攻战术则需要注意控制攻球的力量，回球时应该利用落点调动对方。

（4）反手快拉接发球抢攻战术则需要根据来球旋转的强弱，调节击球的部位和方向。

8.3.3　对攻战术

对攻战术是进攻型选手经常采用的战术，分为正手攻球、反手攻球、反手推挡等技术。常见的对攻战术有以下3种。

（1）压反手，伺机正手侧身攻。

（2）调右压左，转攻两角或追身。

（3）连压中路，突变攻两角。

微课视频

对攻战术

8.3.4　推攻战术

推攻战术主要运用正手攻球和反手推挡的速度和力量，并结合落点变化和节奏变化压制和调动对方，以争取主动权或得分。推攻战术是用左推右攻打法对付攻击型打法的主要战术，具有反手推挡能力的两面攻运动员和攻削结合运动员也时常使用它。推攻战术主要有以下几种。

（1）左推右攻。

（2）推挡侧身攻。

（3）推挡、侧身攻后，扑正手。

（4）左推结合反手攻。

（5）左推、反手攻后，侧身攻。

（6）左推、反手攻、侧身攻后，扑正手。

8.3.5　搓攻战术

搓攻战术主要运用"转、低、快、变"的搓球控制对方，以寻找时机，然后采用低突、快点或快拉等技术展开攻势并进入连续攻；在搓球中遇到机会球时进行扣杀，让对手措手不及，更容易直接得分。搓攻战术是乒乓球各种打法都不可缺少的辅助战术。

运动者在执行搓攻战术时，可采用以下方法。

（1）正、反手搓球结合正手快拉、快点、突击或扣杀。

（2）正、反手搓球结合反手快拉、快点、突击或扣杀。

微课视频

搓攻战术

8.3.6　削攻战术

削攻战术是利用削球的旋转、节奏、落点变化控制对方的攻势，并为进攻创造机会，达到反击对方目的的一种战术。削攻战术是对付进攻型、弧圈型打法的重要战术，常用的削攻战术有以下几种。

（1）削转与不转球，伺机反攻。

（2）削长、短球反攻。

（3）削逼两角，伺机反攻。

（4）逢直变斜，逢斜变直，伺机反攻。

8.4　乒乓球运动的主要规则

乒乓球竞赛有成熟、严密的规则。运动者应了解相关规则，以便开展乒乓球运动及参加竞赛。

8.4.1　乒乓球基本规则

乒乓球基本规则涉及设施规范和赛制。

1. 设施规范

乒乓球运动的设施规范涉及比赛场地、球台和球网、比赛用球和乒乓球拍。

（1）比赛场地

乒乓球的比赛场地为长方形，其长度不得小于14m，宽不得小于7m，天花板高度不得低于4m。在正式的比赛中，场地周围不能有明亮的光源，且场地的地面不能呈白色，以免影响运动员的视线。理想的乒乓球比赛场地应用弹性的木材拼接而成或采用塑胶地板。

（2）球台和球网装置

乒乓球球台长274cm，宽152.5cm，离地面76cm，每条长为274 cm的比赛台面边缘各有一条2 cm宽的白色边线，每条长为152.5 cm的比赛台面边缘各有一条2 cm宽的白色端线，台面中央有一条3mm宽的白色中线，将两个台区各分为左右两个部分。

球网装置由球网、悬挂网绳、网柱及夹钳4部分组成。球网的高度是15.25cm。整个球网的底部应尽量贴近台面，球网两端应尽量贴近网柱。乒乓球台和球网如图8-23所示。

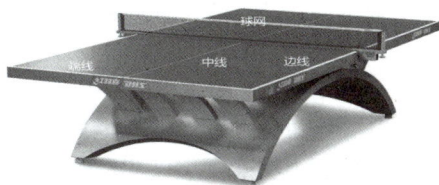

图8-23 乒乓球台与球网

（3）比赛用球

乒乓球直径为40mm，重2.7g，颜色为白色或橙色，无光泽。

（4）乒乓球拍

称手的乒乓球拍对于运动者非常重要，正式比赛关于乒乓球拍的规定如下。

① 球拍的大小、形状和重量不限，但底板应平整、坚硬。

② 底板至少应由85%的天然木料制成，加强底板的黏合层可用诸如碳纤维、玻璃纤维或压缩纸等纤维材料，每层黏合层不超过底板总厚度的7.5%或0.35mm。

③ 用来击球的拍面应用一层颗粒向外的普通颗粒胶覆盖，连同黏合剂厚度不超过2mm；或用颗粒向内或向外的海绵胶覆盖，连同黏合剂，厚度不超过4mm。

④ 普通颗粒胶是一层无泡沫的天然橡胶或合成橡胶，其颗粒必须以每平方厘米不少于10颗，不多于50颗的平均密度覆盖整个表面。

⑤ 海绵胶即在一层泡沫橡胶上覆盖一层普通颗粒胶，普遍颗粒胶的厚度不超过2mm。

⑥ 覆盖物应覆盖整个拍面，但不得超过其边缘。靠近拍柄部分以及手指执握部分可不予以覆盖，也可用任何材料覆盖。

⑦ 底板、底板中的任何夹层、覆盖物以及黏合层均应为厚度均匀的一个整体。

⑧ 球拍两面不论是否有覆盖物，必须无光泽，且一面为鲜红色，另一面为黑色。拍身边缘上的包边应无光泽，不得呈白色。

2. 赛制

乒乓球赛制涉及比赛计胜方式和时间、间歇和裁判员。

（1）计胜方式和时间。在一局比赛中，先得11分的一方为胜方；10平后，先多得2分的一方为胜方。一场单打或双打（男、女双打和混合双打）比赛的淘汰赛采用七局四胜制，团体赛中的一场单打或双打采用五局三胜制。

（2）间歇。在局与局之间，有不超过1min的休息时间；在一场比赛中，双方各有一次不超过1min的暂停时间；每局比赛中，每得6分后，以及决胜局交换方位时，运动员有短暂的擦汗时间。

（3）裁判员。乒乓球比赛一般配备两个裁判，即一个主裁判、一个副裁判。原则上主裁判员全权负责本场比赛所有事务，副裁判员配合并决定处于比赛状态中的球是否触及距离他最近的比赛台面的上边缘，此外，副裁判还负责翻分和记录。在正式乒乓球比赛中，还会设置场外裁判席，负责处理运动员的申诉。

8.4.2　发球

运动者在发球时，需遵守以下规则。

（1）发球开始时，球自然地置于不持拍手的手掌上，手掌张开，保持静止。

（2）发球时，发球员须用手将球几乎垂直地向上抛起，不得使球旋转，并使球在离开不持拍手的手掌之后上升不少于16cm，球下降到被击出前不能碰到任何物体。

（3）当球从抛起的最高点下降时，发球员方可击球，使球首先触及本方台区，然后越过或绕过球网装置，再触及接发球员的台区。双打中，球应先后触及发球员和接发球员的右半区。

（4）从发球开始，到球被击出，球要始终在台面以上和发球员的端线以外，而且不能被发球员或其双打同伴的身体或衣服的任何部分挡住。

（5）在运动员发球时，球与球拍接触的一瞬间，球与网柱连线所形成的虚拟三角形之内，以及一定高度的上方不能有任何遮挡物，并且其中一名裁判员要能看清运动员的击球点。

8.4.3　击球

对方发球或还击后，本方运动员必须击球，使球直接越过或绕过球网装置，或触及球网装置后，再触及对方台区。

8.4.4　失分

出现下列情况之一，运动者失1分。

（1）未能合法发球。

（2）未能合法还击。

（3）击球后，该球没有触及对方台区而越过对方端线。

（4）阻挡。

（5）连击。

（6）用不符合规则条款的拍面击球。

（7）运动员或运动员穿戴的任何物件使球台移动。

（8）运动员或运动员穿戴的任何物件触及球网装置。

（9）非持拍手触及比赛台面。

（10）双打运动员击球次序错误。

（11）执行轮换发球法时，发球一方被接发球一方或其双打同伴，在包括接发球一击内完成了13次合法还击。

8.4.5　次序和方位

乒乓球运动中的发球次序和方位变化规则如下。

（1）在获得2分后，接发球方变为发球方，以此类推，直到该局比赛结束，或直至双方比分为10平，或采用轮换发球法时，发球和接发球次序不变，但每人只轮发1分球。

（2）在双打中，每次换发球时，前面的接发球员应成为发球员，前面的发球员的同伴应成为接发球员。

（3）在一局比赛中首先发球的一方，在该场比赛的下一局中应首先接发球。在双打比赛的决胜局中，当一方先得5分后，接发球一方必须交换接发球次序。

（4）一局中，在某一方位比赛的一方，在该场比赛的下一局应换到另一方位。在决胜局中，一方先得5分时，双方应交换方位。

思考与练习

一、思考题

中国乒乓球队取得了世界瞩目的成绩，请搜集相关资料，思考中国乒乓球队为什么能取得优异的成绩，这给你什么启发。

二、个人颠球练习

人数及分组：1人一组。

时间：不限。

场地：不限。

练习方法：平托球拍，将球向上击打，重复击球直到球落地；反复练习，使自己能够保持较长时间的颠球。

三、发球与推挡练习

人数：2人一组。

时间：不限。

场地：标准乒乓球场。

练习方法：两人分站球台两边；一人平击发球，另一人使用推挡技术接球；熟练后，可以更换更高难度的发球技术，也可以加入攻球、搓球技术。

活动与探索

一、观看比赛

观看学校乒乓球比赛或参观乒乓球队训练，近距离感受乒乓球魅力；也可在网络上搜索近期的专业乒乓球比赛观看。乒乓球运动的主要赛事有世界乒乓球锦标赛、世界杯乒乓球赛和奥林匹克运动会乒乓球比赛等。

二、混双对抗赛

人数：两两组队（一男一女），队数不限。

场地：标准乒乓球场。

时间：每局比赛结束休息2min。

规则：基本规则与标准乒乓球比赛一致，如果少于6队，采取循环比赛，赢一场比赛积2分，输的积1分，最后由成绩最好的两队进行总决赛；如果超过6队，就采用分组比赛，组内循环比赛，根据分组决定每组出线的队数，然后再进行淘汰赛，决出最终胜利者。

第9章

羽毛球

案例引入

　　谌龙，2006年进入国家羽毛球队，2012年首次参加奥运会即获得羽毛球男单季军。2014年，谌龙收获自己职业生涯第一个世界冠军——世界羽毛球锦标赛男单冠军。2015年，谌龙成功卫冕，达成世锦赛两连冠。2016年，第31届里约奥运会羽毛球男单决赛上，谌龙战胜马来西亚名将李宗伟，获得奥运冠军，并帮助中国队实现奥运羽毛球男单3连冠。

9.1　羽毛球运动概述

　　羽毛球与乒乓球同属"三小球"，是一项集技术和智力于一身且充满乐趣的全民健身运动。羽毛球运动能充分协调和锻炼身体各部分肌肉，并锻炼参与者的控制力、耐力。

9.1.1　羽毛球运动的起源

　　对于羽毛球运动的起源，人们说法不一。第14—15世纪，最初的羽毛球拍形态在日本出现，但其设计有很大缺陷，所以不久后便消失在人们的视野中。18世纪左右，印度出现了一种名为普那的游戏，与最初的羽毛球运动相似。

　　通常认为，现代羽毛球运动起源于英国。19世纪70年代，在英格兰格拉斯哥郡伯明顿镇的一次社交聚会上，一位退役军官介绍了一种用拍隔网来回打毽球的游戏。该游戏趣味横生，引人入胜，此后，这项游戏活动便传播开来，并逐步发展成为人们所熟悉和喜爱的羽毛球运动。伯明顿庄园的英文名称Badminton也成了羽毛球的英文名称。几年后，第一版羽毛球运动的比赛规则出现。

9.1.2　羽毛球运动的发展

　　1934年，国际羽毛球联合会成立，通过了第一部国际公认的羽毛球竞赛规则。1978年，在香港成立了世界羽毛球联合会，并先后举办了两届世界羽毛球锦标赛。1981年5月，国际羽毛球联合会和世界羽毛球联合会正式合并，并维持原有名称。2006年，国际羽毛球联合会正式改名为羽毛球世界联合会（简称世界羽联）。

　　1988年，羽毛球被列为第24届汉城奥运会的表演项目。1992年，羽毛球被列为第25届巴塞罗那奥运会正式比赛项目，设男单、女单、男双、女双4个项目。1996年，第26届亚特兰大奥运会又增设了羽毛球男女混合双打项目。

　　1948年，第一届汤姆斯杯羽毛球赛（世界男子羽毛球团体锦标赛）举办；1956年，第一届尤伯杯羽毛球赛（世界女子羽毛球团体锦标赛）举办；1977年，第一届世界羽毛球锦标赛举办；1989年，第一届苏迪曼杯羽毛球赛（世界羽毛球混合团体锦标赛）举办。羽毛球运动的赛事不断丰富，得到了新的发展。

　　现代羽毛球运动大约在20世纪初传入我国，最早在上海、广州、天津、北京和成都等城市的学校中开展。中华人民共和国成立后，党和政府十分关心人民群众的身体健康，各项体育运动蓬勃发展，羽毛球运动也逐渐为广大人民群众所喜爱，并成为我国重点开展的运动项目。1956年，天津举行了第一次全国羽毛球比赛。1958年9月11日，中国羽毛球协会在武汉成立。我国羽毛球技术水平从20世纪60年代起一直处于世界先进水平。1981年，我国选手在美国举行的第一届世界运动会的羽毛球比赛中夺得了男单、女单、男双和女双四项桂冠，此后，中国队也在奥运会中多次获得羽毛球项目金牌。在汤姆斯杯和尤伯杯比赛中，中国队曾以一盘不失的成绩夺得冠军，令世界为之震撼！1999年，全国羽毛球俱乐部联赛推出，标志着我国羽毛球运动正式走上职业化发展道路，羽毛球运动在全民健身中的普及率进一步提升。

9.2　羽毛球运动的基本技术

　　羽毛球是一项双人隔网对抗运动，其主要技术动作包括握拍、发球、接发球、击球和基本步法。

9.2.1　握拍

　　正确的握拍是运动者学习并应用羽毛球技术动作的基础。羽毛球的握拍方式有两种，即正手握拍和反手握拍。

　　（1）正手握拍。运动者右手虎口对准拍柄窄面内侧斜棱，小指、无名指、中指自然并拢，食指和中指稍分开，拇指的内侧和食指贴在拍柄的两个宽面上将拍柄握住。握拍时掌心不要贴紧拍柄，要使掌心与拍柄保持一定的空隙。正手握拍如图9-1所示。

　　（2）反手握拍。反手握拍是在正手握拍的基础上，运动者将拇指伸直，用其第一指节内侧顶贴在拍柄内侧的宽面上，食指收回，与拇指同高（或略高），用拇指和食指将球拍稍向外转，中指、无名指、小指紧握拍柄，拍柄端靠近小指根部。握拍掌心与拍柄之间留有空隙，以便能充分利用手腕力量和拇指的内侧压力击球。反手握拍如图9-2所示。

微课视频

握拍

图9-1　正手握拍　　　图9-2　反手握拍

9.2.2　发球

　　羽毛球运动的发球技术，按动作分为正手发球和反手发球两种。发球技术根据球在空中飞行的轨迹可分为网前球、平快球、平高球和高远球4种，如图9-3所示。

1. 正手发球

　　发球时，运动者需要做好准备姿势：左脚在前，右脚在后，左手将球举在身体右前方，右手开始向后摆动，腕部仍保持后屈，待球落到适当高度时，向前摆臂击球，如图9-4所示。

微课视频

发球

当球与球拍接触的一刹那，运动者要把拍柄握紧，快速将球击出。击球时，运动者身体重心由右脚移至左脚。

（1）正手发网前球。正手发网前球是把球发至对方发球区内前发球线附近。球的飞行速度较慢，飞行高度较低，球几乎贴网而过。发球时，挥拍幅度较小，击球瞬间无须紧握拍柄，而是利用手腕和手指的力量从右向左横切推送，将球轻轻发出。

（2）正手发平快球。正手发平快球又称正手发平球，是把球发得又平又快，使球快速落在对方场内端线附近。平快球突袭性强，往往能使对手措手不及而造成被动或失误。击球瞬间需紧握拍柄，利用前臂挥动产生的力量带动手腕、手指快速向前击球，球的飞行路线与地面形成的夹角小于30°。

（3）正手发平高球。正手发平高球主要是把球发得又高又平又远，使球飞行到接近对方底线上空时，小角度向前下落。正手发平高球时，发球队员重心由后脚移至前脚，带动转腰，同时右手持拍自然地向身体前上方挥摆。球拍触球瞬间，前臂带动手腕向前上方闪动发力，手紧握拍柄，利用手腕、手指爆发力及拍面的前半部击球。击球瞬间，前臂加速带动手腕向前上方挥动，拍面要向前上方倾斜，以向前用力为主。

（4）正手发高远球。正手发高远球的动作过程与正手发平高球大致相同，但在击球瞬间，拍面需正对出球方向，击球点在发球员的右前下方，如图9-5所示。高远球的飞行路线与地面夹角一般大于45°。

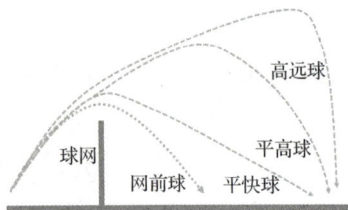

图9-3 发球技术   图9-4 正手发球准备姿势   图9-5 正手发高远球

2. 反手发球

使用反手姿势，运动者可以发出平快球和网前球。

（1）反手发平快球。运动者左手放球的同时，右臂以肘为轴，前臂内旋，展腕由后向前沿弧线挥拍。击球时屈指收腕发力，将球向前上方击出，如图9-6所示。

（2）反手发网前球。准备击球时，运动者手腕内屈，击球瞬间利用前臂带动手腕、手指向前横切推送，将球击出。发球时，挥拍较慢，力量较小，球的落点近网，当球几乎贴网而过后即往下坠落在对方发球区内前发球线附近。

图9-6 反手发平快球

9.2.3 接发球

面对对方发球，运动者需要采取高效的接发球技术，以获得主动权。接发球技术分为接高远球和接网前球两类。

（1）接高远球。接高远球时，运动者可以用平高球、吊球或杀球进行回击。一般来说，接高远球是一次进攻的机会，回击得好就能掌握主动权。图9-7所示为接高远球。

（2）接网前球。接网前球时，运动者可以用平高球、高远球、放网前球或平球进行回击。如果对方发球质量不高，或球离网顶较高过网，则可采用扑球进攻。若对方企图发球抢攻，而自己防守能力较弱，则以放网前球或平球为宜，落点要远离对方站位，防止对方进攻。接网前球如图9-8所示。

发球

图9-7　接高远球　　　　　图9-8　接网前球

| 多学一招 |

　　接发球的站位：单打接球时运动者一般在离发球线1.5m处右发球区靠近中线的位置，在左发球区则站在中间的位置。双打发球时以发网前球为主，所以双打的接发球站位通常靠近前发球线。

9.2.4　击球

　　击球是运动者将来球击回对方半场的技术动作。按照击球区域的不同，击球分为后场击球、中场击球和前场击球。

1. 后场击球

　　后场击球距离远，运动者能够发挥很大的力量而不用担心回球出界。

（1）击高远球

后场击球

　　高远球飞行高度高、速度慢，可以迫使对方离开中心位置去击球。运动者位置错乱时，也可以利用高远球来争取回位时间，所以比赛中在被动情况下常采用高远球进行过渡。

　　① 正手击高远球。用后场退步法迅速向来球方向移动，调整好身体与来球间的距离，使球恰好在右肩前方上空。当球落到一定的高度时，右手肘上抬，手臂后倒引拍，以肩为轴做回环动作，同时身体左转，前臂充分向后下方摆动并外旋，手腕充分伸展。击球时，前臂迅速内旋带动手腕加速向前方挥动，手腕屈，屈指发力，将球击出，如图9-9所示。

　　② 反手击高远球。右脚在前，持拍臂向上抬举，身体稍向左转，含胸收腹，左腿微屈，同时持拍臂内旋引拍，握拍手尽量放松，手腕稍向外展。当球下落至右肩前上方一定高度时，以上臂、前臂迅速外旋带动手腕加速，由左下方经胸前向右前上方挥拍，如图9-10所示。击球时手腕由伸展至屈收，快速屈指发力，用反拍面将球击出。

图9-9　正手击高远球　　　　　图9-10　反手击高远球

（2）击平高球

击平高球的技术动作与击高远球基本相同，不同的是，击平高球的引拍、击球动作较击高远球小而快，击球的瞬间运用前臂内旋带动手腕，向前快速发力击球。

（3）杀球

杀球从动作结构上可分为重杀、点杀、劈杀，从击球点距身体的位置可分为正手杀球、头顶杀球和反手杀球3种。正手杀球是各种杀球的基础，初学者必须首先掌握好这一杀球技术。

① 正手杀球。正手杀球的准备姿势、击球动作与正手击高远球大致相同，不同的是正手杀球在击球瞬间需用全力，充分利用右腿蹬力、腰腹力、腕力及重心转移，快速将球向前下方击出。球拍触球时拍面前倾，向前下方用力挥摆，手握紧拍柄，击球点在右肩前上方。

② 头顶杀球。头顶杀球的准备姿势和动作要领与正手击高远球相同，不同点是击球点在偏左肩上方，击球瞬间全力击球。

③反手杀球。反手杀球的准备姿势和动作要领与反手击高远球相同，不同点是击球前要大力挥拍，击球瞬间球拍与杀球方向的夹角需小于90°。

（4）吊球

吊球技术按球的飞行路线和击球动作的不同分为劈吊、轻吊和拦截吊。吊球的准备姿势与击高球、杀球相似，只是击球时用力不同。吊球击球瞬间前臂突然减速，快速闪动手腕击球托的偏右侧。

吊球可分为正手吊球、头顶吊球和反手吊球3种。

① 正手吊球。正手吊球的准备姿势和前期动作与正手击高远球相同，只是击球时拍面稍向内斜，手腕做快速下压动作，击球托的后部和侧后部。

② 头顶吊球。头顶吊球的准备姿势和前期动作大致同正手击高远球。头顶吊斜线球时，中指、无名指和小指屈曲外拉拍柄，使球拍内旋，拍面前倾，以斜拍面击球托左侧部位。头顶吊直线球时，球拍击球托的正中部位。

③ 反手吊球。反手吊球的准备姿势和前期动作同反手击高远球，不同点在于击球时对拍面的调整和力量的运用。反手吊直线球时，用球拍反面切削球托的后中部，向对方的右半场网前发力；反手吊斜线球时，用球拍反面切削球托的左侧，朝对方左半场网前发力。

2. 中场击球

中场击球由于距离较短，为避免回球出界，运动者只能有限度地发挥力量。此时，运动者往往选择挡球或抽球。

（1）挡球

挡球多用于应对对手的杀球，可以将球回击到对方的网前，以创造得分机会。

① 正手挡球。采用中场移动步法向右侧移动，身体右转、前倾，手臂右伸，前臂外旋，手腕外展，如图9-11所示。击球时前臂内旋带动球拍由右下方向前上方推送击球，将球直线推向网前。

② 反手挡球。采用中场移动步法向左侧移动，身体左转、前倾，右肩对网，如图9-12所示。击球时根据来球速度，拇指发力，以前臂带动球拍由左下方向左前方挥动，轻击球托，将球直线挡回网前。

（2）抽球

抽球能够使球的旋转更强，让对手误判。

① 正手抽球。两脚平行开立稍宽于肩，重心在两脚间，微屈膝收腹，正手握拍举于右肩前，如图9-13所示。击球前肘关节前摆，前臂稍往后外旋，手腕稍外展至后伸，引拍至体后。击球时前臂内旋，手腕伸直闪动，手指握紧拍柄，球拍由右后方往右前方高速平扫盖击来球。击球后手臂左摆，左脚往左前方迈一步，右脚跟一步回到中心位置。

② 反手抽球。右脚前交叉在左侧前，重心在左脚上，右手反手握拍在左侧前，如图9-14所示。击球前，肘部稍上抬，前臂内旋，手腕外展，引拍至左侧。击球时，在髋的右转带动下，前臂外旋，手腕由外展到伸直闪动，挥拍击球托的底部。击球后，球拍随身体的回动收回右侧前。

图9-11　正手挡球

图9-12　反手挡球

图9-13　正手抽球　　　图9-14　反手抽球

3. 前场击球

前场击球包括网前的放球、搓球、推球、勾球、扑球和挑球。前场击球时，球飞行距离较短、落地快，易使对手措手不及而直接得分。即使不能直接得分，也能迫使对方被动回球，为下一拍创造机会。

微课视频

前场击球

（1）放球

放球即放网前球，也叫放网。放球通常恰好过网，且一过网就朝下坠落。

① 正手放网前球。准确判断来球路线和落点，跨步上网，最后一步右脚在前、左脚在后成弓箭步，上体前倾，重心在右脚，侧身对网。右手正手握拍向前下方伸臂，前臂外旋展腕，左臂自然后伸，起平衡作用，拍面几乎朝上迎击来球。击球瞬间，手腕稍内屈轻轻闪动，食指和拇指控制拍面角度和用力大小，球拍向前上方轻轻一托，把球轻击送过球网。正手放网前球如图9-15所示。

② 反手放网前球。快速向前左侧上网，右脚前跨成弓箭步，上体前倾，重心在右脚。右手反手握拍向前下方伸臂，前臂内旋展腕，左臂自然后伸，起平衡作用，拍面几乎朝上迎击来球。击球瞬间，伸腕轻闪动，食指和拇指控制拍面角度和用力大小，球拍向前上方轻轻一托，把球轻击送过球网。反手放网前球如图9-16所示。

（2）搓球

搓球是用球拍搓击球的左或右侧下部与球托底部，使球向右侧或左侧旋转与翻滚过网。

① 正手搓球。用正手上网步法迅速向来球方向移动，当右脚向前跨出时，持拍手向来球方向伸出，争取高击球点，如图9-17所示。非持拍手于身后拉举与持拍手对称，以保持身体的平衡。正手搓球有两种击球方式：一种是手腕动作由展腕至收腕发力，由右向左以斜拍面切击球托的右后侧部位，此时球呈下旋翻滚过网；另一种是手腕动作由收腕至展腕发力，由左向右以斜拍面切击球托的左后侧部位，球则呈上旋翻滚过网。

② 反手搓球。用反手上网步法迅速向来球方向移动，击球前前臂稍往上举，手腕前屈，手

背约与网同高，拍面低于网顶，反拍面迎球，如图9-18所示。反手搓球有两种击球方式：一种是手腕动作由展腕至收腕发力，由左至右切击球托左后侧部位；另一种是手腕动作由收腕至展腕发力，由右向左切击球托的右后侧部位。

图9-15 正手放网前球　图9-16 反手放网前球　　　图9-17 正手搓球　　　　图9-18 反手搓球

（3）推球

推球是把对方击来的网前球推击到对方的后场两底角的技术动作，球的移动路线较低平，移动速度较快，是从前场攻击对方后场底线的一种有威力的进攻技术。

① 正手推球。站在右网前，球拍向右侧前上举，在肘关节微屈回收时，前臂稍外旋，手腕稍向后侧，球拍随之往右下后摆，拍面正对来球。这时，小指和无名指稍松开，使拍柄稍离开鱼际肌（在手掌拇指侧形成的肌肉隆起），拇指和食指向外捻动拍柄，拍面更为后仰。推球时，身体稍往前移，右前臂往前伸并内旋，手腕和手指控制拍面角度，手腕由后伸至伸直并闪腕，食指向前压，小指和无名指突然握紧拍柄，将球拍急速由右经前上至左挥动推，使球沿边线飞向对方后场底角。

② 反手推球。站在左网前，采用反手握拍，前臂往前上方伸举，在前臂稍向左胸前收引，肘关节微屈，手腕外展时，变成反手推球的握拍法，松握拍柄，反拍面迎球。前臂前伸并外旋，手腕由外展到伸直闪腕，中指、无名指和小指突然握紧拍柄，拇指顶压，往右前方挥拍，推击球托的左侧后部，使球沿对角线方向飞行。

（4）勾球

勾球也称网前勾对角线，是运动者将来球击到与自己成对角线位置的对方网前区域内的击球技术动作。

① 正手勾球。并步加蹬跨步上右网前，球拍随前臂往右前斜上举。前臂前伸时稍外旋，手腕微后伸，持拍手将拍柄稍向外捻动，使拇指贴在拍柄的宽面，食指的第二指节贴在拍柄背面的宽面上，拍柄不触掌心，如图9-19所示。球拍向右前侧挥动，拍面朝着对方右网前。击球时，前臂稍内旋往左拉收，手腕由稍前伸至内收闪腕，挥拍拨击球托的右侧下部，使球向对方网前坠落。

② 反手勾球。在身体前移的过程中，球拍随手臂下沉，变成反拍勾球握拍法，拍面正对来球。当来球过网时，肘部突然下沉，同时前臂稍外旋，手腕由稍屈至后伸闪腕，用拇指内侧和中指向右侧拉拍柄，其他手指突然握紧拍柄，拨击球托的左侧后部，使球沿对角线飞越过网。击球后，球拍往右侧前回收，如图9-20所示。

图9-19 正手勾球　　　　　　　　　　图9-20 反手勾球

（5）扑球

扑球是当来球在网顶上方时，运动者以最快的速度上网扑压来球的技术动作，速度快、突然性强，是一种强势的得分手段。

① 正手扑球。来球距网较高时，快速跨步上网，身体向右前倾，手臂充分伸展，同时迅速变换握拍手法，使拍面与球网平行，正对来球，如图9-21所示。击球时，需要中指、无名指、小指突然紧握拍柄且手腕闪动，将球向前下方击出。

② 反手扑球。反手握拍于身体左侧前方，当身体向左侧前方跃起时，持拍手前臂前伸上举，手腕外展，拍面正对来球。击球时，手臂伸直，手腕由外展到内收闪动，手握紧拍柄，拇指顶压，加速挥拍击球，如图9-22所示。击球后即刻屈肘，球拍回收，以免球拍触网违例。

图9-21　正手扑球

图9-22　反手扑球

（6）挑球

挑球是把对方击来的吊球或网前球挑高回击到对方后场的技术动作，常用于防守。

① 正手挑球。右脚向网前跨出一大步，左脚在后，侧身向网，重心在右脚上。同时右臂向后摆，自然伸腕，使球拍后引。以肘关节为轴，屈臂内旋，并捏紧拍柄。用食指及手腕的力量，从右下向右前方至左上方挥拍击球，将球向前上方击出，如图9-23所示。

② 反手挑球。右脚跨步向前，重心在右脚，侧身背对网。反手握拍，手臂向左前方伸出，前臂内旋屈肘屈腕，左臂自然后伸起平衡作用。击球时，以肘关节为轴，前臂带动手腕、手指快速由左下方向前上方挥拍击球，如图9-24所示。

图9-23　正手挑球

图9-24　反手挑球

9.2.5　基本步法

运动者必须根据比赛情况随时调整自己的位置。熟练地掌握羽毛球运动的基本步法，运动者就能够在比赛中及时到位并做好下一动作的准备。

1. 上网步法

从中心位置移动到网前击球的步法，称为上网步法。上网步法可根据个人习惯采用交叉步或并步。不论正手还是反手，根据来球远近，上网步法可分为三步、两步或一步上网。

（1）交叉步上网（正、反手）

交叉步上网步法又称三步上网步法，右脚先迈出一小步，左脚立即向右跟上，左脚落地后，脚内侧用力蹬离地面，右脚向网前跨一大步成弓步，重心在前脚。击球后，前脚朝后蹬地，利用小步、交叉步或并步退回。交叉步上网如图9-25所示。

（正手）　　　　　　　　　　　　　　　（反手）

图9-25　交叉步上网

（2）并步上网（正、反手）

右脚向前（或向后）移动一步后，左脚向右脚跟一步，紧接着右脚再向前（或向后）移动一步。并步上网如图9-26所示。

（正手）　　　　　　　　　　　　　　　（反手）

图9-26　并步上网

2. 中场移动步法

中场移动步法多用于接对方的杀球和半场低平球。中场移动步法的站位和准备姿势与上网步法基本相同。

（1）向右侧移动步法

两脚左右开立，脚跟稍提起，根据来球，调整重心，上体稍倒向右侧，左脚掌内侧用力起蹬，右脚同时向右侧转跨大步。如距离来球较远，左脚向右垫一小步再起蹬，右脚同时向右侧转跨大步，如图9-27所示。

（2）向左侧移动步法

根据来球，调整重心，上体稍倒向左侧，右脚掌内侧用力起蹬，左脚同时向左侧转跨大步，如图9-28所示。如距离来球较远，左脚先向左侧移半步，上体向左转身的同时右脚向左前交叉跨大步，做反手击球。

图9-27　向右侧移动步法（正手）　　　　　图9-28　向左侧移动步法（反手）

3. 后退步法

从中心位置移动到后场各个击球点击球的步法，称为后退步法。

（1）正手后退步法

正手后退步法的主要动作为在对方击球瞬间，判断来球方向，迅速调整重心至右脚。接着右脚蹬地快速向右后方撤一小步，上体右转侧身对网，以交叉步或并步移动到接近击球点的位置。在移动的同时，必须完成举拍准备动作，最后一步利用右脚（或双脚）蹬地起跳并在空中转体，击球后左脚后撤落地缓冲，右脚前跨以利于迅速回位。正手后退步法如图9-29所示。

（2）反手后退步法

反手后退步法的主要动作为调整重心后，右脚后撤一步，接着上体左转，左脚随即向左后退一步，右脚再跨出一步，做底线反手击球，如图9-30所示。反手后退步法应根据来球距离远近调整。如距离来球较近，可采用两步后退步法，上体向左后方转，左脚同时后撤一步，右脚再向左后方跨一步，做底线反手击球。如距离来球较远，则采用三步或五步后退步法，右脚先垫一步，而后左脚向后方跨一步，再按右、左、右的步法向后退。无论退几步，反手后退步法的最后一步应左脚在后，重心在右脚上。

图9-29 正手后退步法

图9-30 反手后退步法

9.3 羽毛球运动的基本战术

羽毛球分为单打和双打两种竞技形式，二者所用的战术不同。

9.3.1 单打战术

单打中，运动者可以采用发球抢攻、攻前击后、打四方球、打对角线和压底线等战术。

（1）发球抢攻战术。发球抢攻战术是运动者利用发球使对方陷入被动，为自己创造进攻机会的一种战术。这种战术一般用发网前球结合平快球、平高球，以争取第三拍的主动进攻。运动者使用这一战术，可以打乱对方的整个战略部署，使对方措手不及。运用此战术的前提是运动者的发球质量高，否则难以成功。

（2）攻前击后战术。攻前击后战术是先以吊球、放网前球、搓球吸引对方到网前，然后用推球、平高球或杀球突击对方的后场底线的战术，一般用于对付上网步法较慢或网前球技术较差的对手。采用此战术，要求运动者具有较好的网前击球技术。

（3）打四方球战术。打四方球战术是以快速、准确的落点攻击对方场区的4个角落，逼迫对方前后奔跑、被动应付，并在回球质量下降或露出破绽时进攻的战术。打四方球战术多用于对付体力差、反应和步法移动慢的对手。

（4）打对角线战术。运用打对角线战术，无论是进攻还是防守，均以打对角线为主，从而迫使对方在移动中多做转体、多走曲线。打对角线战术用于对付身体灵活性差、转体较慢的对手。

（5）压底线战术。压底线战术反复用快速的高球、平高球、推球将球至对方底线附近，最好是对手反手的后场区域，这样就容易造成对手失误，或者引导对手将注意力集中在后场，再以快吊或突击点杀进攻对手前场空当区域。

9.3.2 双打战术

双打中，运动者需要与自己的队友紧密配合，采取攻人、攻中路、软硬兼施、后压前封等战术。

（1）攻人战术。攻人战术是双打比赛中常用的一种战术，即"二打一"或避强击弱战术。由于对方两个队员的技术水平一般是不均衡的，因此集中力量攻击对方较弱的队员，可达到使对方的特长得不到发挥，充分暴露对方弱点的目的。两个人对付对方的强者，消耗强者体力，减弱强者进攻威力，伺机突击空当，也是"二打一"战术。

（2）攻中路战术。当对方队员分边站位时，要尽可能将球攻到对方两人之间的空隙区，使对方争夺回击球或相互让球而出现失误。该战术适用于对付配合较差的对手。当对方呈前后站位时，可将球还击到两人之间靠边线的位置上。

（3）软硬兼施战术。软硬兼施战术是先用吊网前球或推半场球迫使对方被动防守，而后大力扣杀进攻的战术。若硬攻不下，则重吊网前球，待对方挑球欠佳时，再度强攻。此时，攻击对象最好选择对方刚后退而立足未稳者。

（4）后压前封战术。当己方取得主动欲采取攻势时，站在后场者见高球则强攻杀或吊网前球，迫使对方被动还击；站在前场者则应立即积极移位，准备封网扑杀。这种战术要求己方打法比较积极，前半场技术要好，步法移动要快，配合要默契。

9.4　羽毛球运动的主要规则

世界羽联负责制定和修改羽毛球竞赛规则，羽毛球运动的主要规则如下。

9.4.1　羽毛球基本规则

羽毛球基本规则涉及设施规范和赛制。

1. 设施规范

羽毛球运动的设施规范涉及比赛场地、比赛用球、球拍、球网和网柱。

（1）比赛场地

羽毛球球场为长方形，长13.4m，双打球场宽6.1m，对角线长14.723m；单打球场宽5.18m，对角线长14.366m。球场各线宽均为4cm。羽毛球比赛场地横向被中线平分为左右两个半区，纵向可以分为前场、中场和后场。场地外侧的两条边线是双打场地边线，里侧的两条边线是单打场地边线。羽毛球比赛场地如图9-31所示。按国际比赛规定，羽毛球场上空12m以内，球场四周2m以内（含相邻的两个球场），不允许有任何障碍物。

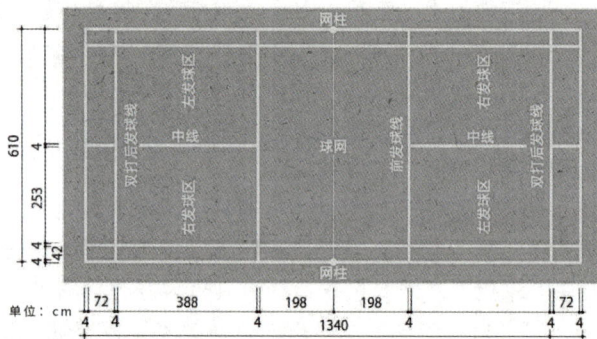

图9-31　羽毛球比赛场地

（2）比赛用球

羽毛球有16根羽毛固定在球托部，每颗球的羽毛从托面到羽毛尖的长度应一致，为64～70mm。羽毛顶端围成圆形，直径为58～68mm，球托直径为25～28mm，底部为圆形，羽毛球重4.6～5.5g。非羽毛制成的羽毛球则要求制成裙状，其质量和性能与用羽毛制成的羽毛球的差距不得超过10%。

（3）球拍

球拍拍面应为平面，拍弦穿过框架以十字交叉或以其他形式编织。球拍的框架，包括拍柄在内，总长度不超过680mm，宽不超过230mm。球拍框一般为椭圆形，长度不超过290mm，弦面长不超过280mm，宽不超过220mm。羽毛球拍的技术参数主要有以下几点，运动者要以此选择适合自己的球拍。

①G值。G值是指拍柄的大小，数值越小，拍柄越粗。在我国，常见的是4G和5G。如果大学生觉得5G拍柄太细而4G拍柄过粗，可以选择5G拍，再缠上手胶，就能使拍柄粗细适宜。

②U值。U值是指球拍的重量，4U为80～84g，3U为85～89g，2U为90～94g，U为95～99g。

③ 平衡点。平衡点是指球拍横放的情况下重心的位置，通常用长度表示。平衡点靠近拍头（通常为285～295mm），则感觉到拍头部较重；平衡点靠近拍柄（通常为275～285mm），则感觉到拍头部较轻。

④ 磅数。磅数是指拍弦能够承受的重量，磅数越大，拍弦越紧绷。

（4）球网和网柱

羽毛球球网长6.10m，宽76cm，用优质的深色细线织成。网柱从球场地面算起，高为1.55m，网柱必须稳固且与地面垂直，并使球网保持紧拉状态，网柱应放置在双打边线中点上。

2. 赛制

羽毛球赛制涉及比赛计胜方式和时间、间歇和裁判员。

（1）计胜方式和时间。世界羽联21分制实行每球得分制，所有单项的每局获胜分皆为21分，不超过30分。每场比赛采取三局两胜制，先得21分的一方赢得当局比赛。当双方比分为20∶20时，一方需超过对手2分才算取胜；双方比分打成29∶29时，先得30分的一方获胜。首局获胜的一方在接下来的一局比赛中先发球。

（2）间歇。当任意一方在比赛中得到11分后，比赛将间歇1min；两局比赛之间的间歇时间为2min。

（3）裁判员。裁判长对比赛全面负责。临场裁判员主持一场比赛并管理该球场及其周围。临场裁判员应向裁判长负责。发球裁判员负责宣判发球员的发球违例。司线裁判员对球在其分管线的落点宣判"界内"或"界外"。

3. 交换场区

羽毛球竞赛中交换场区的规定如下。

（1）第一局比赛结束时，双方应交换场区。

（2）若局数为1∶1，在第三局比赛开始前，双方应交换场区。

（3）在第三局比赛中，领先一方得分达到11分时，双方应交换场区。

（4）若应交换场区而未交换时，一旦发现应立即交换，已得分数有效。

4. 重发球

出现以下情况之一，需重发球，重发球时，原回合无效，由原发球队员重新发球。

（1）除发球外，球过网后，挂在网上或停在网顶，判重发球。

（2）发球时，发球方和接球方同时被判违例，将重发球。

（3）发球方在接发球方未做好准备时，将球发出，判重发球。

（4）球在飞行时，球托与球的其他部分完全分离，判重发球。

（5）裁判员对该回合不能做出判决时，将判重发球。

（6）出现意外情况，判重发球。

9.4.2　站位方式

站位方式是准备发球前，运动者需要站在球场内的适当位置。单打、双打以及混合双打的站位不同。

（1）单打

当发球方的分数为0或双数时，双方运动员均应在各自的右发球区发球或接发球；当发球方的分数为单数时，双方运动员均应在各自的左发球区发球或接发球。

（2）双打

比赛中，当比分为0或双数时，球由右发球区对角发向对方场地的右接发球区；当比分为单数时，球由左发球区对角发向对方场地的左接发球区。比赛中，当一方连续得分时，发球方必须在右或左发球区交替发球，而接球方队员的位置不变。其他情况下，选手应站在上一回合的各自发球区不变，以此保证发球方的交替。

（3）混合双打

混合双打中女选手主要站前场，负责封住网前小球，男选手负责中后场的大范围区域，形成男选手在后、女选手在前的基本进攻队形。

┤ 多学一招 ├

由于女选手体力和力量相对较弱，因此混合双打中女选手往往是被攻击的目标，女选手可采用回击对角线球来限制和摆脱对方的强力进攻。

9.4.3　犯规行为

羽毛球运动中的犯规行为如下。

（1）过手违例。发球时，在击球的瞬间，发球队员的拍杆应指向下方；否则，将判违例。

（2）过腰违例。发球时，在击球的瞬间，整个球应低于发球队员的腰部；否则，将判违例。

（3）挥拍有停顿。发球开始后，挥拍动作不连贯，将判违例。

（4）脚移动、触线或不在发球区内。自发球开始至发球结束，发球队员和接球队员都必须站在斜对角的发球区，脚不得触及发球区和接球区的界线；否则，将判违例。

（5）最初击球点不在球托上或发球时未能击中球，将判违例。最初击球点不在球托上是指发球时，球拍先触及羽毛或同时击中羽毛和球托。

（6）发球时，球没有落在规定的接球区内，将判违例。如发出的球没有落于对角的场区内或不过网，球挂在网上、停在网顶，球从网下或网孔穿过，触及天花板或触及运动员的身体或衣服，将判违例。

（7）球触及球场或其他物体或人，将判违例。击球点超过网的向上延伸面，即在对方场区上空击球，将判违例。

（8）运动员的球拍从网上、网下侵入对方场区妨碍对方，或分散对方注意力，或阻挡对方靠近球网合法击球，将判违例。

（9）双打时同一运动员连续两次挥拍击中球，或者同方两名队员连续各击中球一次，将判违例。

（10）球停在球拍上，紧接着被拖带抛出，将判违例。

（11）运动员严重违反或屡次违反比赛规定或运动员行为不端，将判违例。如擅自离开比赛场地喝水、擦汗、换球拍、接受场外指导等，或故意改变球形、破坏羽毛球、举止无礼等。

思考与练习

一、思考题

你认为如何能够更好地开展羽毛球运动，充分体验羽毛球运动带来的乐趣。

二、双人击球练习

人数及分组：两人一组。

时间：不限。

场地：标准羽毛球场。

练习方法：两人分站在羽毛球场两边的中场处，一人发球，一人接球，两人轮流击球。

开始时，双方都采用力度适中的挡球技术。熟练后，可以在球场内任意移动，并使用高远球、平高球、扣球、放网前球等各种击球技术。

三、定点扣杀赛

人数：不限。

时间：不限。

场地：任意空旷场地。

器材：羽毛球拍1副，小桶2个，羽毛球20个。

规则：每人运用跳起杀球的方式将球击入距离发球点2.5m处放置的小桶内，每人10个球，依次击球，每中一球得2分；过界击球者所击的球不计入成绩，最后由成绩最好的两人进行总决赛；开始时，桶口直径为50cm左右，可以逐渐缩小桶口以加大难度。

活动与探索

一、观看比赛

观看学校羽毛球比赛或参观羽毛球队训练，近距离感受羽毛球魅力；也可在网络上搜索近期的专业羽毛球比赛观看。羽毛球运动的主要赛事包括世界羽毛球锦标赛、汤姆斯杯、尤伯杯、苏迪曼杯等。

二、混双对抗赛

人数及分组：两两组队（一男一女），队数不限。

场地：标准羽毛球场。

时间：每局比赛结束休息2min。

规则：基本规则与标准羽毛球比赛一致，如果少于6队，采取循环比赛，赢一场比赛积2分，输则积1分，最后由成绩最好的两队进行总决赛；如果超过6队，就采用分组比赛，组内进行循环比赛，根据分组多少决定每组出线的队数，然后进行淘汰赛，决出最终胜利者。

第 10 章

网球

案例引入

　　2008 年，李娜在北京第 29 届奥运会上获得女子单打赛第四名，创中国运动员网球女单奥运会的最好成绩。2011 年，李娜获得 WTA 顶级巡回赛澳大利亚悉尼站冠军。2011 年法国网球公开赛，李娜接连击败强敌，获得法网冠军，夺得了中国乃至亚洲的第一座大满贯单打冠军奖杯。2014 澳大利亚网球公开赛女单决赛，李娜再度夺冠，获得自己第二个大满贯女单冠军，同时成为澳网百年历史上首个来自亚洲的单打冠军及公开赛以来澳网最年长的单打冠军。2019 年 7 月 21 日，李娜成为亚洲首位入选国际网球名人堂的运动员。

10.1　网球运动简介

　　网球是"三小球"运动项目中场地最大、力量性最强的运动项目，对运动者身体素质要求较高。如今，网球已成为世界上普及度最高、职业化程度最高、商业价值最高的运动项目之一，拥有广泛的群众基础。

10.1.1　网球运动的起源

　　网球运动历史悠久，早在12世纪至13世纪，便盛行于法国、英国的宫廷，被称为皇家网球，和击剑、保龄球、台球并称为"四大绅士运动"。1873年，英国人温菲尔德改进了早期的网球打法，使之成为能在草坪上进行的一项运动，取名为"草地网球"。温菲尔德因此被人们称为近代网球运动的创始人。

10.1.2　网球运动的发展

　　19世纪80年代，开始由在草地上进行网球比赛演变到可以在沙土上、水泥地上、柏油地上举行比赛。1877年7月，在英国的温布尔登举行了第一届草地网球锦标赛，标志着近代网球运动的开始。

　　1913年，国际网球联合会在法国巴黎成立，总部设在英国伦敦。

　　1896年，在雅典举行的第一届奥林匹克运动会上，网球的男子单打与双打即被列为正式比赛项目，但后来由于国际奥委会和国际网球联合会在"业余运动员"问题上有分歧，网球一度在奥林匹克运动会上被取消。直到1984年的第23届洛杉矶奥运会，网球才被重新列为表演项目。在1988年的第24届汉城奥运会上，网球重新被列为正式比赛项目。

　　1881年，美国草地网球协会成立；同年，第一届美国网球公开赛在美国罗德岛新港举行。1891年，第一届法国网球公开赛于巴黎西部罗兰·加洛斯的体育场内举行。1900年，戴维斯杯网球锦标赛（男子团体）在美国波士顿举行。1905年，澳大利亚网球公开赛在墨尔本开赛。1963

年，联合会杯网球赛（女子团体）在英国伦敦的女网俱乐部举行。1990年，ATP世界巡回赛1000大师赛举办，该系列比赛共包含了9个站的大师赛。

> **| 体育小百科 |**
>
> 　　澳大利亚网球公开赛、温布尔登网球锦标赛、法国网球公开赛、美国网球公开赛合称网球四大满贯赛事，是最重要的网球赛事。其中，澳大利亚网球公开赛与美国网球公开赛为硬地赛，法国网球公开赛为红土赛，温布尔登网球锦标赛为草地赛。运动员获得四大满贯赛事的冠军即称"大满贯"。后来，大满贯概念也用于其他运动项目。

　　1885年前后，网球运动传入我国。1906年，北京、上海、南京、广州、香港的一些学校开始举行校际网球赛，促进了网球运动在我国的传播。中华人民共和国成立后，网球运动在起点低、基础差的情况下逐渐发展，1956年举办全国网球锦标赛，后来全国网球等级联赛定期举行，还定期举办全国网球单项比赛等。这些竞赛对促进网球技术水平的提高起到了积极的推动作用。

　　20世纪80年代以来，我国网球运动水平提高较快，在1986年第10届汉城亚洲运动会网球比赛中获女子单打冠军，在1990年第11届北京亚洲运动会网球比赛获得3块金牌、3块银牌和1块铜牌。进入21世纪后，李婷与孙甜甜在2004年雅典奥运会上夺得女子网球双打冠军，李娜在2011年和2014年分别夺得法国网球公开赛和澳大利亚网球公开赛的女子单打冠军，刷新了我国乃至亚洲网球的历史。这些优异的成绩也激起了广大人民群众参与网球运动的热情，从而推动了我国网球运动的进一步发展。

10.2　网球运动的基本技术

　　网球运动上手较难，大学生首先要学习握拍、基本站位和步法，然后练习发球与接发球，最后学习各种击球方法。

10.2.1　握拍

　　正确握拍是运动者开展网球运动的基础。网球的握拍方式很多，下面分别介绍，运动者可以选择适合自己的握拍方式。

1. 东方式握拍法

东方式握拍法分为正手握拍法和反手握拍法。

（1）正手握拍法。握拍手的虎口正对拍柄右上侧棱，掌根与拍柄右上斜面紧贴，拇指垫握住拍柄的左垂直面，食指稍离中指，食指下关节压住拍柄右垂直面，五指紧握拍柄。拍面与地面垂直，手握拍柄好像与人握手一样，因此这一握拍法也称握手式握拍法，如图10-1所示。

（2）反手握拍法。在东方式正手握拍法的基础上把手向左转动90°或拍柄向右转动90°，虎口正对拍柄左侧棱面，即用掌根压住拍柄的左上斜面，拇指直贴在拍柄的左垂直面上，食指下关节压住右上斜面，如图10-2所示。

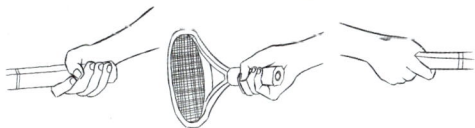

图10-1　东方式正手握拍法　　　　　图10-2　东方式反手握拍法

2．西方式握拍法

握拍时，拇指与食指几乎成直角，拇指压住拍上平面，食指下关节握住右上斜面，与拍底平面对齐，手掌从下面握住拍柄，如图10-3所示。这是底线上旋攻击型打法的首选握拍方法。这种握拍法的优点是能击出强有力的上旋球，且稳定性强，但技术难度相对较大，初学者较难掌握。

3．大陆式握拍法

大陆式握拍法的手型像握着锤子，因此又称为握锤式握拍法。拇指与食指呈"V"字形，虎口放在拍柄的上平面与左上斜面的交界线上，手掌根部贴住上平面，与拍柄底部平齐，拇指与食指不分开，食指与其余3根手指稍分开，食指下关节紧贴在拍柄的右上斜面，如图10-4所示。这种握拍法的优点是正、反手击球时都不需要转换握拍，简单灵活，但是底线击球时不容易发力。

图10-3　西方式握拍法　　　　　　　图10-4　大陆式握拍法

4．双手反握拍法

双手反握拍法是指双手一起握拍的方法，如图10-5所示。其主要是不同手的东方式和大陆式握拍法的组合，包括右手大陆式握拍，左手东方式握拍；右手东方式正手握拍，左手东方式正手握拍；右手东方式反手握拍，左手东方式正手握拍3种主要方法。

5．半西方式正手握拍法

半西方式正手握拍法源于西方式握拍法，不同之处在于采用半西方式正手握拍法握拍时，食指掌指关节和掌根放在拍柄右下斜面上，食指伸出且分离，如图10-6所示。该握拍法的优点是利于打出上旋球和穿越球，且能保证大力击球时的稳定性；缺点是不利于打出有力的低球和下旋球，无法用于发球和截击球，反手击球时需要转换多种握拍方式。

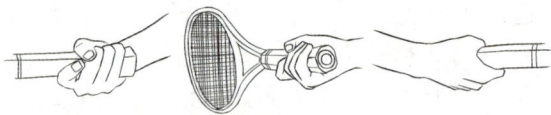

图10-5　双手反握拍法　　　　　　图10-6　半西方式正手握拍法

10.2.2　基本站位和步法

网球场地较羽毛球场地更大，运动者需要更加积极地进行长距离的跑动，因此步法对网球运动十分重要。

1．基本站位

正确的站位是步法的基础，网球运动的基本站位包括底线击球站位、网前击球站位和中场击球站位3种。

（1）底线击球站位

运动者两脚开立约同肩宽，两脚平行，脚跟稍提，两膝微屈。上体稍前倾，握拍手轻握拍柄，肘关节微屈，肩关节放松，上臂自然贴在身体右侧（右手握拍者），

微课视频

基本步法

非持拍手屈肘托住拍柄的中心（拍颈处）。将球拍横于腹前，两眼注视对方，重心放在前脚掌上。

（2）网前击球站位

网前击球站位与底线击球站位的不同点是前者两脚开立幅度稍大，两膝屈曲幅度稍小，两手持拍使拍面向前，拍头高于球网。

（3）中场击球站位

中场击球站位的重心稍低，持拍于胸前，拍头位于胸前并与球网高度相同。

2. 基本步法

网球的基本步法包括封闭式、开放式、滑步和左右交叉式。

（1）封闭式。运动者左脚向来球的方向迈出一步，两脚的假想连线与来球的方向平行，如图10-7所示。这种步法在底线正反手击球和网前截击中大量运用。初学者应首先学习这种步法。

（2）开放式。击球时，运动者两脚大致平行站立，以前脚掌为轴，转髋转体形成击球步法，如图10-8所示。通常在有一定技术基础的前提下，学习并使用这种步法。

（3）滑步。滑步是指运动者面对球网两脚左右滑动的步法。向左移动时，蹬右脚，先移动左脚，再跟右脚；向右移动时，则蹬左脚，先移动右脚，再跟左脚。

图10-7　封闭式　　图10-8　开放式

（4）左右交叉步。向右移动时，运动者脚掌向右转动，左脚先向右前方跨一步，交叉于右脚前，同时向右转体进右脚，再进左脚。向左移动时，方法与向右移动时相同，方向相反。

10.2.3　发球

网球运动的发球技术大致可以分为3类，包括平击发球、切削发球和上旋发球。

1. 平击发球

平击发球的击球点应在运动者身体的右前上方，击球的后上部，挥拍时发力要集中，充分向上伸展身体以获得更高的击球命中率，如图10-9所示。这种发球几乎没有旋转，球差不多笔直地落下，力量大，往往贴着网才能进入场内，在大多数场地上球反弹高度较低，一般用于第一发球。发球成功时有机会直接得分，但平击发球失误率较高。

微课视频

发球

2. 切削发球

切削发球实用且易掌握，适宜初学者学习。切削发球是一种以右侧旋转（稍带上旋）为主的发球法，将球抛在身体右侧前上方，球拍击球的右侧偏上方，从身体右侧上方至左下方挥拍，使球右旋，如图10-10所示。球的飞行路线是一条从右向左的曲线。切削发球的命中率高，能把对方拉出场外回击，尤其在右区发球时，其常用于第二发球。

3. 上旋发球

上旋发球时，运动者抛出球的位置在头后偏左上方；拍面的触球点在球的中部偏下方；击球时身体成弓形，利用杠杆力量对球施加旋转力，球拍快速从左向右上方挥动，并从下向上擦击球的背面，使球右旋。上旋发球如图10-11所示。这种发球的难度较大，球的过网点较高，落地速度快，球落地后反弹高度很高。

图10-9　平击发球　　　　图10-10　切削发球　　　图10-11　上旋发球

10.2.4　接发球

网球运动中，接发球方是被动的，受发球方的制约，并且发球在瞬间千变万化，多数发球都指向接发球方被动的位置，因此，接发球是网球运动中十分难掌握的技术。运动者接发球的站位通常位于端线附近，最好向前移动击球。同时，需保持两脚平行站位，两脚距离比肩略宽。右手持拍者一般右脚稍前，两膝微屈，上体稍前倾，脚跟提起，将球拍置于体前。

在接发球的全过程中，运动员的眼睛要始终注视来球，一直到完成还击动作，同时要观察对手的抛球，这样有利于判断发球的方向和旋转。通常对手第一次发球的力量很足，接发球的站位应偏后一些；如果对方是第二次发球，站位可略向前移，直接利用接发球还击。接大力发球时不要做大幅度的后摆动作，主要是控制好拍面角度，并握紧拍柄，以免拍面被震得转动。

10.2.5　平击球

平击球是网球运动中最基础的击球技术动作，其飞行路线弧度较小，过网时的高度稍低，落地后反弹角度较小。

1. 单手正手平击球

运动者后摆引拍时，手腕稍上翘使拍头高于手腕，并引拍至头部高度。挥拍时手腕相对固定，以减少拍面挥动过程中的变化。击球时拍面与地面保持垂直并以相同拍面继续前挥。击球后，球拍向前挥动于左肩上方自然收拍。单手正手平击球如图10-12所示。这种击球方法简单易学，适合初学者使用。

2. 单手反手平击球

单手反手平击球的特点是球速快，球的飞行路线比较平直，球落地后的前冲力量大。其动作方法：后摆引拍时，运动者右脚向左侧前方跨出并用力踏地，屈膝降低重心。击球时手腕绷紧，使拍面与地面垂直。挥拍击球的路线是从后向前上方比较平缓地挥击，同时左臂自然展开放在身后，保持身体的平衡。击球后，球拍应随着惯性挥至右肩上方，持拍手臂挥直，如图10-13所示。

图10-12　单手正手平击球　　　　　　　　图10-13　单手反手平击球

3. 双手反手击球

双手反手击球由于双手握拍，拍面容易稳定，初学者易于学习和掌握。双手反手击球的准备姿势与正手平击球相同，运动者左手在转肩引拍的同时，顺着拍柄下滑至双手相接，形成双手反手握拍。引拍尽量向后，转动上体，使右肩前探侧身对网，手腕固定，球拍稍稍低于击球点，右脚向左前方跨一步，重心落在左脚上。球拍从低到高向前挥出，击球点同腰高但比单手反手击球点略靠后，重心前移，随上体移动将球拍用力挥向右前上方，拍头朝上。双手反手击球如图10-14所示。

图10-14　双手反手击球

10.2.6　截击球

截击球是指凌空击对方来球，即在球落地之前将来球击回对方场区。截击球以网前截击为主，也可以在场内任何地方截击。截击球的特点是击球距离短，击球的角度大，回球速度快，是网球比赛中主要的击球方式和进攻手段。

1. 正手截击球

运动者后摆引拍时，左脚立即向右前方跨出，同时转肩，带动球拍向后引，拍头要高于握拍手，绷紧手腕，握紧拍柄。截击球的动作有点像挡击或撞击，在拍面短促向前撞击的同时微微向下做切削球的动作，击球时保持拍头上翘，拍面稍向后仰，如图10-15所示。击球后有一个小幅度向前的随挥动作，随挥过程仍紧握拍柄。

2. 反手截击球

反手截击球比正手截击球更容易，更符合人体解剖学肌肉用力结构特点。运动者后摆引拍时，右脚立即向左前方跨出，左手扶拍手向后拉拍，同时转肩，做短距离后摆引拍动作，拍头高于握拍手，眼睛注视来球。挥拍击球时，左手松开稍后伸，右手握紧拍柄前挥并在身体前方切削来球，如图10-16所示。向前挥拍时，两只手的动作类似拉长一根橡皮筋，以保持身体平衡。

图10-15　正手截击球　　　　　图10-16　反手截击球

10.2.7　削球

削球技术能使球击出后下旋，落地后弹跳低，迫使对手由下向上拉球，或使其难于借助回球力量击出攻击性强的球。削球的动作很小，即使是在身体平衡遭到破坏的情况下，运动者也可以打出削球。

1. 正手削球

正手削球指以底线正手切削方法击出下旋球的技术动作。后摆引拍时，运动者沿直线将球拍引至身体后侧，动作较小。挥拍时手腕固定握拍，使拍面斜向地面，稳定前挥。击球时用斜向地面的拍面以切削动作在身体侧前方击球，如图10-17所示。

2. 反手削球

反手削球时，运动者挥拍不要过于用力，击球后拍面向上做托盘状运动，且不要急于把球拍提拉起来，应让球拍平稳向前运动一段距离。反手削球如图10-18所示。反手削球的球向下旋转，击回对方场区后回弹高度较低，落地后会向前滑行。

图10-17　正手削球　　　　　　　　　图10-18　反手削球

10.2.8　上旋球

上旋球的特点是飞行弧线高，下降快，落地弹起的反射角度较小，前冲力较大，是一种强力的得分手段。

1. 正手上旋球

正手上旋球是运动者从网球的后下方向前上方挥拍，整个球体受摩擦，从后下方朝前上方旋转，如图10-19所示。正手上旋球的特点是飞行弧线高，落地迅速，落地后弹起的反射角度较小，产生的前冲力较大，有一定技术基础、能发力击球的运动者适合采用该技术。

2. 反手上旋球

反手上旋球需要运动者在击球前将手腕放松，拍头自然下垂，球拍从网球中下部位置由低至高向前挥出，击球点高度在髋部与膝盖之间，如图10-20所示。由于反手上旋球通常是双手握拍击球，所以击出的球能产生强烈的旋转，击球的稳定性更高。

图10-19　正手上旋球　　图10-20　反手上旋球

10.2.9　高压球

高压球是从头的上方把球扣到对方半场的一种击球方法，是对付对方挑高球的一项进攻技术。当对方挑高球时，运动者首先需要快速侧身，然后用左手指球，持拍手大陆式握拍且手臂动作与发球动作一样。在判断好球的大概落点后，采用交叉步侧身移到来球下方，再用小侧步调整，等待击球时机。高压球如图10-21所示。在击球以前，一定要用左手指球，这样既有助于准确判断来球的位置，又有助于保持身体的平衡。

图10-21　高压球

10.3　网球运动的基本战术

网球分为单打和双打两种竞技形式，二者场地规范不同，所适用的战术不同。

10.3.1　单打战术

单打中，运动者可以根据情况，灵活采用变换发球位置、发球上网、接发球破网、攻击对方反手、不上网等战术。

1. 变换发球位置

运动者可以通过改变发球的位置获取得分机会，因为这种战术迫使对手必须从不同角度判断不同旋转的球，回球的难度比较大，容易失分。

2. 发球上网

发球上网是利用发球的力量主动进攻，先发制人，然后上网抢攻的一项主要战术。它是上网型选手在比赛中的主要得分手段。

（1）用较大力量发下旋球，目标是对方发球区右区外角，然后上网，根据对手回球路线，利用截击球攻击对方反手区域。

（2）发平击球或发上旋球，目标为对方发球区右区内角，然后上网冲至发球线中线，判断来球，利用截击球攻击对方的空当位置。

（3）发平击球或下旋球，发球到对方发球区左区内角上网，冲至中场处，判断来球，利用截击球攻击对方正、反手的底线位置，然后人随球跟进，准备近网二次截击。

3. 接发球破网

接发球破网战术用以对付发球上网战术，其方法是击出大角度的平击球，攻击对手的空白位置。

4. 攻击对方反手

由于大部分球员的反手是比较弱的，因此采用攻击对方反手战术，加大力量攻击对方反手，逐步打乱对方节奏，即可掌握比赛主动权。

5. 不上网

不上网战术是指发球或接发球之后，如果自己不上网，应该把对方也控制在端线后面，使对手也难以找到得分的机会。

10.3.2　双打战术

双打中，运动者需要与自己的队友紧密配合，采取发球上网战术、澳大利亚式网前战术等。

1. 发球上网战术

发球上网战术需要队友之间具备足够的默契，网前队友在背后做手势，告诉发球队友应发什么落点，抢与不抢。运用发球上网战术可以干扰对手接发球，为发球上网前得分及抢网得分创造条件。发球上网战术成功的一个重要因素就是发球队友的发球质量、成功率和落点的变化。

2. 澳大利亚式网前战术

澳大利亚式网前战术的特别之处是发球方的一名队员以低姿势在贴近网前中线位置积极准备截击，这种站位能给对手造成很大的回球压力，同时也能迷惑对手，逼迫对手在接发球时击出更高质量的球，从而在一定程度上提高了对手的回球失误率。运用这一战术时，队友间要沟通好发球落点和抢与不抢，第一发球成功率要高，以达到良好的战术效果。

10.4 网球运动的主要规则

国际网球联合会负责制定和修改网球竞赛规则，网球运动的主要规则如下。

10.4.1 网球基本规则

网球基本规则涉及设施规范、计胜方式、休息时间和裁判员。

1. 设施规范

网球运动的设施规范涉及比赛场地、比赛用球、球拍、网球网和网柱。

（1）比赛场地

网球场地为长方形，其长不小于36.6m，宽不小于18.3m。在这个面积内，有效网球运动场地是一个长23.77m，单打场地宽8.23m、双打场地宽10.9m的长方形区域。在网球场中，场地线的颜色一般选用白色或黄色。除端线的最大宽度可以达到10cm外，其他所有场地线的宽度均应在2.5~5cm。网球运动场地如图10-22所示。网球运动场地通常为草地、红土地、硬地等。

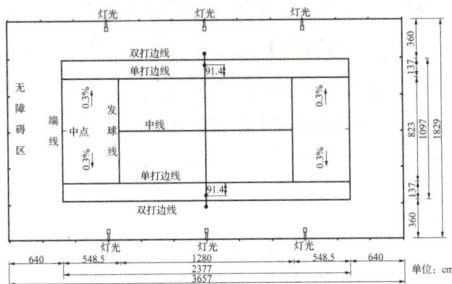

图10-22 网球运动场地

> **┤体育小百科├**
>
> 草地、红土地、硬地各有区别：在球速上，草地最快、硬地次之、红土地最低；在球跳上，硬地属于规则弹跳，而草地与红土地则属于不规则弹跳（红土地上球弹跳较高且球向上冲，草地上球弹跳低且球向前冲）。

（2）比赛用球

网球的比赛用球为黄色，用橡胶化合物制作，外表由毛质纤维均匀覆盖，接缝处没有缝线。球的直径为6.35~6.67cm，重量是56.7~58.5g。

（3）球拍

球拍有木质球拍、铝合金球拍、钢质球拍和复合物（尼龙、碳素）球拍，均可用于比赛。球拍的击球面必须是平的，由弦线上下交织编制或连接而成。每条弦线必须与拍框连接，拍框和拍柄的总长不超过73.66cm，拍框的总宽度不超过31.75cm。网球拍的技术参数主要有以下几种，运动者要以此选择适合自己的球拍。

① 拍面大小。拍面大小是指球拍线床的大小，小拍面球拍灵活，易于操控，且在击球瞬间线床力量也更为集中；大拍面球拍更容易接到球，并且在击球瞬间线床能更好地分散击球带来的震感。

② 净重。净重是指球拍未穿线时的物理重量，较重的球拍会在击球时带来很强的势能，让击球有很快的速度和很强的穿透性，成人网球拍的净重一般在250~350g。

③ 拍柄尺寸。拍柄尺寸指的是球拍拍柄粗细，拍柄越细相对越灵活，拍柄越粗相对越笨重。成人网球拍拍柄一般为2号柄，可通过缠吸汗带由细改粗。

（4）网球网和网柱

球场两侧安装的网柱用于支撑球网，网柱间距为12.8m，网柱顶端与地面距离为1.07m，每侧网柱的中点距地面的高度为0.914m。

2．计胜方式

一局记录的最小单位是分，然后是局，最后是盘。每一局采用0、15、30、40、平分和Game的记分方法。比赛时先得1分呼报15，再得1分呼报30，得第3分呼报40，得第4分呼报Game，即该局结束。如果比分为40∶40叫平分，一方必须再连得2分才算胜此局。比赛双方先胜6局者为胜一盘。如果各胜5局，一方必须再连胜2局才能结束这一盘，这就是长盘制。

为了控制比赛时间，比赛普遍采用平局决胜制，即当局数为6∶6时，只再打一局决胜负。在这一局中，先赢得7分者为胜这一盘。如果在此局打成5∶5平分，一方仍须连得2分才算胜此局，即胜此盘。

决胜局计分制在每盘的局数为6∶6平时，有以下两种计分制。

（1）单打

单打中的决胜局计分制如下。

① 先得7分者为胜该局及该盘。若分数成6∶6平时，比赛须延长到某方净胜2分时止。决胜局应全部采用数字计分制。

② 该轮及的发球员发第1分球，然后由对方发第2分及第3分球；此后轮流交替发球，每人连发两分球，直至决出该局与该盘的胜负为止。

③ 该轮及的发球员在右区发第1分球后，即改由对方依次在左区和右区发第2、第3分球；此后轮流交替发球，每人连发两分球，其中第1分球均应在左区发出。如果出现从错误的半区发球，在发觉前已得的分数均有效，但在发觉后应立即纠正错误的站位。

④ 运动员应在双方分数相加为6的倍数及决胜局结束。

⑤ 更换新球时，决胜局作为一局计算。如逢该局更换新球，应暂缓更换，待下一盘第2局开始时，再行更换。

（2）双打

单打比赛的规定都适用于双打比赛。轮到发球的运动员发第1分球，此后发球次序仍按该盘比赛中原先的发球次序排定，每人轮流交替发两分球，直到决出该局与该盘的胜负为止。

3．休息时间

网球竞赛中关于休息时间的规定如下。

（1）分与分之间，运动员捡到球后直至发出的最大间隔为25s。

（2）单数局结束交换场地时可休息90s；每盘结束可休息120s。

（3）每盘的第一局结束后，交换场地时不能休息。

（4）在抢7分比赛中，双方分数相加满6分，交换场地时不能休息。

4．裁判员

标准网球比赛的裁判员通常包括裁判长1名，主裁1名，司线5～7名和无网带碰触器附加司网1名。通常比赛中主裁的判定就是最后的判定，如果运动员对主裁涉及有关规则判定有异议，可提请裁判长解决，裁判长的判定即为最后判定。

比赛中设有司线和司网等辅助裁判人员时，这些裁判人员对于具体发生的情况的判定就是最后的判定。如果主裁认为明显误判，有权纠正辅助裁判人员的判定或指令该分重赛。当辅助裁判人员不能做出判定时，应立即向主裁示意，由主裁做出判定。如主裁对于具体发生的事也不能做出判定时，可判令该分重赛。

在团体比赛中，裁判长有权更改任何判决，还可以指示主裁判该分重赛。裁判长认为天色黑暗或因场地、气候等条件不能继续比赛时，可令比赛停止。补赛时双方运动员原有比分和原站方位仍然有效。

10.4.2　发球

发球是网球运动的重要技术，也是重要的得分手段，网球竞赛规则对发球进行了严格的规定。

（1）发球运动员应双脚站在底线后（即远离球网的一侧），中心标志和边线的假定延长线之内，然后用手将球抛向空中的任何方向并在球触地前用球拍将球击出。在球拍与球接触的那一刻，整个发送即被认为已经结束。

（2）每一局比赛发球运动员都应该从场地的右区开始，得（失）一分后，应换到左区发球。如果发球是从错误的半区发出且没有被察觉，由错误发球引起的比赛结果都将有效。

（3）发出的球应该飞越球网，在接发球运动员回击之前触及对角发球区内的地面，或落在任何组成发球区的界线上。

（4）如果发出去的球碰到球网、中心带或网带，但落在界内，或在碰到球网、网带或网绳后，在触地前碰到接发球运动员，或他穿着或携带的任何东西，需要重新发球。

（5）在第一局结束后，接发球运动员应该成为发球运动员，发球运动员应该成为接发球运动员，并按此次序在整个比赛后面所有局中依次交换。

> **┤ 多学一招 ├**
>
> 网球竞赛实行双发制，即运动者第一次发球（一发）失误后还可以再发一次球（二发），二发失误才扣分。因此，运动者在发球时往往遵循"一发注重得分率，二发注重成功率"的理念，即一发使用强力但风险高的发球，二发采用风险低的发球。

10.4.3　失分

网球竞赛中出现以下情况之一的，即失分。

（1）活球状态下，在球连续两次触地前不能回球过网。

（2）球员在活球状态下的回球触到了对方场地界线以外的地面、固定物或其他物体。

（3）用球拍拖带或接住处于活球状态中的球，或故意用球拍触球超过一次。

（4）在活球状态下的任何时候，球拍（无论是否在球员手中）及球员穿戴或携带的任何物品触到球网、网柱、单打支柱、网绳或钢丝绳、中心带或对手场地的地面。

（5）球触到了除球员手中球拍以外的身体或其穿戴或携带的任何物品。

（6）抛拍击球并且击到球。

（7）在球过网前就截击。

> **┤ 体育小百科 ├**
>
> 运动员的任何举动若妨碍了对手击球，只要是故意的行为，都将失分；如果不是故意的行为，那么这一分要重赛。另外，落在边线和端线上的球被认为界内球。

思考与练习

一、思考题

网球运动职业化程度高、覆盖地域广阔，但在我国普及度不高，请思考其原因，并说说如何更好地开展网球运动。

二、网球对墙练习

人数：个人。

时间：不限。

场地：网球练习墙，任意具有一定高度和宽度，且表面平整的墙壁都能作为网球练习墙。

练习方法：运动者离墙7m左右站立，向墙壁击球，然后接回弹球，反复至球落地，尽量保持更多的回合；熟练后，可以在墙上画一道与球网同高的线，训练击球过网。

三、擂台挑战赛

人数：不限。

时间：不限。

场地：标准网球场。

规则：基本规则与标准网球比赛一致。通过抽签的方式抽出一定数量的人作为擂主，由其他同学自由选择擂主挑战，战胜擂主即为新的擂主，每个人只要战胜两个对手（包含擂主）即可进入下一阶段；下一阶段同样采用挑战擂主方式，并根据晋级的人数决定进入下一阶段的条件；最后一阶段只能晋级2~3人，然后采用循环赛的方式决出胜者。

活动与探索

一、观看比赛

观看学校网球比赛或参观网球队训练，近距离感受网球魅力；也可在网络上搜索近期的专业网球比赛观看，网球运动的主要赛事包括四大满贯赛事，以及男网的ATP世界巡回赛1000大师赛、黄金巡回赛，女网的WTA皇冠明珠赛和WTA超五巡回赛等。

二、混双对抗赛

人数及分组：两两组队（一男一女），队数不限。

场地：标准网球场。

时间：每局比赛结束休息2min。

规则：基本规则与标准网球比赛一致，如果少于6队，采取循环比赛，赢一场比赛积2分，输则积1分，最后由成绩最好的两队进行总决赛；如果超过6队，就采用分组比赛，组内进行循环比赛，根据分组多少决定每组出线的队数，然后进行淘汰赛，决出最终胜利者。

第 11 章

健美操

案例引入

敖金平是中国职业健美操运动员。2005年，敖金平和队友在德国第7届世界运动会健美操六人操中斩获金牌。2006年，敖金平和队友获得世界锦标赛六人操冠军，同时，他还获得了男子单人操冠军，成为中国第一个健美操单人项目的世界冠军。2007年世界杯，敖金平再次成为男子单人和六人操双料冠军。2008年世界锦标赛，敖金平与队友成功卫冕六人操冠军。职业生涯里，敖金平几乎拿到了全国各类健美操比赛的男单冠军和11项世界冠军。

11.1 健美操运动简介

健美操是一项集体操、舞蹈、音乐、健身、娱乐于一体的大众体育运动项目，具有很强的技巧性和观赏性，深受各地人民喜爱。

11.1.1 健美操运动的起源与发展

健美操是在音乐伴奏下，以身体练习为基本手段，以有氧运动为基础，以健、力、美为特征，融体操、舞蹈、音乐为一体的体育运动。早在19世纪，欧洲一些国家就开始出现身体活动和音乐伴奏相结合的音乐体操，并出现培养音乐体操教师的学校，这些学校将音乐体操作为体育教育逐步传播开来。这种音乐体操就是健美操运动的雏形。

20世纪80年代初，在美、英、法及欧洲其他一些国家，健美操得到很快推广并蓬勃发展。1980年，国际健美操冠军联合会成立。1983年，国际健美操联合会成立。从1985年开始，美国多次举行全国性的健美操比赛，使健美操具有了竞技性。每年国际上举办的健美操主要赛事包括健美操世界锦标赛、世界杯赛、世界冠军赛和世界巡回赛。

在20世纪70年代末，健美操传入我国，以上海、北京为代表的一些城市开设了各式各样的健美操培训班。有的健美操以芭蕾舞基本动作为主，有的健美操以现代舞动作为主，而我国结合国内具体情况创编了徒手健美操、健美球操、棍操等多种形式的健美操。1985年北京体育学院成立了健美操研究组，并开设健美操选修课。全国其他一些大、中、小学甚至幼儿园，也在体育课中增加了健美操的内容。1987年，北京举办了首届全国健美操邀请赛，随后1988年、1989年、1990年、1991年先后在北京、贵阳、昆明、北京举办了四届邀请赛。1992年起，全国健美操邀请赛改名为全国健美操锦标赛，成为每年举办的传统赛事。1992年，中国健美操协会正式成立，随后健美操运动在我国得到大力推广。自2004年在健美操世界锦标赛上摘取第一块奖牌，实现我国在健美操领域奖牌数破零之后，我国的健美操水平在亚洲就一直处于高水平位置。

11.1.2 健美操运动的特点与类型

和其他运动相比，健美操大量吸收了舞蹈的动作，并兼具音乐美感，具有别样的魅力。同时，在长期的发展过程中，健美操演化出了各种类型。

1. 健美操运动的特点

健美操运动注重个人肢体的协调和灵活，具有以下特点。

（1）锻炼身体，提高身体素质。健美操是以健身美体为目的而创立的健身体育运动，健美操的各种动作强调力量和弹性，能够帮助参与者消耗脂肪，提高身体协调性和灵敏性，塑造健美的体态。

（2）无年龄限制，具有广泛的群众基础。健美操能够满足现代人追求健美、自娱自乐的需求，可以根据参与者的年龄、性别、形体、身体素质、个性和气质来调节运动负荷和难度，深受各类参与者的喜爱。

（3）动作的协调性和多变性。健美操通常是成套动作，需要参与者的肢体和全身各关节配合，并在动作的节奏、力度，以及动作的复合性方面进行控制和统一，所以具有多变性，且有利于提高参与者身体的协调性。

（4）鲜明的节奏感和韵律感。健美操运动需要在音乐伴奏下进行，伴奏音乐多取材于迪斯科、爵士和摇滚等现代音乐，旋律激昂振奋、节奏鲜明强劲、风格热烈奔放，使健美操体现出鲜明的节奏感和韵律感。

（5）高度的艺术性。健美操有很多动作和舞美的设计，属健美体育的范畴。健美操的动作具有活力、动感和弹性，更讲究健美和力量，因此健美操有一定的艺术性。

2. 健美操运动的类型

健美操根据练习形式，可分为徒手健美操、器械健美操和特殊场地健美操；根据性别特征，可分为女子健美操和男子健美操；根据年龄特征，可分为幼儿健美操、儿童健美操、少年健美操、青年健美操、中年健美操和老年健美操；根据锻炼部位，可分为颈部健美操、肩部健美操、臂部健美操、胸部健美操、腹部健美操、腰部健美操、髋部健美操和腿部健美操等。健美操根据运动的主要目的和任务可分为竞技健美操、健身健美操和表演健美操3种类型，每种类型下还有具体的细分类型。

（1）竞技健美操，根据比赛项目可细分为男单、女单、混双、三人和六人等类型。

（2）健身健美操，根据不同的风格特点可细分为传统有氧健美操、形体健美操、拉丁健美操、爵士健美操、街舞健美操、搏击健美操、瑜伽健美操等类型。

（3）表演健美操，根据不同的表演器械可细分为踏板健美操、哑铃健美操、花球健美操、皮筋健美操、健身球健美操等类型。

11.2 健美操运动的基本技术

健美操运动能够协调并锻炼运动者全身肌肉，其技术动作可以分为下肢动作和上肢动作。

11.2.1 下肢动作

下肢动作具有很强的艺术表现力，在各种舞蹈中都具有重要的意义，对健美操而言，下肢的步法也是基础的技术动作。具体而言，健美操运动的下肢动作可分为交替动作、迈步动作、点地动作、抬腿动作和双腿动作。

1. 交替动作

健美操中下肢交替动作的运动强度较低，两脚始终依次交替落地。

（1）踏步。双腿原地依次抬起、依次落地，双臂自然前后摆动。落地时，由脚尖过渡到脚跟，踝、膝、髋关节依次有弹性地缓冲，如图11-1所示。

（2）走步。迈步向前走时，脚跟先落地，过渡到全脚掌；向后走时则脚尖先落地，过渡到全脚掌，基本技术动作与踏步相同。走步如图11-2所示。

（3）"一"字步。一只脚向前一步，另一只脚并于前脚，然后依次还原。前后均要有并脚过程，每一拍动作中膝关节始终有弹性地缓冲，如图11-3所示。

（4）"V"字步。一只脚向前侧方迈一步，另一只脚随之向另一侧迈一步，形成两脚开立、屈膝的姿态，然后依次退回原位。两脚间距离比肩宽，重心落于双腿之间，如图11-4所示。

（5）漫步。一只脚向前迈出，屈膝，重心随之前移，另一只脚稍抬起，然后原地落下；或向后撤一步，重心后移，另一只脚稍抬起，然后原地落下。动作富有弹性，身体重心随动作前后移动，如图11-5所示。

（6）后踢腿跑步。双腿依次腾空、依次屈膝落地缓冲，非落地腿的小腿后屈，双臂前后自然摆动，如图11-6所示。

图11-1　踏步　　　图11-2　走步　　图11-3　"一"字步　　图11-4　"V"字步　　　图11-5　漫步　　　图11-6　后踢腿跑步

2. 迈步动作

健美操中下肢迈步动作的基础动作是一只脚先迈出一步，重心移至该腿，另一条腿用脚跟或脚尖点地后向另一个方向迈步。迈步动作有很多，包括并步、侧交叉步、并步跳、侧交叉步跳、迈步点地、小马跳、迈步吸腿、迈步吸腿跳、迈步后屈腿、迈步后屈腿跳。

（1）并步。一只脚迈出，另一只脚向其并拢且屈膝点地；再向反方向迈步。两膝保持弹动，重心随迈步方向移动，动作幅度和力度可随风格而定，如图11-7所示。

（2）侧交叉步。一只脚向异侧迈一步，另一只脚在其后交叉，如图11-8所示，一只脚再向异侧迈一步，另一只脚收回与其并拢，屈膝点地。第一步脚跟先落地，屈膝缓冲，身体重心随脚步快速移动。

（3）并步跳。以右脚起步为例，右脚迈出，随之蹬地跳起，左脚并右脚，并腿落地，如图11-9所示。身体重心随动作迅速移动，落地时注意缓冲。

（4）侧交叉步跳。第一只脚向异侧迈一步，第二只脚在其后交叉，随后第一只脚再向相同方向迈一步，第二只脚并拢，同时两脚轻轻跳起，落地屈膝缓冲。第一步脚跟先着地，身体重心快速随着脚步移动而移动，保持膝、踝关节的弹动，如图11-10所示。

（5）迈步点地。一只脚向前方侧迈一步，两膝弯曲，身体重心随之移至一侧腿，另一条腿伸直，脚尖或脚跟点地。重心移动明显，两膝有弹性地屈伸，躯干不要扭转，如图11-11所示。

（6）小马跳。左腿蹬地跳起，右腿向侧迈步落地，随之左腿并右脚点地，随后反方向做一次，动作相同。两脚轻快蹬跳、落地，身体重心随之平稳移动，注意膝、踝关节的弹动，如图11-12所示。

（7）迈步吸腿。一只脚迈出一步，另一条腿屈膝抬起，然后向反方向迈步。支撑腿保持屈膝弹动，大腿上抬后形成的平面超过水平面，小腿下垂绷脚尖，上体保持正直，如图11-13所示。

（8）迈步吸腿跳。右脚向前迈出一步，之后身体重心跟进，同时左腿抬起，大腿抬起90°时，两脚起跳。跳起时，上体保持正直，收腹立腰，如图11-14所示。

（9）迈步后屈腿。一只脚迈出一步，另一条腿后屈，然后向相反方向迈步。支撑腿微屈膝，保持有弹性地屈伸，后屈腿的脚后跟向着臀部，如图11-15所示。

（10）迈步后屈腿跳。一条腿侧迈一步，另一条腿向后屈膝，同时两脚起跳，缓冲落地，如图11-16所示。双腿跳起时，屈膝脚尖绷直；落地时，双腿膝关节微屈，不宜伸直。

图11-7 并步　　　图11-8 侧交叉步　　　图11-9 并步跳　　　图11-10 侧交叉步跳　图11-11 迈步点地

图11-12 小马跳　　图11-13 迈步吸腿　图11-14 迈步吸腿跳　图11-15 迈步后屈腿　　图11-16 迈步后屈腿跳

3. 点地动作

健美操中下肢点地动作的基础动作是一条腿屈膝站立，另一条腿伸出，用脚尖或脚跟点地后还原到并腿位置。

（1）脚尖点地。一条腿稍屈膝站立，另一条腿伸出（向前、向后、向一侧），脚尖点地，然后还原到并腿姿势。支撑腿始终保持屈膝站立，并随动作有弹性地屈伸，如图11-17所示。

（2）脚跟点地。一条腿稍屈膝站立，另一条腿伸出，脚跟点地，然后还原到并腿姿势。只可做向前和向侧的脚跟点地，如图11-18所示。

4. 抬腿动作

健美操中下肢抬腿动作的基础动作是一条腿站立，另一条腿抬起。

（1）吸腿。一条腿屈膝抬起，落地还原。上体保持正直，大腿用力上抬超过水平面，小腿下垂，如图11-19所示。

（2）摆腿。一条腿站立，另一条腿摆动。摆腿时，上体顺势前倾、后倾或侧倾，如图11-20

向前　　　向后　　　向一侧

图11-17 脚尖点地

所示。

（3）踢腿。一条腿站立，另一条腿抬起，然后还原。踢腿时，加速用力且有控制，躯干保持正直，如图11-21所示。

（4）弹踢腿。一条腿站立（或蹬跳），另一条腿先向后屈，再向前下方弹踢后还原。腿弹出时要有控制，弹踢腿的脚尖要绷直，躯干保持正直，如图11-22所示。

图11-18　脚跟点地　　图11-19　吸腿　　　　图11-20　摆腿　　　　图11-21　踢腿　　　　图11-22　弹踢腿

（5）吸腿跳。一条腿屈膝抬起，落下还原；另一只脚离开地面，向上跳起。支撑腿保持屈膝弹动，大腿上抬至水平，上体保持正直，注意身体的稳定性，如图11-23所示。

（6）摆腿跳。一条腿自然摆动，另一条腿向上跳起，如图11-24所示，落地时双腿屈膝缓冲。保持上体正直；支撑腿屈膝缓冲，摆动腿抬起时幅度不要过大，且要有控制地摆腿。

（7）踢腿跳。一只脚蹬地跳起，另一条腿向前或向侧抬起，然后还原。抬起腿不需要抬很高，但要有控制地抬腿，保持上体正直，如图11-25所示。

（8）弹踢腿跳。两脚起跳，单脚落地，另一条腿小腿后屈，如图11-26所示，然后小腿前踢伸直。腿弹出时要有控制，无须太高，上体保持正直。

（9）后屈腿跳。一条腿站立蹬跳，另一条腿向后屈膝折叠，放下腿还原。后屈腿脚跟靠近臀部，支撑腿有弹性地缓冲落地，如图11-27所示，还原后两膝并拢。

图11-23　吸腿跳　　　图11-24　摆腿跳　　　图11-25　踢腿跳　　　图11-26　弹踢腿跳　　　图11-27　后屈腿跳

5. 双腿动作

健美操中双腿动作的基础动作是双腿站立或跳跃，身体重心在双腿之间。

（1）并腿跳。双腿并拢跳起，且有控制地落地缓冲，如图11-28所示。

（2）分腿跳。双腿分立，屈膝半蹲（大、小腿夹角不小于90°），向上跳起，分腿落地屈膝缓冲，如图11-29所示。

（3）开合跳。并腿跳起，分腿落地，再由分腿跳起，并腿落地。分腿屈膝蹲时，两脚自然外开，膝关节沿脚尖方向弯曲，如图11-30所示。落地时，屈膝缓冲，脚跟着地。

（4）半蹲。半蹲分为并腿半蹲和分腿半蹲，双腿有控制地同时屈和伸。分腿半蹲时，双腿左右分开宽于肩，脚尖稍外展，膝关节弯曲不小于90°，与脚尖方向一致，躯干保持直立，如图11-31所示。

图11-28　并腿跳　　　　图11-29　分腿跳　　　　图11-30　开合跳　　　　图11-31　半蹲

（5）弓步。两脚前后分开，一条腿屈膝，脚尖与膝关节朝同一方向，另一条腿伸直，重心落于两脚之间，如图11-32所示。也可两膝皆屈，后腿的大腿垂直于地面。

（6）弓步跳。并腿向上跳起，呈前后分腿姿势落地，接着再向上跳起，并腿落地。落地时，膝关节有弹性地缓冲，分腿落地时两脚尖朝前方，并且基本在一条线上，如图11-33所示。

（7）踝弹动。双腿伸直或屈膝，踝关节有弹性地屈伸。脚尖或脚跟抬起时，保持身体的稳定性和踝关节的弹性，如图11-34所示。

（8）膝弹动。双腿并拢，膝关节有弹性地屈伸。膝关节由弯曲到还原，还原时膝关节应处于微屈状态，如图11-35所示。

（9）移重心。以两脚开立为初始动作，双腿屈膝下蹲之后，身体向右侧移动重心，右脚全脚掌着地，左脚脚尖点地，如图11-36所示。身体重心移动时要保持平稳。

图11-32　弓步　　　　图11-33　弓步跳　　图11-34　踝弹动　图11-35　膝弹动　　图11-36　移重心

11.2.2　上肢动作

上肢动作是健美操运动形体美的重要表现，健美操运动的上肢动作主要包括手型、手臂动作和躯干动作。

1. 手型

健美操运动中，手掌随手臂的姿态灵活变化。一般而言，手臂伸展时，手指和手腕随之伸展，手背呈反弓形；手臂弯曲时，手指、手腕放松，从肩至手指成柔和线条。恰当地运用各种手型，能使手臂动作更加丰富多彩。健美操常见手型有以下9种，如图11-37所示。

（1）并拢式。五指伸直并拢，拇指微屈，指关节贴于食指旁。

（2）分开式。五指用力伸直，充分张开，手腕保持一定的紧张。

微课视频

手型

（3）一指式。握拳，食指或拇指伸直。

（4）芭蕾手式。五指微屈，中指、无名指、小指并拢、稍内收，拇指内扣。

（5）拳式。握拳，拇指在外，指关节弯曲，紧贴于食指和中指。

（6）立掌式。四指伸直，拇指屈于食指旁，手掌立起。

（7）西班牙舞手式。五指用力，小指、无名指、中指自掌指关节处依次内屈，拇指稍内扣。

（8）花式。在分开式的基础上小指向掌心回弯到最大限度，无名指会随小指回弯。

（9）剑指。拇指与无名指、小指相叠，中指、食指并拢伸直。

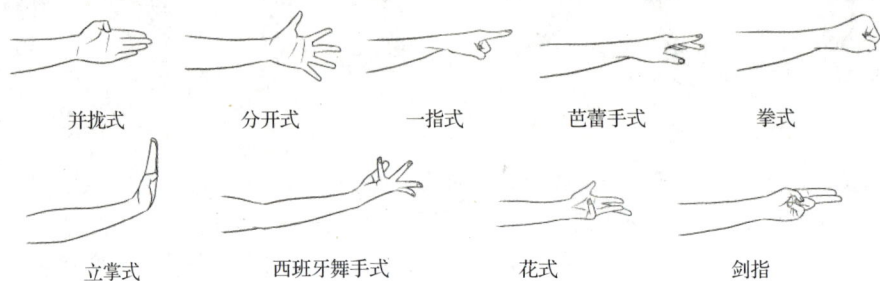

| 并拢式 | 分开式 | 一指式 | 芭蕾手式 | 拳式 |

| 立掌式 | 西班牙舞手式 | 花式 | 剑指 |

图11-37　健美操常规手型

2．手臂动作

健美操手臂的基本动作包括举（摆／提／拉）、屈、绕（绕环）等，如表11-1所示。

表11-1　健美操手臂的基本动作

动作分类	动作界定	动作变化
举（摆／提／拉）	以肩为轴，臂伸直向某方向抬起并停止在某处，活动范围不超过180°	单或双臂的前、后、侧举。其中，双臂既可以做相同的动作，又可以做不同的动作；既可同时进行，又可依次进行，还可交叉进行
屈	肘关节产生一定的弯曲角度	包括胸前平屈、肩侧屈、肩上侧屈、肩下侧屈、肩上前屈、腰间屈、头后屈。既可以单臂做动作，又可以双臂同时做相同动作，还可以双臂依次做相同动作
绕（绕环）	以肩关节为轴，手臂做180°～360°的运动为绕；大于360°以上的圆周运动为绕环	单或双臂的前、后、内、外绕（绕环），小绕、中绕、大绕。双臂动作既可以同时进行，又可以依次进行

3．躯干动作

健美操运动的躯干动作主要包括头颈部、肩部、胸部、腰部和髋部的动作，如图11-38所示。组合躯干动作就能够形成躯干的波浪动作，该动作可依靠身体各部位向前、后、左、右等方向依次完成，动作要协调、连贯。例如，前波浪是从下而上，后波浪是从上而下。

| 头颈 | 肩 | 胸 | 腰 | 髋 |

图11-38　健美操躯干动作

┌─ **| 体育小百科 |** ───

　　竞技健美操单人项目动作需要运动员在音乐的伴奏下，通过连续、复杂、高强度的成套动作，展示人体的柔韧性和力量，相当考验运动员对动作组合的运用能力和结合难度动作完成成套动作的竞技能力。

└───

11.3　健美操竞赛的规则要点

健美操竞技起源于20世纪80年代，经过几十年的发展，已经拥有了成熟的应用于全世界各种级别的健美操比赛的竞赛规则。

11.3.1　基本规则

健美操竞技的基本规则涉及比赛场地、比赛内容、比赛项目、年龄与分组、参赛人数、成套动作时间、音乐伴奏、比赛服装、裁判、竞赛程序和评分方法。

1. 比赛场地

竞技健美操比赛的场地呈正方形，四周由宽5cm的白色标志带圈定，带宽包括在场地面积之内。场内铺设地板或铺地毯。男子3人、女子3人、混合6人场地边长为12m；男子单人、女子单人、混合双人场地边长为9m。场地周围至少有1m宽的安全区，裁判员座席靠近赛区一边，排成一排，裁判员之间距离为1m。

2. 比赛内容

规定动作比赛（《全国健美操大众锻炼标准》规定动作）、自选动作比赛。

3. 比赛项目

男子单人；女子单人；混合双人；男子3人；女子3人；混合6人（男3人、女3人）。

4. 年龄与分组

参加成年组竞赛的运动员在竞赛之年不小于18岁，不大于40岁。参加少年组竞赛的运动员在竞赛之年不小于12岁。

5. 参赛人数

规定动作比赛：每队6人，性别不限，或按比赛规程执行。自选动作比赛：每队3～16人，性别不限，或按比赛规程执行。

6. 成套动作时间

健美操运动分为规定动作和自选动作，其时间规定不同。

（1）规定动作比赛：按《全国健美操大众锻炼标准》的规定时间执行。

（2）自选动作比赛：成套动作时间为2.5～3min，计时从动作开始到动作结束。

7. 音乐伴奏

规定动作和自选动作的音乐伴奏需符合以下规定。

（1）规定动作比赛时由主办单位提供《全国健美操大众锻炼标准》规定动作音乐并统一播放。

（2）自选动作比赛的音乐由参赛队自备，音乐需刻录在磁带A面或光盘开头，并且必须准备2份，其中1份报到后交大会放音组。

（3）自选动作音乐允许有2×8拍的前奏，音乐速度不限，音质必须是高质量的。

8. 比赛服装

健美操竞技中的服装要求如下。

（1）着健身服或运动式休闲服和运动鞋（旅游鞋式，不可穿球鞋、体操鞋等）。

（2）服装上可有亮片等装饰物，女运动员可化淡妆；运动员禁止佩戴除发带、发卡外任何装饰品（首饰）或手表。

9. 裁判

1名裁判长、5~7名裁判员、1名总记录员、2~3名记录员、1名计时员（自选动作比赛）、1~2名放音员、1名宣告员，可根据比赛规模适当增减裁判人员。

10. 竞赛程序和评分方法

健美操的竞赛程序和评分方法如下。

（1）竞赛分为"预赛"和"决赛"。

（2）凡报名参加竞赛的运动员，均需参加预赛。预赛中取得前6名成绩的运动员可参加决赛。预赛中团体总分为各单项分之和。得分多者，名次列前；总分相等时，以单项中高分多者名次列前；成绩相等，名次并列，下一名次为空额。

（3）决赛：参加决赛的前6组运动员的预赛得分和决赛得分之和，为决赛总分。以预赛总分多者，名次列前；成绩相等，名次并列，下一名次为空额。

（4）采取公开示分的方法，成套动作满分为10分，裁判员的评分精确到0.1分。

（5）评分计算方法是去掉1个最高分和1个最低分，中间的平均分即为得分，再减去裁判长减分即为最后得分。

11.3.2　成套动作评分

目前，通行的健美操规则对规定动作和自选动作的评分规则如下。

1. 规定动作比赛评分（10分制）

评分因素与分值：动作完成（6分），表演和团队精神（4分），共10分。规定动作比赛评分表如表11-2所示。

表11-2　规定动作比赛评分表

评分因素	内容	一般扣分/分	较差扣分/分	不可接受扣分/分
动作完成	动作的正确性	0.1~0.2	0.3~0.4	0.5或更多
	动作不熟练、漏做动作	0.1~0.2	0.3~0.4	0.5或更多
	身体的协调性	0.1~0.2	0.3~0.4	0.5或更多
	动作连接	0.1~0.2	0.3~0.4	0.5或更多
	改变动作或附加动作	0.1~0.2	0.3~0.4	0.5或更多
	动作充分表现音乐的情绪	0.1~0.2	0.3~0.4	0.5或更多
	动作和音乐节奏配合准确	0.1~0.2	0.3~0.4	0.5或更多
表演和团队精神	表现力与热情	0.1~0.2	0.3~0.4	0.5或更多
	队形	0.1~0.2	0.3~0.4	0.5或更多
	一致性（每次）	0.1	0.2	0.3

2. 自选动作比赛评分（10分制）

评分因素与分值：动作设计（集体3分／个人4分），动作完成（集体4分／个人4分），集体表演和团队精神（3分），个人表演（2分）。自选动作比赛评分表如表11-3所示。

表11-3　自选动作比赛评分表

评分因素	内容	一般扣分/分	较差扣分/分	不可接受扣分/分
动作设计	主题健康、充满活力	0.1~0.2	0.3~0.4	0.5或更多
	风格突出、富有创意	0.1~0.2	0.3~0.4	0.5或更多
	动作类型丰富，动作的转换自然流畅	0.1~0.2	0.3~0.4	0.5或更多

续表

评分因素	内容	一般扣分/分	较差扣分/分	不可接受扣分/分
动作设计	服饰选择美观协调	0.1~0.2	0.3~0.4	0.5或更多
	音乐的选择与动作风格相一致并配合协调，录音质量高、清晰	0.1~0.2	0.3~0.4	0.5或更多
	充分利用场地和空间	0.1~0.2	0.3~0.4	0.5或更多
	安全性	0.1~0.2	0.3~0.4	0.5或更多
	每出现一个不安全动作		0.2	
动作完成	动作完成轻松、准确、流畅	0.1~0.2	0.3~0.4	0.5或更多
	动作完成能体现所选择主题的风格和特点	0.1~0.2	0.3~0.4	0.5或更多
	动作与音乐协调一致	0.1~0.2	0.3~0.4	0.5或更多
	基本姿态和技术正确，动作优美	0.1~0.2	0.3~0.4	0.5或更多
集体表演和团队精神	表现力与热情	0.1~0.2	0.3~0.4	0.5或更多
	队形	0.1~0.2	0.3~0.4	0.5或更多
	一致性（每次）	0.1	0.2	0.3
个人表演	表现力与热情	0.3	0.4~0.5	0.6或更多

3. 裁判长减分

裁判长组织和监控比赛过程，并对下列情况减分，每项各减0.2分：被叫到后20s内未出场；参赛人数不符合规定；成套动作时间不足或超过；着装不符合规定；比赛时掉物或装束散落。

11.3.3　违例动作

健美操中的违例动作包括各种竞技体操和技巧运动的翻转和抛接动作；过度背弓；无支撑体前屈；仰卧翻臀；头绕环和过度头后仰；膝转；足尖起；仰卧直腿起坐、仰卧直腿举腿、仰卧两头起；臀部低于膝关节的深蹲；高难度的托举动作。

另外，在成套动作中不鼓励出现竞技健美操中的难度动作，如出现类似的动作，将不予加分，并对出现的错误动作进行减分。

11.3.4　违反纪律与处罚

健美操竞技规则中各种违反纪律的行为及其处罚如下。

（1）裁判示意后1min未出场者，取消比赛资格。

（2）拒绝领奖者，取消所有成绩与名次。

（3）检录3次未到者，取消该项比赛资格。

（4）对不遵守大会其他纪律、不尊重裁判员和大会工作人员、有意干扰比赛者，将视情况给予以下处罚：警告；取消比赛资格；取消健美操等级指导员资格；终身取消比赛资格。

11.3.5　特殊情况处理

运动员在遇到特殊情况时，应立即停止做动作并向裁判长反映，并在问题解决后重新开始比赛。特殊情况包括以下几种。

（1）播放错音乐。

（2）由于音响设备而出现音乐问题。

（3）由于舞台、会场的设备问题而出现干扰。

（4）任何异物进入比赛场地。

（5）由运动员责任外的特殊情况而引起的弃权。

注意，在成套动作结束后提出的要求将不被接受。

思考与练习

一、思考题

如果你要设计一套健美操的自选动作，你会选择什么音乐？为什么？

二、健美操课堂练习

动作1：直立，两手在背后交握，两肩夹紧下垂，手臂带着胸部往上提升，越高越好；手臂上提时用鼻子吸入尽可能多的氧气，放下时呼出。

作用：减轻背部劳损，改善弯腰驼背。

动作2：坐直，右手拇指放在右边鼻翼，食指、中指放在鼻梁上，无名指放在左侧鼻翼；压住左边的鼻孔，抬起拇指用右边的鼻孔吸气5s；放下拇指压住右边的鼻孔，屏住呼吸5s，然后放开左边鼻孔，吐气5s；再用左边鼻孔吸气，用右边鼻孔吐气。

作用：稳定情绪，保持头脑清醒。

动作3：直立，头部轻柔地倾斜向右侧，将右耳轻放于右肩上，用鼻均匀深呼吸；1min后，换另一侧练习；放松，调匀呼吸，配合冥想，把意念的画面由眼前单调的教室切换到绿树清风的湖边，想象自己头戴花环、沐浴清风的场景。

作用：缓解颈椎疲劳，舒缓焦虑情绪。

动作4：直立，双腿分开约1m，脚尖向前；深呼吸，缓缓将左手举过头，吐气，身体缓缓向右侧倾，右手放在右腿侧，正常呼吸，保持该动作5～10s；深呼吸，缓缓将身体复位，吐气，放下手臂，放松；右手臂做同样的动作。

作用：锻炼腹部和腰部肌肉，放松后背。

三、健美操规定动作

人数：不限。

时间：不限。

场地：室内。

练习方法：由教师设计一组健美操规范动作，全班所有同学完成；也可以选择一些现有的规范动作，例如，第三套全国健美操大众锻炼标准成人二级规定动作。

活动与探索

一、观看表演

观看学校健美操比赛或参观健美操队表演，近距离感受健美操魅力；也可在网络上搜索近期的专业健美操表演观看。

二、6人操比赛

人数：6人，队数不限。

场地：室内。

时间：每组2～3min。

规则：各组自行设计动作，进行比赛，基本规则与标准健美操比赛一致。

第 12 章

体育舞蹈

案例引入

栾江、张茹组合是我国职业拉丁舞的"金牌组合"，拿了大大小小许多冠军。2004年，栾江和张茹在英国黑池赛上夺得职业新星拉丁舞冠军，成为我国体育舞蹈史上第一个黑池冠军。之后，他们多次参加黑池舞蹈节、全英舞蹈公开赛、英国 International 锦标赛等顶级大赛，均取得了不俗的成绩。

12.1 体育舞蹈运动简介

体育舞蹈是一项男女互为伴的步行式双人舞运动项目，兼具舞蹈的美感和运动的活力，还具有较强的社交功能，深受世界各地人民喜欢。

12.1.1 体育舞蹈运动的起源

体育舞蹈起源于欧洲，11世纪，一些欧洲国家将民间舞蹈加以提炼和规范，形成了流行在宫廷中的"宫廷舞"，宫廷舞以简洁高雅、庄重严谨著称，盛行于欧洲贵族阶层。但其拘谨做作，并未在民间广泛流行。

法国大革命后，宫廷解体，"宫廷舞"进入了平民社会，成为社会中人人可跳的社交舞。17世纪中后期，英国出现了公共舞厅，虽然所跳的舞蹈大都是王室府邸的舞蹈教师所传授的宫廷舞，但是越来越多平民参与到其中，交谊舞也开始平民化，趋向于优雅、轻快。

标准交谊舞起源于古代土风舞，历经对舞、圈舞、行列舞、集体舞等演变过程，最终成为流传广泛的社交舞蹈。19世纪20年代后，对当时的交谊舞进行了整理，将各种舞种的舞步、舞姿、跳法加以系统化和规范化。此后，相继制定了7种交谊舞，始形成国际标准交谊舞。1947年，在德国柏林举行第一届世界标准交谊舞锦标赛，至此，国际标准交谊舞由一项表演艺术活动转变为体育竞技运动，被称为"体育舞蹈"。

12.1.2 体育舞蹈运动的发展

1904年，英国皇家舞蹈教师协会成立于伦敦，它是当今世界公认最早的舞蹈协会组织。1950年，英国主办了一届世界性的国际标准交谊舞大赛。

1920年，黑池舞蹈节创立，1931年，第一届英国黑池公开锦标赛于黑池冬季花园（Winter Garden）中的皇后舞厅（Empress Ballroom）中举行。黑池舞蹈节又被誉为"国标舞的奥运会"，是展现各国国标舞发展水平的重要舞台。

1947年，柏林举行了首届世界交谊舞锦标赛。1960年，拉丁舞正式成为世界锦标赛项目。1997年，世界运动舞蹈总会成为国际奥林匹克委员会会员，国际标准交谊舞成为2000年第27届悉尼奥运会表演项目。

　　早在20世纪20年代，交谊舞便传入了我国，但仅在几个通商口岸和大城市中开展。20世纪50年代，交谊舞初步普及和流行，但仅作为休闲活动而非体育运动。1991年，中国体育舞蹈运动协会成立，后与中国业余舞蹈竞技协会经过协商联合，更名为中国体育舞蹈联合会，中国体育舞蹈联合会对交谊舞的体育化、竞技化做出了巨大贡献。

12.2　体育舞蹈的基本知识和基本技术

　　从一种自娱性舞蹈到经济性体育运动，体育舞蹈经历了数个世纪的发展。今天，体育舞蹈已经形成了严密的体系和系统化的技术。

12.2.1　体育舞蹈的基本知识

　　按照技术结构与舞蹈风格，体育舞蹈可以分为现代舞与拉丁舞两个大类，两个大类下又分为不同的舞种。除舞种外，体育舞蹈运动者还需要了解舞程线和方位等基础知识。

1. 舞种

　　1924年，英国皇家舞蹈教师协会推出了最初的国际标准交谊舞文字理论教学标准，当时仅有狐步舞、探戈舞和华尔兹舞3种。直到20世纪50年代，国际标准交谊舞的10个舞种才被最终确定。此外，英国皇家舞蹈教师协会还将10种国标舞分割成现代舞和拉丁舞两类舞系。至此，1套理论、2类舞系、10个舞种的现代体育舞蹈系统最终形成。

　　（1）现代舞

　　现代舞又译摩登舞，其特点是握持规范、步法严谨（沿着舞程线逆时针方向绕场行进）。现代舞项群包括华尔兹舞、维也纳华尔兹舞、探戈舞、狐步舞和快步舞5个舞种，如图12-1所示。

　　① 华尔兹舞。华尔兹舞也称圆舞，俗称"慢三步舞"，是体育舞蹈中历史悠久、生命力强的舞蹈，有"舞中之后"的美誉。其动作风格庄重典雅、舒展大方、华丽多姿、飘逸优美。华尔兹舞的音乐节奏为3/4拍，每分钟28～30小节。舞步为1拍1步，每音乐小节跳3步，但前进并合步（追步）、前进锁步、后退锁步等步伐中每小节跳4步。

　　② 维也纳华尔兹舞。维也纳华尔兹舞，起源于奥地利的农民舞蹈，又称"快乐尔兹"。其动作风格流畅华丽、轻松明快、翻跹回旋、活泼奔放。其伴奏音乐称为圆舞曲，音乐节奏为3/4拍，每分钟56～60小节，第1拍为重拍，第4拍为次重拍。基本步伐是6拍走6步，2小节为1循环，第1小节为1次起伏。

　　③ 探戈舞。探戈舞起源于美洲中西部的民间舞蹈"探戈诺"舞，有"舞中之王"的美誉。探戈舞的动作风格刚劲挺拔、热烈狂放且变化无穷，身体动作无起伏和旋转，有"左顾右盼"的头部闪动动作。探戈舞的音乐节奏为2/4拍，每分钟30～34小节。

　　④ 狐步舞。狐步舞起源于美国舞蹈，20世纪初从美国逐渐流行于世界。其动作风格流动感强、舒展流畅、平稳大方、悠闲从容。其伴奏音乐为4/4拍，每分钟28～30小节。

　　⑤ 快步舞。快步舞是一种快速4拍舞蹈，由美国民间舞演变而来，早期吸收了狐步舞动

作，后又引入了芭蕾舞的小动作。其动作风格轻快活泼、富于激情、洒脱自由、奔放灵活、快速多变，饱含动力感和表现力。其伴奏音乐为4/4拍，每分钟48~52小节，基本节奏是慢慢快快（SSQQ），慢快快慢（SQQS）。

华尔兹舞　　维也纳华尔兹舞　　探戈舞　　狐步舞　　快步舞

图12-1　现代舞

（2）拉丁舞

拉丁舞的特点是舞曲节奏感强、热烈奔放，其动作和步法也更自由，舞伴之间可贴身，可分离。拉丁舞项群包括伦巴舞、恰恰舞、桑巴舞、牛仔舞和斗牛舞5个舞种，如图12-2所示。

① 伦巴舞。伦巴舞起源于古巴，最初是表现男女爱情的哑剧舞蹈。其动作风格浪漫奔放、性感热情、曼妙婀娜，被称为拉丁美洲音乐和舞蹈的精神与灵魂。其伴奏音乐是4/4拍，每分钟27～29小节。舞步从第4拍起跳，由1个慢步和2个快步组成。4拍走3步，慢步占2拍（第4拍和下一小节的第1拍），快步各占1拍（第2拍和第3拍），髋部摆动3次。

② 恰恰舞。恰恰舞是模仿企鹅的动作创编而成的舞蹈，借以表达青年男女之间追逐嬉戏的情景，起源于非洲，传入拉丁美洲后，在古巴获得了很大的发展。其动作风格风趣诙谐、热烈俏皮、步法利落、节奏紧凑。伴奏音乐是4/4拍，每拍跳5步，每分钟30～32小节。

③ 桑巴舞。桑巴舞被称为巴西的"国舞"，是一种集体性的交谊舞蹈，原指一种激昂的肚皮舞。男舞者以脚下各种灵巧的动作为主，两脚飞速移动或旋转；女舞者则以上身的抖动及腹部与臀部的扭动为主。其动作风格狂放不羁、动作幅度很大、节奏感很强。桑巴舞沿舞程线方向绕场移动，是一种行进性舞蹈，伴奏音乐是2/4拍或4/4拍，每分钟52～54小节。

④ 牛仔舞。牛仔舞又称为捷舞、摆舞，吉特巴、水兵舞，源于美国西部，原是美国西部牛仔跳的踢踏舞。其动作风格为快速粗犷、自由奔放、热情欢快。伴奏音乐是4/4拍，每分钟42～44小节，每小节有2拍或4拍，6拍为一个舞步。

⑤ 斗牛舞。斗牛舞音译为"帕索多布累"，也称西班牙一步舞，起源于西班牙，是模仿西班牙斗牛士的动作而创编的舞蹈，主要表现斗牛士的强壮和豪迈气概。其动作风格为澎湃激昂、雄壮强悍、动静鲜明、敏捷顿挫。伴奏音乐是2/4拍，每分钟60～62小节，1拍1步，8拍1循环。

伦巴舞　　恰恰舞　　桑巴舞　　牛仔舞　　斗牛舞

图12-2　拉丁舞

2. 舞程线

跳舞中为避免互相碰撞，规定跳舞者必须按逆时针方向前进，这个行进线路称为舞程线。其中，长的两条线为A线，短的两条线为B线，如图12-3所示。

3. 方位

以舞场正前方为基点，定为"1点"，每顺时针移动45°则变动一个方位，依此类推，分别为2~8号位，如图12-4所示。

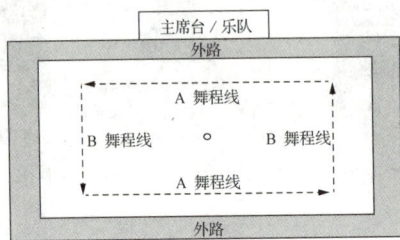

图12-3　舞程线

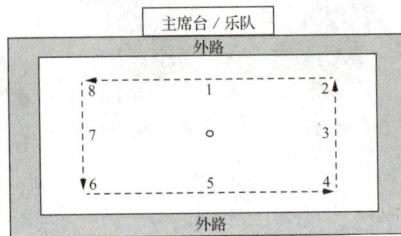

图12-4　方位

4. 角度

交谊舞中，舞者旋转的方向分为左转和右转，旋转的角度一般分为45°、90°、135°、180°、225°、270°、315°和360°。

12.2.2　现代舞的基本技术

现代舞比较严谨，动作规范，舞伴间始终保持握持，对舞伴间配合的要求较高。学习现代舞，首先要掌握姿态与握持，再学习一些常用的技术。

1. 姿态与握持

良好的姿态与握持，应当使共舞双方形成整体性结构，融为一体。这不仅关系到造型的优美程度，而且影响着信息的传递、重心的稳定、用力方法的正确性与统一性，以及特殊技巧的运用等一系列问题。男女舞者单人基本姿势如图12-5所示。

图12-5　男女舞者单人基本姿势

男女舞者的姿态有3种位置，分别是闭式位置、侧行位置和并退位置。

（1）闭式位置。闭式位置是现代舞的基础姿势，通常被用在舞蹈的开场。以"右对右"的闭式位置为例，男、女舞者面对面，且女士略靠男士右侧，男士右手放在女士背后左肩胛下半部，左手与女士右手扶握，如图12-6所示。

（2）侧行位置。侧行位置指男士的右侧与女士的左侧靠近或紧密接触，身体的另一侧向外展开成V字形站立或行进的身体位置，如图12-7所示。侧行位置常用于男女舞者向同一方向前进的动作中。

（3）并退位置。并退位置指男士的身体右侧靠近或靠紧女士的身体左侧，两人的外侧脚后退的身体位置，如图12-8所示。并退位置常用于男女舞者向同一方向后退的动作中。

华尔兹舞　　探戈舞

图12-6　闭式位置　　　　　　图12-7　侧行位置　　　　　　图12-8　并退位置

2. 常用技术

现代舞中，男女舞者需要互相配合，才能做出各种具有美感的动作。常见的现代舞技术包括升降、摆荡、倾斜、反身动作。

（1）升降

升降指在跳舞时身体的上升与下降。升降动作在膝、踝、趾关节的屈和伸动作的转换中完成，可拆分为上升和下降两个部分。

① 上升。上升动作是舞者身体重心从低位向高位的转移，身体重心的上升靠脚跟离地和膝关节伸直的协调配合实现，如图12-9所示。按照动作节奏的快慢，上升动作又分为慢上升和快上升，前者多用于华尔兹舞，后者多用于狐步舞和快步舞。

② 下降。下降动作是舞者身体重心由高位向低位转移，脚跟踩落，双膝弯曲引导身体下降，如图12-10所示。

（2）摆荡

摆荡指舞者在身体上升做斜向或横向移动时，身体像钟摆一样摆动起来的技术动作，如图12-11所示。

图12-9　上升

图12-10　下降

图12-11　摆荡

（3）倾斜

倾斜指舞者在舞步中身体的倾斜，倾斜可以分为直线式倾斜、断层式倾斜和象征性倾斜3种，如图12-12所示。

① 直线式倾斜。直线式倾斜是由足到头，整个身体形成一条直线向左或向右的倾斜。

② 断层式倾斜。断层式倾斜是指腰胯部以上的身体倾斜。

③ 象征性倾斜。象征性倾斜也叫修饰性倾斜，是为增加舞蹈美感所加入的倾斜动作。

| 多学一招 |

摆荡时要求髋部与身体形成一个整体向侧直线摆动。舞者完成倾斜动作时要控制好身体，避免躯干前倾、后仰或左右侧屈。

（4）反身动作

反身动作指舞者一侧脚前进或后退时，异侧肩和胯后让或前送，使身体与舞步形成反向配合的身体动作，如图12-13所示。反身动作往往伴随着旋转，舞者要保证反身和旋转一气呵成，形成优美的身体曲线。舞者在进行反身动作时，不能左右晃动，头部不可随意变换方向，身体要保持挺拔，这样动作才会优美大气。

直线式倾斜　　断层式倾斜　　象征性倾斜

图12-12　倾斜

图12-13　反身动作

| 多学一招 |

现代舞的基本技术并不是各自独立的，而是有机的统一体，升降动作要借助摆荡动作来完成，倾斜动作也需要借助升降、摆荡动作来完成。

12.2.3　拉丁舞的基本技术

拉丁舞的动作自由度较大，其技术动作与现代舞有显著的区别。

1. 姿势与双人位置

学习拉丁舞的前提是掌握姿势与双人位置。

（1）基本姿势

拉丁舞的5个舞种，基本姿势的差异较大，大体可以分为3类：伦巴舞和恰恰舞的基本姿势是一类，桑巴舞和牛仔舞的基本姿势是一类，斗牛舞的基本姿势是一类。

① 伦巴舞和恰恰舞的基本姿势。舞者双腿自然靠拢；挺胸、脊柱中立，不可耸肩；任意一条腿向外侧跨出一步，另一条腿伸直，并将重心移到该腿，骨盆往旁后方移动（骨盆移动的幅度要以

不影响上身的姿势为原则），感觉重量在支撑腿的脚跟，膝关节要向后锁紧，如图12-14所示。

②桑巴舞和牛仔舞的基本姿势。舞者两脚自然靠拢；挺胸、腰伸直，不可耸肩；任意一条腿向外侧跨出一步，另一条腿伸直，并将重心移到该腿，使重心前移至前脚掌，而脚跟不离地板，并且支撑腿的膝盖不可向后锁紧，如图12-15所示。

③斗牛舞的基本姿势。舞者骨盆向前微倾；身体的重量由两个脚掌均匀地承受；当腿伸直时，膝关节不可向后扣紧，如图12-16所示。

图12-14 伦巴舞和恰恰舞的基本姿势　图12-15 桑巴舞和牛仔舞的基本姿势　图12-16 斗牛舞的基本姿势

（2）双人位置

拉丁舞中的双人位置比较多样，常见的有闭式位置、分式位置和扇形位置3种。

①闭式位置。闭式位置是指男女面对面双手持握的身体状态，是常见的双人位置之一。男女舞者面对面站立，两人之间距离为15cm左右；男士左手握女士右手，右手五指并拢放在女士左肩胛骨的外侧；女士的左手放在男士左肩稍后，胳膊肘放在男士胳膊肘上，两人胳膊肘靠在一起，如图12-17所示。

②分式位置。在伦巴舞中，舞者常用分式位置，即男女双方面对面站立，间隔大约一臂的距离。舞者重心可落在任一脚，一般是男左手握女右手，也可男士右手握女士左手或男士右手握女士右手，如图12-18所示。

③扇形位置。扇形位置在伦巴舞和恰恰舞中非常常见，女士站在男士左侧约15cm的位置，并与男士成90°站位；男士左手牵着女士右手，男士左手心向上，女右手心向下；男士右脚在侧稍前，支撑体重；女士左脚在后方，如图12-19所示。

图12-17 闭式位置

图12-18 分式位置　　　　　　　　　　　图12-19 扇形位置

2. 常用技术

拉丁舞中的常用技术动作包括前进抑制步、延迟走步、前进转步和拉丁交叉步。

（1）前进抑制步。前进抑制步普遍应用于伦巴舞和恰恰舞中，其作用是在前进的同时改变方向。前进抑制步跟一般的前进走步差别很大，前进抑制步在结束时，重心便抵达前进腿，同时准备好往下一步移动，如图12-20所示。

（2）延迟走步。在伦巴舞和恰恰舞中，延迟走步是一种很特别的走步动作，其作用是改变舞者上身和腿部的速度，用来突显旋律的美感。延迟走步有屈膝式延迟前进走步、直膝式延迟前进走步和屈膝式延迟后退走步3种，如图12-21所示。

图12-20　前进抑制步

屈膝式延迟前进走步　　　　　直膝式延迟前进走步　　　　　屈膝式延迟后退走步

图12-21　延迟走步

（3）前进转步。舞者在向前跳的同时要以转动来改变下一步前进或后退的方向，且不影响原来的上身或臀部动作，如图12-22所示。

（4）拉丁交叉步。拉丁交叉步指舞者一条腿从另一条腿的前方或后方交叉的动作，如图12-23所示。

图12-22　前进转步

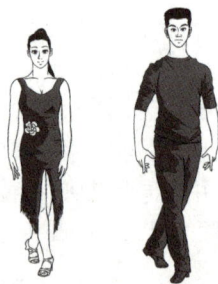

图12-23　拉丁交叉步

12.3　体育舞蹈竞赛的规则要点

1991年，英国皇家舞蹈教师协会制定了《体育舞蹈竞赛规则（草案）》，明确了体育舞蹈竞技的15款评判标准，开创了体育舞蹈竞技的先河。如今，体育舞蹈竞技已经有了完善的规则。

12.3.1　基本规则

体育舞蹈竞技的基本规则涉及比赛场地、裁判工作、比赛着装、舞蹈编排、参赛人数、成套动作时间和音乐伴奏等。

1. 比赛场地

体育舞蹈的比赛场地一般为23m×15m，比赛场地的地面应当平整、光滑。

2. 裁判工作

裁判工作自选手进入比赛位置时开始，直到音乐停止时方告结束。在整个舞蹈表演过程中，裁判员必须不断地给选手打分并在必要时修正分数，但不得在舞蹈表演结束后修改分数。

裁判员必须在规定的时间内对选手的特定舞蹈表演进行单独评判，不允许考虑任何其他因素，如选手的名气、选手以往的表现，或选手在其他舞种中的表现等。

裁判员无须向选手解释评分结果。在比赛过程中或两轮比赛之间，裁判员不允许和任何人讨论参赛选手或他们的表现。

3. 比赛着装

标准舞部分：男舞者服装必须为黑色或藏蓝色，女舞者一般着长裙和不露趾的高跟鞋。

拉丁舞部分：男舞者允许穿彩色的服装，但每队的所有男队员必须服装颜色统一，不允许使用道具；女舞者一般着短裙，可穿露趾的高跟鞋。

4. 舞蹈编排

标准舞比赛队的动作编排必须基于华尔兹舞、探戈舞、维也纳华尔兹舞、狐步舞和快步舞，并最多可选16小节任何其他舞（包括拉丁舞）。

标准舞的每段独舞将严格限制在8小节以内，在整个舞蹈编排中最多24小节。此规则不适用于拉丁舞，在拉丁舞中独舞通常是比赛的一部分。两种舞中都不允许有托举动作（1名舞者在舞伴的协助或支持下双脚同时离地的动作）。

5. 参赛人数

所有比赛中，参赛队应由6对或8对选手组成。在比赛中的任何阶段，各队队员最多可以有4名替补。

6. 成套动作时间

包括入场和出场每队的表演不得超过6min。在6min内，将评判不超过4min30s的表演，表演的开始和结束应有明确的指示。未遵守这些要求的队可由主席决定取消比赛资格。

7. 音乐伴奏

规定动作和自选动作的音乐伴奏需符合以下规定。

（1）规定动作比赛中由主办单位提供《全国体育舞蹈大众锻炼标准》规定动作音乐并统一播放。

（2）自选动作比赛的音乐由参赛队自备，音乐需刻录至光盘中，并且必须准备2份，其中1份报到后交大会放音组。

（3）自选动作音乐允许有2×8拍的前奏，音乐速度不限，音质必须是高质量的。

12.3.2　评判内容

目前，通行的体育舞蹈规则对舞者表现的评判内容如下。

（1）时值和基本节奏。裁判员必须确定选手是否按时值和基本节奏进行表演。时值指每一舞步的时间值正好与音乐合拍，基本节奏指舞步在规定的时间内完成并且保持舞步之间正确的时间关系。

（2）身体线条。身体线条指两位选手作为一个整体，在运动中身体各部位构成的整体效果应表现出优美的舞姿。

（3）整体动作。裁判员必须确定选手是否准确掌握该舞蹈的风格特点，并且评估选手动作的起伏、倾斜和平衡。

（4）节奏表现力。裁判员必须评估选手的舞蹈节奏表现力，根据舞蹈节奏表现，可以看出选手对舞蹈节奏的感受、理解与适应能力和在舞蹈中对音乐的理解与表现。

（5）步法技巧。裁判员必须评估选手是否正确表现舞步的脚法，如每一步步着点是脚掌、脚跟还是脚趾等，以及脚步移动的控制和表达力。

思考与练习

一、思考题

思考体育舞蹈对于男女舞者有哪些要求。

二、体育舞蹈基础练习

人数及分组：两人一组（一男一女）。

时间：不限。

场地：室内。

规则：男女舞者练习体育舞蹈的基本动作。

三、体育舞蹈成套动作练习

人数及分组：两人一组（一男一女）。

时间：不限。

场地：室内。

规则：由教师设计一组含有多种技术动作的体育舞蹈成套动作，全班所有同学共同完成。

活动与探索

一、观看表演

观看学校体育舞蹈的比赛或参观体育舞蹈队表演，近距离感受体育舞蹈魅力；也可在网络上搜索近期的专业体育舞蹈表演观看。

二、班级体育舞蹈比赛

人数及分组：两人一组（一男一女）。

场地：室内。

时间：每组 4～5min。

规则：各组自行设计动作，进行比赛，基本规则与标准体育舞蹈比赛一致。

第 13 章

武术

案例引入

　　李小龙是咏春拳宗师叶问的弟子，从小练习中国武术。1962 年，李小龙在美国西雅图开办"振藩国术馆"，收徒授业。1967 年，李小龙汲取中西方哲学及中国传统武术思想的精髓，自创了现代武术体系——截拳道。李小龙是中国功夫的全球推广者，空手道世界冠军查克·诺里斯、拳击冠军杰西·格洛弗等人都曾拜师李小龙学习武术。李小龙还积极参与电影制作，革新了"功夫片"这一电影类型，真正将功夫片推向了世界，使武术成为世界广泛认可的文化符号。

13.1　武术简介

　　中华武术历史悠久、源远流长，其内容繁多、种类丰富、形式多样，不仅可以强身健体，还承载着中华传统文化和民族情结，深受我国人民的喜爱。

13.1.1　武术的起源与发展

　　武术源于远古时期人类为获取食物与野兽搏斗的行为。随着部落间战争的此消彼长，人类为了保护食物和家园，不断提升和加强个人的攻防格斗技术，猎取食物的需求、自卫本能和实战技术的积累为武术发展奠定了基础。

　　随着社会生产力和科技的进步，我国开始使用刀、剑、钩、钺、戟等兵器，并发明了战车、机弩等武器，武器的多样化发展使得我国武术的技击性进一步提高。在政治、经济、思想、文化和艺术发展的过程中，武术也从单纯的格斗技击发展为带有健身色彩的民间体育运动。从相击形式的搏斗到舞练形式的演练，从单练、对练到招式，武术的内容不断地变换和充实。

　　到了近现代，我国武术代表团多次出访，以精湛的技艺和表演在世界多个国家和地区引起热烈反响，在全球掀起"武术热"。1990 年，国际武术联合会在北京成立。同年，武术在第 11 届亚运会上被列为正式比赛项目。1994 年，国际武术联合会被国际单项体育联合会接纳为会员。2008年，武术在第 29 届奥运会上被列为特别竞赛项目。2020 年，武术被列为第 4 届青年奥林匹克运动会正式比赛项目。

　　中华武术是中华民族的宝贵遗产，以我国传统文化为基础，摄养生之精髓，集技击之大成，具有内外合一、神形兼备、尚武崇德的特点。我国武术历史悠久，受到古代道家、儒家、释家等思想的影响，为传统医学、杰出兵法、哲学思辨等理论熏陶，形成了独特的武学文化，既包括讲礼守信、尊师重道、行侠仗义的道德标准，又富含博大精深、攻防兼备的动作招式。中华武术文化的传播与发展，有利于弘扬民族精神、增强民族凝聚力，还可以在社会发展过程中实现社会与武术文化的契合，为中华民族发展壮大提供前进的精神力量。

13.1.2 武术的分类

武术具有悠久的历史，衍生出了众多的流派，从不同的角度出发，武术可以分为不同的类型。

1. 传统分类方法

传统的武术分类方法受历史条件制约，较为单一和笼统，例如，按照创始人姓氏划分（如陈氏太极和杨氏太极）、按照地域划分（如北拳和南拳）、按照门派划分（如咏春拳和八极拳）和按照拳术特点划分（如长拳和短拳）等。这些分类方法都比较片面，仅呈现出武术的部分内容，不能概括武术的整体内容。

2. 现代分类方法

现代分类法是一种按照运动形式、时间概念、价值功能划分武术类别的方法，具体分类如表13-1所示。

表13-1　现代分类法

形式	运动类别	说明
按运动形式划分	招式运动	拳术：长拳类、长击类、短击类、圆柔类、象形类 器械：长器械、短器械、双器械、软器械 对练：徒手对练、器械对练、徒手与器械对练 集体表演：6人或6人以上的徒手或器械集体演练
	搏斗运动	散打、推手、短兵
按时间概念划分	传统武术	以民间发展为主的武术
	现代武术	以当代武术竞赛规则为导向的武术
按价值功能划分	健身武术	以普及为基础，旨在强身健体而开展的群众性武术
	实用武术	以军队和公安、武警为对象的实用武术
	学校武术	以学校为传播范围，以教育、传承和普及为目的的武术
	竞技武术	以最大限度发挥个人运动潜能和争取优异成绩为目的的武术训练竞赛竞技活动

3. 价值形态分类法

现代武术的竞技价值和健身价值较为突出，价值形态分类法能够较清晰地展现武术发展理论的概况，满足不同人群对武术的需要，具体分类如表13-2所示。

表13-2　价值形态分类法

类别	内容	特点	价值
技击武术	对抗类武术，例如，短兵、长兵、竞技散打、军警武术	以攻防技能为主，注重技击方法等攻防技能	防身自卫、抓捕违法人员等
技艺武术	各拳种的现代竞技招式，传统武术中艺术演练性的招式	动作虽有攻防作用，但着重展现动作刚健的艺术美和惊险动人的难度美，是技术艺术化的展现	娱乐、审美观赏价值等
养身武术	新创编的太极拳、木兰拳系列，传统武术的部分内容等	侧重于整体协调、内外兼修等健身养生方面	增进健康、强身健体、修身养性

13.2　武术基础

所谓"基础不牢，地动山摇"，无论学习何种武术招式，大学生都需要打好基础，练好基本功、掌握基本动作。

13.2.1　武术的基本功

武术基本功是初学者的入门功夫，只有勤奋地练习基本功，武者才能较快地发展武术运动的专项身体素质，为学习武术招式打下良好基础。武术的基本功包括肩臂功、腿功、腰功和桩功4大类。

1. 肩臂功

肩臂功能增强肩关节韧带的柔韧性和灵活性，扩大肩关节活动范围，增强臂部力量，提高上肢运动的敏捷、伸屈、转环能力，为完成各种手法练习提供必要的专项素质。武者可通过压肩、绕肩、转肩和吊肩来练习肩臂功。

（1）压肩

武者开步站立，双脚与肩同宽或稍宽，躯干前俯，手握肋木，下振压肩。也可两人相互压肩，两人面对面站立，互相扶按肩部，做体前屈振动压肩动作。压肩如图13-1所示。动作要点为挺胸、塌腰、收髋，双臂、双腿伸直。练习过程中振幅逐步加大，压点集中于肩。

（2）绕肩

绕肩分为单臂工作和双臂动作。

① 单臂绕环。武者成右弓步姿势，右手按于左膝上（也可两脚开立，右手叉腰），左臂上举，由上向后、向下、向前环绕，为后绕环，如图13-2所示。左臂由上向前、向下、向后环绕，为前绕环。左右臂交替练习。动作要点为臂要伸直，肩放松，贴身划立圆，逐渐加速。

图13-1　压肩

图13-2　单臂绕环

② 双臂绕环。双臂绕环具体可分为前后绕环、左右绕环和交叉绕环。前后绕环：双臂垂于体侧，依次由下向前、向上、向后做绕环。左右绕环：左右双臂同时向右、向上、向左、向下绕环。交叉绕环：双臂直臂上举，左臂向前绕环，同时右臂向后绕环。数次后，再反方向绕环。动作要点为松肩、探臂，划立圆绕环。

（3）转肩和吊肩

转肩和吊肩能有效加强肩关节柔韧性，其锻炼的方法如下。

① 转肩。武者开步站立，两手正握棍于体前，以肩关节为轴，双臂伸直上举经头顶绕至体后，再从体后向上绕至体前。动作要点为双臂始终伸直；两手握棍距离应由宽到窄，一般到与肩同宽为止。

② 吊肩。武者并步（两脚内侧相靠）站立，背对肋木，两手反臂抓握，然后下蹲，双臂拉直或悬空吊起。动作要点为双臂伸直，肩部放松。

2. 腿功

双腿力量较双臂更大、攻击性更强，在实战技击中应用广泛，因此，腿功也是武术中重要的一项基本功。劈腿、压腿能有效提高腿部的力量、速度和灵活性。

（1）劈腿

劈腿指双腿最大限度地分开，又叫劈叉，两条腿前后分开的叫竖叉，左右分开的叫横叉，其能够有效加强双腿柔韧性。

① 竖叉。双臂侧平举或扶地，双腿前后分开成一直线，左腿后侧着地，脚尖勾起，右腿内侧或前侧着地，如图13-3所示。动作要点为挺胸、立腰、沉髋、挺膝。

② 横叉。双臂侧平举或在体前扶地，双腿左右分开成一直线，双腿内侧着地，如图13-4所示。动作要点为挺胸、立腰、展髋、挺膝。

图13-3　竖叉　　　　　　　图13-4　横叉

（2）压腿

压腿是将脚跟架于高处，上身前倾，用手向下按膝盖，使腿挺直的动作，是锻炼腿部韧带的一项基本功。正压腿、侧压腿、后压腿、仆步压腿等不同的动作能够锻炼不同的肌肉和韧带。

① 正压腿。武者右腿直立支撑，将左脚跟放在与髋同高或稍高的肋木上，脚尖勾紧，两手扶按在膝关节上（或双手抱脚），立腰、收髋、挺膝，躯干前屈，向前、向下做压振动作，如图13-5所示。左右腿交替练习。动作要点为逐渐加大振幅，先以前额、鼻尖触及脚尖，然后过渡到下颌触及脚尖。

② 侧压腿。武者身体侧对肋木，右腿伸直支撑，脚尖外展。左脚跟放在肋木上，脚尖勾紧，右臂上举，左掌附于右胸前，立腰、展髋，躯干向左侧压振，如图13-6所示。左右腿交替练习。动作要点为逐步加大振幅，直到右手握左脚掌、躯干侧卧在左腿上。

③ 后压腿。武者背对肋木，右腿支撑，左脚背放在肋木上，脚面绷直，躯干后仰做压振动作，如图13-7所示。左右腿交替练习。动作要点为挺胸、展髋、腰后屈。

④ 仆步压腿。武者左腿屈膝全蹲，右腿挺膝伸直，脚尖里扣。两脚全脚掌着地，两手分别抓握两脚外侧，成仆步向下压振，如图13-8所示。左右腿交替练习，动作要点为挺胸、塌腰、沉髋，左右移动不宜过快，臀部尽量贴近地面。

图13-5　正压腿　　　图13-6　侧压腿　　　图13-7　后压腿　　　图13-8　仆步压腿

3. 腰功

腰是贯通上下肢体的重要枢纽，处在人体承上启下的核心位置，因此，腰功的训练非常重要。武者可以通过甩腰、涮腰、俯腰来锻炼腰功。

（1）甩腰

武者两脚开步站立，双腿挺膝伸直，双臂上举。以腰、髋关节为轴，躯干做前、后屈的甩动动作，双臂也随之摆动，如图13-9所示。动作要点为快速、紧凑而有弹性。

（2）涮腰

武者两脚开立，略宽于肩，躯干前俯，双臂向左前下方伸出，如图13-10所示，然后以髋关节为轴，躯干向前、向右、向后、向左翻转绕环一周，双臂也随之摆动。左右交替练习。动作要点为尽量增大绕环幅度。

图13-9　甩腰　　　图13-10　涮腰

（3）俯腰

俯腰是将上身尽量向下弯曲的动作，分为前俯腰和侧俯腰两种动作。

① 前俯腰。武者并步站立，两手手指交叉，直臂上举，掌心朝上，躯干前俯，两掌心尽量贴地，也可两手分别抱住两脚跟腱部位，头贴近腿部，持续一定时间后再站立。动作要点为双腿挺膝伸直，挺胸、塌腰、收髋，尽力向前折体。

② 侧俯腰。基本同前俯腰，但侧俯腰时武者两手手指要交叉在脚外侧触地，向左或向右转体。动作要点为双腿挺膝伸直，两脚不可移动，躯干尽量下屈。

4. 桩功

"手是两扇门，脚下一条根"，这里的"根"就是指桩功。

桩功是以静站的方式锻炼气息、增强力量，形成和巩固动力定型的锻炼方法。练习桩功能增强并稳固下肢力量，使内劲饱满，气血畅活，达到壮内强外的效果。练习方法主要有马步桩、虚步桩、浑元桩（升降桩和开合桩）等。

13.2.2 武术的基本动作

我国武术源远流长、异彩纷呈，但万变不离其宗，各种武术的基本动作是一致的。武术讲究心、神、意、气和手、眼、身、步的配合与统一，其基本动作包括手型、手法、步型、步法、腿法、平衡和跳跃等。

1. 手型

武术的基本手型有拳、掌和勾3种，如图13-11所示。

（1）拳。四指并拢卷握，拇指紧扣食指和中指的第二指节。拳眼朝上为立拳，拳心朝下为平拳。

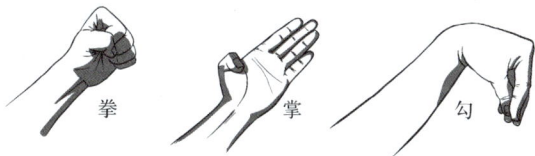

图13-11 手型

（2）掌。四指并拢伸直，拇指弯曲紧扣于虎口处。手腕伸直为直掌，掌指朝上为立掌。

（3）勾。五指第一指节捏拢在一起，腕屈紧。

| **多学一招** |

当手型为拳时，拳心是指手心的一面，也就是五指弯曲的一面；拳面是拳心所对的一面；拳眼则是指虎口处，拇指、食指屈卷而形成的圆孔。

---

2. 手法

武术的基本手法包括拳法和掌法，拳法中最常用的是冲拳和架拳，掌法中以推掌、亮掌为重。

（1）冲拳。冲拳分为平拳和立拳两种，平拳拳心向下，立拳拳眼向上。预备时，武者双脚开步站立，与肩同宽；两手握拳分别抱于腰侧，拳心向上，肘尖向后，目视前方。右拳从腰间猛力向前冲出，肘关节过腰后，前臂内旋，力达拳面，臂伸直，高与肩平，同时左肘向后牵拉，目视右拳。左右臂交替练习。

（2）架拳。武者双脚开步站立，与肩同宽；两手握拳分别抱于腰侧，拳心向上，肘尖向后，目视前方。右拳向下、向左、向上经头前向右上方划弧并在右前上方架起，拳眼向下，目视左方。练习时，左右拳可交替进行。

（3）推掌。武者双脚开步站立（两脚平行，左右站立），与肩同宽；两手握拳分别抱于腰侧，拳心向上，肘尖向后，目视前方。拳变掌，以掌根为力点立掌（翘掌、沉腕）推出，力达掌外沿。推掌与冲拳的动作要点相同，均为挺胸、收腹、转腰、顺肩，出掌（拳）应快速有力且有寸劲（爆发力）。

（4）亮掌。武者双脚开步站立，与肩同宽；两手握拳分别抱于腰侧，拳心向上，肘尖向后，目视前方。右拳变掌，由腰间经体侧向右、向上划弧至头部右上方，肘微屈，抖腕翻掌；同时头向左转，目视左方。动作要点为挺胸、收腹、立腰，抖腕翻掌与转头要同时完成。

3. 步型

步型练习能够增强腿部的肌肉力量，提高出腿的爆发力和速度，并提高重心的稳固性和步法的灵活性，使武者攻守进退敏捷、灵活。武术的基本步型包括弓步、马步、虚步、仆步、歇步和丁步。

图13-12　弓步　图13-13　马步

（1）弓步。武者前腿屈膝半蹲，大腿接近水平，脚尖微内扣，与膝垂直；后腿挺膝伸直，脚尖内扣斜向前（约45°）；两脚全脚掌着地，间距为自身脚长的4～5倍；躯干正对前方，两手抱拳于腰间，平视前方，如图13-12所示。弓左腿为左弓步，弓右腿为右弓步。动作要点为前腿弓，后腿绷；挺胸、塌腰、沉髋。

（2）马步。武者两脚开步站立，两脚间距约为自身脚长的3倍；脚尖正对前方；屈膝半蹲，大腿接近水平，膝关节不超过脚尖；两手抱拳于腰间，目视前方，如图13-13所示。动作要点为挺胸、塌腰、直背，膝微内扣，脚跟外蹬。

（3）虚步。武者两脚前后开立，后腿屈膝半蹲，大腿接近水平，脚尖外展约45°，全脚着地；前腿微屈，脚尖前伸虚点地面，脚面崩平并稍内扣；重心落于后腿，目视前方，如图13-14所示。左脚在前为左虚步，右脚在前为右虚步。动作要点为挺胸、塌腰、虚实分明。

（4）仆步。武者两脚左右开立，两脚间距约为自身脚长的4倍；一条腿屈膝全蹲，大腿与小腿紧靠，臀部接近小腿，脚和膝稍外展；另一条腿挺直平仆接近地面，脚尖内扣；两脚全脚掌着地，两手抱拳于腰间，眼向仆出腿一方平视，如图13-15所示。仆左腿为左仆步，仆右腿为右仆步。动作要点为挺胸、塌腰、沉髋。

（5）歇步。武者双腿交叉靠拢，屈膝全蹲，前脚全脚掌着地，脚尖外展；后脚脚跟离地，膝部贴近前腿外侧，臀部坐于后小腿接近脚跟处；两手抱拳于腰间，眼向前腿一方平视，如图13-16所示。左脚在前为左歇步，右脚在前为右歇步。动作要点为挺胸、塌腰、双腿靠拢并贴紧。

（6）丁步。武者双腿并拢半蹲，一只脚全脚掌着地支撑（重心落于该腿）；另一只脚脚面绷直，脚尖内扣并虚点地面，靠于支撑脚的脚弓处；两手抱拳于腰间，目视前方，如图13-17所示。左脚尖点地为左丁步，右脚尖点地为右丁步。动作要点为挺胸、塌腰、虚实分明。

图13-14　虚步　　　　图13-15　仆步　　　　图13-16　歇步　　图13-17　丁步

4. 步法

步法即脚步移动的方向、大小、快慢等的章法或程式。武术中的基本步法包括击步、弧形步和垫步。

（1）击步。预备时，武者两脚前后开立，同肩宽，两手叉腰；躯干略前倾，前脚蹬地前纵，后脚提起在空中向前碰击前脚跟；两脚依次落地，后脚先落，前脚后落；目视前方。动作要点为腾空时，躯干保持正直并侧对前方。

（2）弧形步。武者两脚前后开立，同肩宽，两手叉腰；双腿半蹲，沿弧形路线迅速连续行步，脚跟先着地并迅速过渡到全脚掌，步幅略比肩宽，目视前方。向左跨步为左弧形步（左环绕步），向右跨步为右弧形步（右环绕步）。动作要点为挺胸、塌腰，身体重心平稳。

（3）垫步。武者两脚前后开立，同肩宽，两手可叉腰；后脚离地提起，用脚掌向前脚处落步，前脚立即以脚掌蹬地向上稍跳起，将步位让于后脚，然后屈膝提腿向前落步，目视前方。

5. 腿法

腿法指用腿攻击的技法，以力量强、威力大著称，其动作众多，包括正踢腿、斜踢腿、侧踢腿、外摆腿、里合腿、弹腿、后扫腿等。

（1）正踢腿。预备时，武者并步站立，臂侧平举，立掌，目视前方；左脚向前迈半步，左腿伸直支撑，右腿挺膝，脚尖勾起向前额处快速踢起；躯干正直，目视前方。左右腿交替练习。动作要点为收腹、挺胸、立腰；踢腿过腰后加速；踢腿时脚尖勾起绷落或勾起勾落。

（2）斜踢腿。武者并步站立，臂侧平举，立掌，目视前方；一条腿向异侧耳际踢起。

（3）侧踢腿。武者并步站立，臂侧平举，立掌，目视前方；右脚向前上半步，脚尖外展；左脚跟稍提起，身体略右转，左臂前伸，右臂后举。随即左腿挺膝，勾脚向左耳侧踢起；同时右臂上举亮掌，左臂屈肘立掌于右肩前。踢左腿为左侧踢，踢右腿为右侧踢。动作要点为挺胸、立腰、开髋、侧身、猛收腹。

（4）外摆腿。武者并步站立，臂侧平举，立掌，目视前方；右脚上步支撑，左脚脚尖勾紧向右上方踢起，经面前向左上方摆动，而后直腿下落，还原成预备姿势。左掌可在左上方迎击左脚脚面。左右腿交替练习。动作要点为挺胸、立腰、收腹、展髋，摆腿成扇形，幅度要大。

（5）里合腿。武者并步站立，臂侧平举，立掌，目视前方；左脚向左上方踢起，经面前向右上方直腿摆动。动作要点为挺胸、立腰、合髋，腿成扇形里合，幅度要大。

（6）弹腿。武者并步站立，两手抱拳于腰间，目视前方；左腿支撑，右腿屈膝提起，右脚绷直，大腿与腰平，迅速挺膝，小腿猛力向前弹击，力达脚尖；大腿与小腿成一直线，高与腰平。左右腿交替练习。动作要点为挺胸、直腰、收髋，脚面绷平，弹踢有力。

（7）后扫腿。武者成左弓步，同时两掌从腰侧向前推出，掌指朝上；左腿屈膝全蹲，脚尖内扣，成右仆步；躯干右转并前俯，两掌在右腿内侧撑地；随躯干向右后拧转的惯性，以左前掌为轴，右脚贴地向后扫转一周。动作要点为转体、俯身、撑地，扫转要连贯协调、一气呵成。

6. 平衡

在武术中，平衡指一腿支撑，另一腿抬高离开地面的单脚独立动作。平衡动作对控制身体重心的能力和肌肉控制能力要求较高，动作难度较大。武术中的平衡动作很多，下面介绍提膝平衡、望月平衡和燕式平衡3种。

（1）提膝平衡。武者右腿伸直支撑，左腿屈膝高提过腰，脚面绷直，扣于右腿前侧；两眼向左平视，如图13-18所示。

（2）望月平衡。武者右腿伸直支撑，左腿在身后向右腿上举，左腿小腿屈收，脚面绷直，上体前倾，并向右腿右侧拧腰上翻，挺胸塌腰；头部伴随向右后方转，目视前方，如图13-19所示。

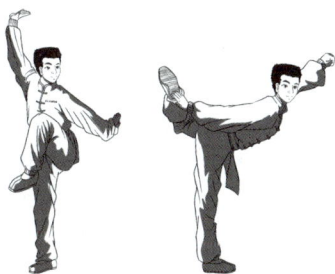

图13-18　提膝平衡　图13-19　望月平衡

（3）燕式平衡。武者左腿支撑站稳，右腿屈膝提起，两掌在身前交叉，掌心向内。两臂向两侧分开平举，躯干前俯，略高于水平，同时，脚面绷平向后上方蹬伸，至高于头顶。

7. 跳跃

武术中的跳跃动作要求武者跳起，在空中完成各种动作，对武者腿部力量、弹跳能力等有较高要求。

（1）腾空飞脚。武者并步站立，双臂垂于体侧，目视前方；躯干稍后仰；右脚向前迈步，脚跟着地，蹬地跃起；左腿随之向前、向上踢摆；同时，双臂向头上摆起，右掌背碰击左掌心，身体向上腾起；右腿挺膝向前上方弹踢，脚面绷平过腰，右掌迎击右脚面；同时，左腿屈膝收于右腿侧，脚面绷直，脚尖向下，左掌直臂摆至头部左上方，变勾手，勾尖向下，略高于肩；躯干微前倾，目视右脚。收脚时左右脚依次落地，前脚掌先着地，然后过渡到全脚，随之屈膝加以缓冲。

（2）旋风脚。武者双腿并拢站立，左脚左上步，同时左掌向前、向上摆起，右臂伸直向后、向下摆动。随即右脚上步，脚尖内扣，左臂随之向下摆动并屈肘收至右胸前。然后左臂向上、向前抡摆，躯干向左旋转前俯。接着重心右移，右腿屈膝蹬地跳起，左腿提起向左上方摆动，带动躯干向左上方翻转，同时双臂向下、向左上方抡摆。身体旋转不少于270°，右腿挺膝，左手在面前迎击右脚掌，左腿舒展外摆自然下垂。

13.3　长拳

长拳是中国传统拳派之一，具有非常悠久的历史，明朝名将戚继光在《纪效书·拳经提要篇》中提及："古今拳家，宋太祖有三十二势长拳。"如今，长拳经过多年的发展和革新，已成为全国武术表演和比赛项目之一。

13.3.1　长拳概述

现在人们所熟知的长拳是近几十年来发展起来的拳种，是在查拳、华拳、炮拳、洪拳、弹腿、少林拳等武术的基础上，融合各家风格特点，综合整理创编而成的。

在技法方面，长拳有8大要求，即手要快捷、眼要明锐、身要灵活、步要稳固、精要充沛、气要下沉、力要顺达、功要纯青。在套路方面，长拳套路主要有两种：一种为适用于普及的初级长拳套路、中级长拳套路，另一种为适用于比赛的规定套路和自选套路。

13.3.2　长拳的基本技术

初级长拳三路传播较广，适合初学者学习，下面以其为例介绍长拳的基本技术。初级长拳三路包含起势、四节主体内容和收势。

1. 起势

起势包括并步站立、虚步亮掌、并步对拳三个动作，如图13-20所示。

（1）并步站立。武者两脚并步站立，双臂垂于身体两侧，五指并拢贴靠腿外侧，眼向前平视。

（2）虚步亮掌。武者右脚向右后方撤步成左弓步，右掌向右、向上、向前划弧，掌心向上。与此同时左臂屈肘，左掌提至腰侧，掌心向上。然后右腿微屈，重心后移，左掌经胸前从右臂上向前穿出伸直，右臂屈肘，右掌收至腰侧，掌心向上。

（3）并步对拳。武者右脚向前上一步，双臂下垂后摆。然后左脚向右脚并步，双臂向外、向上经胸前屈肘下按，两

并步站立　　　虚步亮掌　　　并步对拳

图13-20　起势

掌变拳，拳心向下，停于腹前，目视左侧。

2. 第一节

第一节包括弓步冲拳、弹腿冲拳、马步冲拳、弓步冲拳、弹腿冲拳、大跃步前穿、弓步击掌、马步架掌8个动作，如图13-21所示。

| 弓步冲拳 | 弹腿冲拳 | 马步冲拳 | 弓步冲拳 |

| 弹腿冲拳 | 大跃步前穿 | 弓步击掌 | 马步架掌 |

图13-21　第一节

（1）弓步冲拳。武者左脚向左上一步，脚尖向斜前方，右腿微屈，成半马步。左臂向上、向左格打，拳眼向后，拳与肩同高，同时右拳收至腰侧，拳心向上。目视左拳。然后，右腿蹬直成左弓步，左拳收至腰侧，拳心向上，同时右拳向前冲出，高与肩平，拳眼向上，目视右拳。

（2）弹腿冲拳。武者重心前移至左腿，右腿屈膝提起，脚面绷直，猛力向前弹出伸直，高与腰平。右拳收至腰侧，左拳向前冲出。目视前方。

（3）马步冲拳。武者右脚落步，脚尖里扣，上体左转。左拳收至腰侧，双腿下蹲成马步，右拳向前冲出。目视右拳。

（4）弓步冲拳。武者右臂屈肘向右格打，拳眼向后，目视右拳。上体右转90°，同时右拳收于腰间，左拳冲出，右脚尖外撇向斜前方，成弓步。

（5）弹腿冲拳。武者重心前移至右腿，左腿屈膝提起，脚面绷直，猛力向前弹出伸直，高与腰平。左拳收至腰侧，右拳向前冲出。目视前方。

（6）大跃步前穿。武者左腿屈膝。右拳变掌内旋，以手背向下挂至左膝外侧，上体前倾，目视右手。然后，左脚向前落步，双腿微屈。右掌继续向后挂，左拳变掌，向后、向下伸直，目视右掌。右腿落地全蹲，左腿随即落地向前铲出成仆步。右掌变拳抱于腰侧，左掌由上向右、向下划弧成立掌，停于右胸前，目视左脚。

（7）弓步击掌。武者右腿猛力蹬直成左弓步。左掌经左脚面向后划弧至身后成勾手，左臂伸直，勾尖向上。右拳由腰侧变掌向前推出，掌指向上，掌外侧向前，目视右掌。

（8）马步架掌。武者重心移至双腿中间，左脚脚尖里扣成马步，上体右转。右臂向左侧平摆，稍屈肘。同时左勾手变掌，由后经左腰侧从右臂内向前上穿出，掌心均朝上，目视左手。然后，右掌立于左胸前，左臂向左上屈肘抖腕亮掌于头部左上方，掌心向前，目视右方。

3. 第二节

第二节包括虚步栽拳、提膝穿掌、仆步穿掌、虚步挑掌、马步击掌、叉步双摆掌、弓步击掌、转身踢腿马步盘肘8个动作，如图13-22所示。

| 虚步栽拳 | 提膝穿掌 | 仆步穿掌 | 虚步挑掌 |

| 马步击掌 | 叉步双摆掌 | 弓步击掌 | 转身踢腿马步盘肘 |

图13-22　第二节

（1）虚步栽拳。武者右脚蹬地，屈膝提起，左腿伸直，以前脚掌为轴向右后转体180°。右掌由左脚前向下经右腿外侧向后划弧成勾手，左臂随体转动并外旋，使掌心朝右，目视右手。然后，右脚向右落地，重心移至右腿上。下蹲成左虚步，左掌变拳下落于左膝上，拳眼向里，拳心向后。右勾手变拳，屈肘向上架于头右上方，拳心向前。目视左方。

（2）提膝穿掌。武者右腿伸直。右拳变掌收至腰侧，掌心向上同时左拳变掌由下向左、向上划弧盖压于头上方，掌心向前。然后，右腿蹬直，左腿屈膝提起，脚尖内扣。右掌从腰侧经左臂内向右前上方穿出，掌心向上，同时左掌收至右胸前成立掌。目视右掌。

（3）仆步穿掌。武者右腿全蹲，左腿向左后方铲出成左仆步，右臂不动，左掌由右胸前向下经左腿内侧，向左脚面穿出。目随左掌转视。

（4）虚步挑掌。武者右腿蹬直，重心前移至左腿，成左弓步。右掌稍下降，左掌随重心前移向前挑起。然后，右脚向左前方上步，左腿半蹲，成右虚步，身体随上步左转180°。在右脚上步的同时，左掌由前向上、向后划弧成立掌，右掌由后向下、向前上挑起成立掌，指尖与眼平。目视右掌。

（5）马步击掌。武者右脚落实，脚尖外撇，重心稍升高并右移。左掌变拳收至腰侧，右掌俯掌向外捋手。然后，左脚向前上一步，以右脚为轴向右后转体180°，双腿下蹲成马步。左掌从右臂上成立掌向左侧击出，右掌变拳收至腰侧。目视左掌。

（6）叉步双摆掌。武者重心梢右移，同时两掌向下、向右摆，掌指均向上，目视右掌。然后，右脚向左腿后插步，前脚掌着地。双臂继续由右向上、向左摆，停于身体左侧，均成立掌，右掌停于左肘窝处。目随双掌转视。

（7）弓步击掌。武者双腿不动。左掌收至腰侧，掌心向上，同时右掌向上、向右划弧，掌心向下。然后，左腿后撤一步，成右弓步。右掌向下、向后伸直摆动，成勾手，勾尖向上，同时左掌成立掌向前推出。目视左掌。

（8）转身踢腿马步盘肘。武者两脚以前脚掌为轴向左后转体180°。在转体的同时，左臂向上、向前划半立圆，右臂向下、向后划半立圆。上一动作不停（表示动作与动作之间的连贯性），两脚不动，右臂由后向上、向前划半立圆，左臂由前向下、向后划半立圆。上一动作不停，右臂向下成反臂勾手，勾尖向上，左臂向上成亮掌，掌心向前上方。右腿伸直，脚尘勾起，向额前踢，而后，右脚向前落地，脚尖里扣。右手不动，左臂屈肘下落至胸前，左掌心向下。目视左掌。紧接着上体左转90°，双腿下蹲成马步。同时左掌向前、向左平掳变拳收至腰侧，右勾手变拳，右臂伸直，由体后向右、向前平摆，至体前时屈肘，肘尖向前，高与肩平，拳心向下。目视肘尖。

4．第三节

第三节包括歇步抡砸拳、仆步亮掌、弓步劈拳、换跳步弓步冲拳、马步冲拳、弓步下冲拳、叉步亮掌侧踹腿、虚步挑拳8个动作，如图13-23所示。

歇步抡砸拳　　仆步亮掌　　弓步劈拳　　换跳步弓步冲拳

马步冲拳　　弓步下冲拳　　叉步亮掌侧踹腿　　虚步挑拳

图13-23　第三节

（1）歇步抡砸拳。武者重心稍升高，右脚尖外撇。右臂由胸前向上、向右抡直，左拳向下、向左，使臂抡直。目视右拳。上一动作不停的同时，两脚以前脚掌为轴，向右后方转体180°。右臂向下、向后抡摆，左臂向上、向前随身体转动。紧接上一动作，双腿全蹲成歇步。左臂随身体下蹲向下平砸，拳心向上，臂微屈；右臂伸直向上举起。目视左拳。

（2）仆步亮掌。武者左脚由右腿后抽出前上一步，左腿蹬直，右腿半蹲，成右弓步。上体微向右转。左拳收至腰侧，右拳变掌向下经胸前向右横击掌。目视右掌。然后，右脚蹬地屈膝提起，上体右转。左拳变掌从右掌上向前穿出，掌心向上，右掌平收至左肘下。接着，右脚向右落步，屈膝全蹲，左腿伸直，成仆步。左掌向下、向后划弧成勾手，勾尖向上；右掌向右、向上划弧微屈，抖腕成亮掌，掌心向前。头随右手转动，至亮掌时，目视左方。

（3）弓步劈拳。武者右腿蹬地立起，左腿收回，并向左前方上步。右掌变拳收至腰侧，左勾手变掌由下向前上方经胸前向左做搂手。然后，右腿经左腿前方向左绕上一步，左腿蹬直成右弓步。左手向左平搂后再向前挥摆，虎口朝前。在左手平搂的同时，右拳向后平摆，然后向前、向上做抡劈拳，拳高与耳平，拳心向上，左掌外旋接扶右前臂。目视右拳。

（4）换跳步弓步冲拳。武者重心后移，右脚稍向后移动。右拳变掌，臂内旋，以掌背向下划弧挂至右膝内侧，左掌背贴靠右肘外侧，掌指向前。目视右掌。然后，右腿自然上抬，上体稍向左扭转。右掌挂至身体左侧，左掌伸向右腋下。目随右掌转视。之后，右脚以全脚掌用力向下踩，与此同时，左脚急速离地抬起。右手由左向上、向前搂盖而后变拳收至腰侧；左掌伸直向下、向上、向前屈肘下按，掌心向下。上体右转，目视左掌。最后，左脚向前落步，右腿蹬直成左弓步。右拳向前冲出，拳高与肩平；左掌藏于右腋下，掌背贴靠腋窝。目视右拳。

（5）马步冲拳。武者上体右转90°，重心移至双腿中间，成马步。右拳收至腰侧，左掌变拳向左冲出，拳眼向上。目视左拳。

（6）弓步下冲拳。武者右脚蹬直，左腿弯曲，上体稍向左转，成左弓步。左拳变掌向下经体前向上架于头左上方，掌心向上，右拳自腰侧向左前斜下方冲出。目视右拳。

（7）叉步亮掌侧踹腿。武者上体稍右转。左掌由头上下落于右手腕上，右拳变掌，两手交叉成"十"字。目视双手。然后，右脚蹬地并向左腿后插步，以前脚掌着地。左掌由体前向下、向后划弧成勾手，勾尖向上；右掌由前向右、向上划弧抖腕亮掌，掌心向前。目视左侧。最后，重心移至右腿，左腿屈膝提起，向左上方猛力蹬出。上肢姿势不变，目视左侧。

（8）虚步挑拳。武者左脚在左侧落地。右掌变拳稍后移，左勾手变拳由体后向左上挑，拳背向上。然后，上体左转180°，微含胸前俯。左拳继续向前、向上划弧上挑，右拳向下、向前划弧挂至右膝外侧，同时右膝提起。目视右拳。接着，右脚向左前方上步，脚尖点地，重心落于左脚，左腿下蹲成右虚步。左拳向后划弧收至腰侧，拳心向上；右拳向前屈臂挑出，拳眼斜向上，拳与肩同高。目视右拳。

5. 第四节

第四节包括弓步顶肘、转身左拍脚、右拍脚、腾空飞脚、歇步下冲拳、仆步抡劈拳、提膝挑掌、提膝劈掌弓步冲拳8个动作，如图13-24所示。

（1）弓步顶肘。武者重心升高，右脚踏实。右臂内旋，向下直臂划弧，以拳背下挂至右膝内侧，左拳不变。目视前下方。然后，左腿蹬直，右腿屈膝上抬。左拳变掌，右拳不变，双臂向前、向上划弧摆起。目随右拳转视。接着，左脚蹬地起跳，身体腾空，双臂继续划弧至头上方。右脚先落地，右腿屈膝，左脚向前落步，以前脚掌着地。同时，双臂向右、向下屈肘停于右胸前，右拳变掌，左掌变拳。右掌心贴靠左拳面。最后，左脚向左上一步，左腿屈膝，右腿蹬直成左弓步，右掌推左拳，以左肘尖向左顶出，高与肩平。目视前方。

（2）转身左拍脚。武者以两脚前脚掌为轴向右后方转体180°。随着转体，右臂向上、向右、向下划弧抡摆，同时，左拳变掌向下、向后、向前上轮摆。然后，左腿伸直向前上踢起，脚面绷平。随即左掌变拳收至腰侧，右掌由体后向上、向前拍击左脚面。

（3）右拍脚。武者左脚向前落地，左拳变掌向下、向后摆，右掌变拳收至腰侧。然后，右腿伸直向前上踢起，脚面绷平。接着，左拳变掌由后向上、向前拍击右脚面。

（4）腾空飞脚。武者右脚落地，然后左脚向前摆起，右脚猛力地跳起，左腿屈膝继续向前上摆。同时，右拳变掌向前、向上摆起，左掌先上摆而后向下拍击右掌背。接着，右腿继续上摆，脚面绷平。随即右手拍击右脚面，左掌由体前向后上举。

（5）歇步下冲拳。武者左、右脚相继落地，左掌变拳收至腰侧。然后，身体右转90°，双腿全蹲成歇步。接着，右掌抓握、外旋变拳收至腰侧；左拳由腰侧向前下方冲出，拳心向下。目视左拳。

（6）仆步抡劈拳。武者重心升高，右臂由腰侧向体后伸直，左臂随身体重心升高向上摆起。然后，以右脚前脚掌为轴，左腿屈膝提起，上体左转270°，左拳由前向后下方划立圆一周；右拳由后向下、向前上方划立圆一周。接着，左腿向后落一步，屈膝全蹲，右腿伸直，脚尖内扣成右仆步。右拳由上向下抡劈，拳眼向上；左拳后上举，拳眼向上。目视右拳。

（7）提膝挑掌。武者重心前移成右弓步，同时右拳变掌由下向上抡摆，左拳变掌稍下落，右掌心向左，左掌心向右。然后，左、右臂在垂直面上由前向后各划立圆一周。右臂伸直停于头上，掌心向左，掌指向上；左臂伸直停于身后成反勾手。同时右腿屈膝提起，左腿挺膝伸直独立。目视前方。

（8）提膝劈掌弓步冲拳。武者下肢不动，右掌由上向下猛劈伸直，停于右小腿内侧，用力点在小指一侧；左勾手变掌，屈臂向前停于右上臂内侧，掌心向左。目视右掌。然后，上一动作不停，左腿蹬直成右弓步。右手抓握变拳收至腰侧，左拳由腰侧向左前方冲出。目视左拳。

弓步顶肘　　转身左拍脚　　右拍脚　　腾空飞脚

歇步下冲拳　　仆步抡劈拳　　提膝挑掌　　提膝劈掌弓步冲拳

图13-24　第四节

6. 收势

收势包括虚步亮掌、并步对拳和还原3个动作。

（1）虚步亮掌。武者右脚扣于左膝后，两拳变掌，双臂右上左下屈肘交叉于身体左前方。目视右掌。然后，右脚向右后方落步，重心后移，右腿半蹲，上体稍右转。同时右掌向上、向右、向下划弧停于左腋下；左掌向左、向上划弧停于右臂上与左胸前，两掌心左下右上。目视左掌。最后左脚尖稍向右移，右腿下蹲成左虚步。左臂伸直向左、向后划弧成反勾手；右臂伸直向下、向右、向上划弧抖腕亮掌，掌心向前。目视左方。

（2）并步对拳。武者左腿后撤一步，同时两掌从两腰侧向前穿出伸直，掌心向上。然后，右腿后撤一步，同时双臂分别向体后下摆。接着，左脚后退半步向右脚并拢。双臂由后向上经体前屈臂下按，两掌变拳，停于腹前，拳心向下，拳面相对。目视左方。

（3）还原。双臂贴于身体两侧，目视正前方，如图13-25所示。

图13-25　还原

13.4 太极拳

13.4.1 太极拳概述

太极拳动作柔和、缓慢、连贯、自然、协调，迈步如猫行，运劲似抽丝，讲求体松心静、全神贯注、以意导形、上下相随、中正安舒、虚实分明。整套动作行云流水，既自然又高雅，既有音乐的韵律、哲学的内涵，又有美的造型、诗的意境。太极拳讲究以柔克刚、以静待动、以圆化直、以小胜大、以弱胜强。

> **┤ 体育小百科 ├**
>
> 太极拳不仅是我国重要的文化符号，具有深厚的哲学内涵，也是全人类宝贵的精神财富。2020年12月，联合国教科文组织保护非物质文化遗产政府间委员会第15届常会将"太极拳"项目列入联合国教科文组织人类非物质文化遗产代表作名录。

太极拳并非一人所创，而是前人不断开发、总结、吸收、整理、创新、发展而来的。太极拳在道家导引、吐纳等养生之术的基础上，吸收了明朝名家拳法之长，结合了中国古代的阴阳学说和中医经络学说，形成了完整独立的体系。相传，太极拳具有强身健体、祛病延年、陶冶性情的保健功效。

13.4.2 二十四式太极拳

传统太极拳门派众多，常见的有陈式、杨式、武式、吴式、孙式、和式等。1949年后，太极拳被国家体委（现国家体育总局）统一改编为简易太极拳，即"二十四式太极拳"。二十四式太极拳动作分8组，共24个招式。

微课视频

二十四式太极拳

1. 第一组

第一组包括起势、左右野马分鬃、白鹤亮翅3个招式，如图13-26所示。

起势　　　　　　左右野马分鬃　　　　白鹤亮翅

图13-26　第一组

（1）起势。武者两脚开立，左脚缓缓提起（不超过右踝的高度）向左横跨半步，与肩同宽，脚尖、脚跟依次落地，成开立步。然后，双臂缓缓向前举，至与肩同高，手心向下，指尖向前。最后，上体保持正直，双腿缓缓屈膝半蹲，两掌轻轻下按，落于腹前。

（2）左右野马分鬃。野马分鬃分为收脚抱球、转体迈步和弓步分掌3个动作。左右野马分鬃动作一致、方向相反。动作顺序为"左野马分鬃—右野马分鬃—左野马分鬃"。

① 收脚抱球。武者上体微右转，身体重心移至右腿；同时，右手向右、向上、向左划弧，右臂平屈于右胸前，掌心向下，手指微屈，左手向下、向右划弧，逐渐翻转至右腹前，掌心向上，两掌心上下相对呈抱球状；左脚随即收到右脚内侧，脚尖点地（即脚前掌着地，下同），成左丁步；目视右手。

② 转体迈步。武者上体缓缓左转，左脚向左前侧迈出一步，左腿自然伸直，脚跟着地；同时，左、右手分别向左上、右下分开；视线随手移动。

③ 弓步分掌。武者随转体左脚全掌逐渐踏实，左腿屈膝前弓，身体重心逐渐前移至左腿，右腿自然伸直，右脚跟后蹬稍外碾，成左弓步；同时两手继续分开，左手高与眼平，掌心斜向上，右手落于右胯旁，掌心向下，指尖朝前；两肘微屈，保持弧形；目视左手。

（3）白鹤亮翅。白鹤亮翅分为跟步抱球、后坐转体和虚步分掌3个动作。

① 跟步抱球。武者上体微左转，右脚脚跟先离地，向前跟进半步，前脚掌着地，落于左脚后（约20cm），身体重心仍在左腿；同时，左手翻掌向下，左臂平屈于左胸前，右手翻掌向上，向左上划弧至左腹前，与左手呈抱球状。目视左手。

② 后坐转体。上一动作不停，上体稍右转，右脚全脚掌踏实，右腿屈蹲，重心移至右腿；同时，两手向右上、左下分开；视线随右手移动。

③ 虚步分手。上一动作不停，上体稍向左转，面向前方（前进方向），左脚稍向前移，脚尖点地，膝微屈，成左虚步；同时，右手继续向右上划弧至右额前，掌心斜向左后方，指尖稍高于头，左手下按至左胯前，掌心向下，指尖朝前。目视前方。

2. 第二组

第二组招式包括左右搂膝拗步、手挥琵琶、左右倒卷肱，如图13-27所示。

（1）左右搂膝拗步。搂膝拗步分为转体摆臂、弓步搂推两个动作。左右搂膝拗步动作一致、方向相反。动作顺序为"左搂膝拗步—右搂膝拗步—左搂膝拗步"。

① 转体摆臂。武者上体微左转再右转，左脚收至右脚内侧，脚尖点地；同时，右手体前下落，由下经右胯侧向右肩外侧划弧，至与耳同高，掌心斜向上，肘微屈；左手由左下向上，经面前再向右下划弧至右肩前，肘部略低于腕部，掌心斜向下。目视右手。

② 弓步搂推。上一动作不停，上体左转，左脚向左前方迈出，成左弓步，身体重心移至左腿；同时，右手内旋回收，经右耳侧向前推出于右肩前方，高与鼻平，掌心向前，指尖朝上；左手向下经左膝前搂过（即向左划弧搂膝），按于左胯侧稍前，掌心向下，指尖朝前。目视右手。

（2）手挥琵琶。手挥琵琶分为跟步展臂、后坐引手和虚步合臂3个动作。

① 跟步展臂。武者右脚跟进半步，以前脚掌着地，落于左脚后约20cm处；同时，右臂稍向前伸展，腕关节放松。目视右手。

② 后坐引手。武者上体后坐，右脚全脚掌踏实，身体重心移至右腿；上体稍向右转，左脚跟离地，随转体左手由下向前上划弧挑举，高与鼻平，肘微屈，掌心斜向下；手屈臂后引，收于左肘里侧，掌心斜向下。目视左手。

③ 虚步合手。武者上体微向左回转，但仍保持稍向右侧身状；左脚稍向前移，脚跟着地，膝微屈，成左虚步；同时，双臂外旋，屈肘合抱，左手与鼻相对，掌心向右，右手与左肘相对，掌心向左，犹如怀抱琵琶。目视左手。

（3）左右倒卷肱。倒卷肱分为转体撤掌、提膝屈肘和退步推掌3个动作。左右倒卷肱动作一致、方向相反。动作顺序为"右倒卷肱—左倒卷肱—右倒卷肱—左倒卷肱"。

① 转体撤掌。武者上体右转，两手翻转向上，右手向下撤引，经腰侧向右后上方划弧，至与耳同高，掌心斜向上，肘微屈。目随转体先右视，再转看左手。

② 提膝屈肘。武者上体微向左回转，左腿屈膝提起，脚尖自然下垂；同时，右臂屈肘卷回，右手收向右耳侧，掌心斜向前下方。目视前方。

③ 退步推掌。上一动作不停，上体继续微向左回转至朝前，左脚向后略偏左侧退一步，脚前掌先着地，然后全脚掌踏实，屈膝微蹲；身体重心移至左腿，右脚跟离地，并以前脚掌为轴随转体将脚扭正（脚尖朝前），膝微屈，成右虚步；同时，右手经耳侧向前推出，高与鼻平，左臂屈肘收至左胯旁，掌心向上。目视右手。

左右搂膝拗步　　　　　手挥琵琶　　　　　左右倒卷肱

图13-27　第二组

3. 第三组

第三组包括左揽雀尾、右揽雀尾两个招式，如图13-28所示。

（1）左揽雀尾。左揽雀尾分为转体抱球、弓步掤臂、转体伸臂、转体后捋、弓步前挤、后坐收掌和弓步按掌。

① 转体抱球。武者上体右转，左脚收至右脚内侧，脚尖点地，成左丁步，重心落于右腿；同时，右手由胯侧向右后上方划弧屈臂于右胸前，掌心向下；左手由体前划弧下落至右腹前，掌心向上，两手相对呈抱球状。目视右手。

② 弓步掤臂。武者上体左转，左脚向左前方上步，屈膝，右腿自然蹬直，身体重心前移至左腿，成左弓步；同时，左臂向左前方平屈掤出（即左臂平屈呈弧形，前臂外侧和手背向左侧推出），高与肩平，掌心向内；右手向右下方划弧按于右胯旁，掌心向下，指尖朝前。目视左前臂。

左揽雀尾　　　　　　　　　　　　　　右揽雀尾

图13-28　第三组

③ 转体伸臂。武者上体稍向左转，左前臂内旋，左手前伸翻掌向下，右前臂外旋，右手翻掌向上，经腹前向前上伸至左前臂下方。目视左手。

④ 转体后捋。上一动作不停，上体右转，右腿屈蹲，上体后坐，左腿自然伸直，身体重心移至右腿；同时，两手经腹前向右后上捋，直至右手掌心斜向上，高与耳平，左臂平屈于胸前，掌心向内。目视右手。

⑤ 弓步前挤。武者上体微左转，左腿屈膝前弓，右腿自然蹬直，重心前移成左弓步；同时，右臂屈肘回收，右手经面前附于左腕内侧，掌心向内，左掌心向外，双手同时慢慢向前推，与肩同高，双臂撑圆。目视左腕。

⑥ 后坐收掌。武者左前臂内旋，左掌下翻，右手经左腕上方向前伸出，掌心向下，两手左右分开，与肩同宽；然后，上体后坐，屈右膝，左腿自然伸直，脚尖翘起，身体重心移至右腿；同时，双臂屈肘，两手划弧回收至腹前，掌心均向前下方。目视前方。

⑦ 弓步按掌。武者左前臂内旋，左掌下翻，右手经左腕上方向前伸出，掌心向下，两手左右分开，与肩同宽；然后，上体后坐，屈右膝，左腿自然伸直，脚尖翘起，身体重心移至右腿；同时，双臂屈肘，两手划弧回收至腹前，掌心均向前下方。目视前方。

（2）右揽雀尾。右揽雀尾的"转体抱球"动作：上体右转并后坐，屈右膝，左腿自然伸直，脚尖内扣，身体重心后移至右腿；同时，右手经面前平摆右移，掌心向外，双臂侧平举；视线随右手移动。随后，上体微左转，屈左膝，右脚收至左脚内侧，脚尖点地，成右丁步，重心回移到左腿；同时左臂平屈胸前，掌心向下，右手由体侧右下向上翻掌划弧至左腹前，掌心向上，两手相对呈抱球状；目视左手。其余动作和左揽雀尾一致，只不过方向相反。

4. 第四组

第四组招式包括单鞭、云手、单鞭，如图13-29所示。

单鞭　　　　　　　　　　云手　　　　　　　　单鞭

图13-29　第四组

（1）单鞭。单鞭的动作包括转体扣脚、丁步勾手和弓步推掌。

① 转体扣脚。武者上体左转并后坐，左腿屈膝微蹲，右膝自然伸展，右脚尖翘起内扣，身体重心移至左腿；同时，左手经面前至身体左侧平举，肘微垂，掌心向左，指尖朝上，右手向下经腹前向左划弧至左肋前，臂微屈，掌心向后上方。视线随左手移动。

② 丁步勾手。武者上体右转，屈右膝，左脚收至右腿内侧，脚尖点地，身体重心移至右腿；同时右手逐渐翻掌，并向右上方划弧，经面前至身体右侧时变勾手，勾尖朝下，腕高与肩平，肘微垂，左手向下经腹前向右上划弧至右肩前，掌心转向内。视线随右手移动，最后目视右勾手。

③ 弓步推掌。武者上体右转，屈右膝，左脚收至右腿内侧，脚尖点地，身体重心移至右腿；同时，右手逐渐翻掌，并向右上方划弧，经面前至身体右侧时变勾手，勾尖朝下，腕高与肩平，肘微垂，左手向下经腹前向右上划弧至右肩前，掌心转向内。视线随右手移动，最后目视右勾手。

（2）云手。云手招式需要左右各做3次，动作次序为"转体扣脚—收步云手—开步云手—收步云手—开步云手—收步云手"。

① 转体扣脚。武者身体渐向右转，右腿屈膝半蹲，左脚尖翘起、内扣、着地，身体重心回移至右腿；同时，左手下落经腹前向右上划弧至右肩前，掌心斜向后；右手松勾变掌，掌心向右前方。目视右手。

② 收步云手。武者上体左转，身体重心随之左移；右脚提起，收至左脚内侧（相距10～20cm），前脚掌先着地，全脚掌逐渐踏实，两脚平行，两膝微屈；同时，左手划弧经面前向左运转，至身体左侧时，掌心向外，腕与肩平；右手下落经腹前向左上方划弧，至左肩前，掌心斜向里。目视左手。

③ 开步云手。武者上体右转，左脚向左横跨一步，脚尖向前，前脚掌先着地，全脚掌逐渐踏实，身体重心移至右腿；同时，右手经面前向右划弧，至身体右侧时，掌心向外，腕与肩平；左手向下经腹前向右上方划弧，至右肩前。目视右手。

（3）单鞭。武者上体右转，左脚跟离地，身体重心移至右腿；同时，右手经面前向右划弧至身体右侧，五指屈拢变成勾手，勾尖朝下；左手向下经腹前向右上划弧至右肩前，掌心斜向内；视线随右手移动，最后目视右勾手。之后的动作和前一个单鞭招式相同。

5. 第五组

第五组招式包括高探马、右蹬脚、双峰贯耳、转身左蹬脚，如图13-30所示。

| 高探马 | 右蹬脚 | 双峰贯耳 | 转身左蹬脚 |

图13-30 第五组

（1）高探马。高探马有跟步翻掌和虚步推掌两个动作。

① 跟步翻掌：武者上体微向右转，右脚跟进半步，前脚掌先着地，全脚掌逐渐踏实，屈膝后

坐，身体重心移至右腿，左脚跟提起；同时右勾手变掌外旋，两掌心翻转向上，两肘微屈；目视左手。

② 虚步推掌：武者上体微向左转，左脚稍向前移，脚尖点地，膝微屈，成左虚步；同时，右臂屈肘，右手经耳侧向前推出，腕与肩平，掌心向前，左手收至左腹前，掌心向上；目视右手。

（2）右蹬脚。右蹬脚分为3个动作，分别是弓步分掌、收脚抱手和蹬脚分手。

① 弓步分掌。武者左脚提起向左前侧方迈出，脚尖稍外撇，成左弓步，身体重心前移至左腿；同时，左手前伸至右腕背面，两腕背对交叉，腕与肩平，左掌心斜向后上，右掌心斜向前下；随即两手分开，经两侧向腹前划弧，肘微屈。目视前方。

② 收脚抱手。上一动作不停，右脚跟进，收至左脚内侧，脚尖点地；同时，两手下落经腹前由外向内上划，相交合抱于胸前，右手在外，掌心均向内。目视右前方。

③ 蹬脚分手。武者右腿屈膝上提，右脚向右前方慢慢蹬出，脚尖朝上，力贯脚跟；同时，两手翻掌左右划弧分开，肘微屈，腕与肩平，掌心均斜向外；右臂与右腿上下相对。目视右手。

（3）双峰贯耳。双峰贯耳招式分为屈膝并掌、迈步落手和弓步贯拳3个动作。

① 屈膝并掌。武者右小腿回收，屈膝平举，脚尖自然下垂，左手摆至体前，两手并行由体前向下划弧，落于右膝上方，掌心均翻转向上。目视前方。

② 迈步落手。武者右脚向前方落下，脚跟着地，两手继续下落至两胯旁，掌心均斜向上。目视前方。

③ 弓步贯拳。武者右脚掌逐渐踏实，右腿屈膝前弓成右弓步，身体重心移至右腿；同时，两手继续向后划弧，并内旋握拳，从两侧向前、向上弧形摆至面部前方，高与耳齐，宽约与头同，拳眼斜向下，双臂微屈。目视右拳。

（4）转身左蹬脚。武者先转体分掌，上体向左、向后转，左腿屈膝后坐，右脚尖内扣（约90°），身体重心移至左腿；同时，两拳变掌，向左右两侧分开平举，掌心斜向外，肘微屈；目视左手。紧接着收脚抱手，右腿屈膝后坐，左脚收至右脚内侧，脚尖点地，身体重心回移至右腿；同时，两手下落经腹前向上划弧，交叉合抱于胸前，左手在外，两掌心皆向内；目视前方。之后动作同右蹬脚中的蹬脚分掌。

6. 第六组

第六组包括左下势独立、右下势独立两式，如图13-31所示。

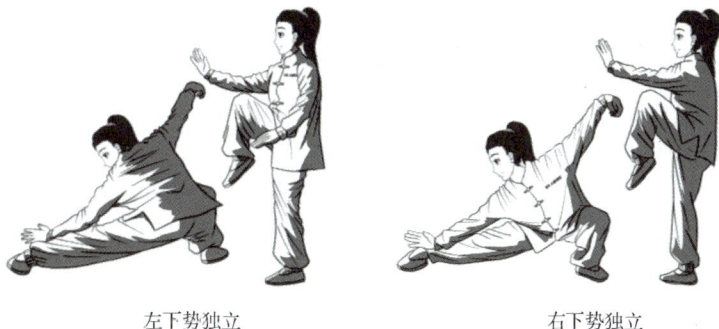

左下势独立　　　　　　右下势独立

图13-31 第六组

（1）左下势独立。左下势独立包括收腿勾手、仆步穿掌、弓步立掌和提膝挑掌4个动作。

① 收腿勾手。武者左腿回收平屈，小腿稍内扣，脚尖自然下垂，随之上体右转；同时，右掌变勾手，勾尖朝下，左手向上、向右经面前划弧下落，立于右肩前，掌心斜向后。目视右勾手。

② 仆步穿掌。武者右腿慢慢屈膝下蹲，左脚向左侧偏后伸出，脚尖内扣，成右弓步，上体左转，右腿继续向下全蹲成左仆步；同时，左手外旋下落，向左下沿左腿内侧向前穿出，掌心向外。目视左手。

③ 弓步立掌。左脚以脚跟为轴，脚尖外摆，左腿屈膝前弓，右脚尖内扣，右腿自然蹬直，身体重心前移；武者上体微向左转并随步型转换向前起身，左臂继续前伸，立掌挑起，掌心斜向右，右勾手内旋下落于身后，勾尖转向后上方，右臂伸直成斜下举；目视左手。

④ 提膝挑掌。武者身体重心继续前移，右腿慢慢屈膝提起，与腹同高，脚尖自然下垂，左腿微屈支撑，成左独立式；右勾手变掌，下落经右腿外侧向体前弧形挑起，屈臂立于右腿上方，肘膝相对，掌心斜向左，指尖朝上，腕与肩平；左手下按于左胯旁，掌心向下，指尖朝前。目视右手。

（2）右下势独立。武者首先落右脚、勾左手，右脚落于左脚右前方，脚尖点地，然后以左脚前掌为轴脚跟内转，身体随之左转；同时，左勾手向左后侧提起，勾尖朝下，腕与肩平，臂微屈；右手随转体经面前向左划弧至左肩前，掌心斜向后。目视左勾手。之后动作同左下势独立②③④，方向相反。

7. 第七组

第七组包括左右穿梭、海底针、闪通臂3式，如图13-32所示。

左右穿梭　　　　　　　　海底针　　　　　　　　闪通臂

图13-32　第七组

（1）左右穿梭。左穿梭包含落脚转体、收脚抱球和弓步架推3个动作，右穿梭仅包括收脚抱球和弓步架推两个动作。

① 落脚转体。武者上体左转，左脚向左前落地（先以脚跟着地，再全脚掌踏实），脚尖外摆，双腿屈膝，成半坐盘式，身体重心略前移；同时左手内旋屈臂于左胸前，掌心向下，右手外旋摆至腹前，掌心向上。目视左手。

② 收脚抱球。武者上体继续左转，右脚收到左脚内侧，脚尖点地，身体重心移至左腿；同时，两手左上右下呈抱球状。目视左手。

③ 弓步架推。武者上体右转，右脚向右前方迈出，成右弓步，身体重心前移；同时右手内旋，向前、向上划弧，举架于右额前，掌心斜向上；左手先向左下划弧至左肋前，再向前上推出，与鼻同高，掌心向前。目视左手。

（2）海底针。武者首先跟步提手，上体稍向右转，右脚向前跟进半步，右腿屈膝微蹲，左脚稍提起，身体重心移至右腿；同时右手下落经体侧向后、向上屈臂提至右耳侧，掌心斜向左下，指尖斜向前下，左手经体前下落至腹前，掌心向下，指尖斜向右前方；目视右前方。紧接着上体稍向右转，右脚向前跟进半步，右腿屈膝微蹲，左脚稍提起，身体重心移至右腿；同时右手下落经体侧向后、向上屈臂提至右耳侧，掌心斜向左下，指尖斜向前下，左手经体前下落至腹前，掌心向下，指尖斜向右前方。目视右前方。

（3）闪通臂。闪通臂包括提脚提手、迈步分手和弓步推撑3个动作。

① 提脚提手。武者左腿屈膝，左脚微提起；同时右手经体前上提至肩，掌心向左，指尖朝前；左手向前、向上划弧至右腕内侧下方，掌心向右，指尖斜向上。目视前方。

② 迈步分手。武者左腿屈膝，左脚微提起；同时右手经体前上提至肩，掌心向左，指尖朝前；左手向前、向上划弧至右腕内侧下方，掌心向右，指尖斜向上。目视前方。

③ 弓步推撑。武者上体继续右转，左脚掌踏实，左腿屈弓成左弓步，重心前移；同时左手向前推出，掌心向前，高与鼻平，肘微屈；右手屈臂上举，撑于右额前上方，掌心斜向上。目视左手。

8. 第八组

第八组包括转身搬拦捶、如封似闭、十字手和收势4式，如图13-33所示。

转身搬拦捶　　　　　如封似闭　　　十字手　　　收势

图13-33　第八组

（1）转身搬拦捶。转身搬拦捶的动作比较复杂，包含转体扣脚、坐身握拳、摆步搬拳、转体收拳、上步拦掌和弓步打拳6个动作。

① 转体扣脚。武者上体右转，右腿屈膝后坐，左脚尖翘起内扣，身体重心移至右腿；两手向右划弧，右手成右侧举，左手至头左侧，掌心均向外。目视右手。

② 坐身握拳。上体继续右转，左腿屈膝后坐，右脚跟离地，以脚前掌为轴微向内转，身体重心回移至左腿；右手继续向下、向左划弧，经腹前屈臂握拳，摆至左肋旁，拳心向下；左手继续上举至左额前上方，掌心斜向前上。目视右前方。

③ 摆步搬拳。上一动作不停，武者身体右转至面向前方；右脚提收到左踝内侧（不触地），再向前垫步迈出，脚尖外撇，脚跟先着地，随即全脚掌踏实；右拳经胸前向前翻转搬出（即右手经胸前以肘关节为轴，向上、向前搬打），高与肩平，拳心向上，拳背为力点，肘微屈；左手经右前臂外侧下落，按于左胯旁，掌心向下，指尖朝前。目视右拳。

④ 转体收拳。武者上体微向右转，右腿屈膝，重心前移；左掌经体侧向前上划弧，右拳内旋回收至体侧，拳心转向下，右臂平屈于胸前右侧。目视前方。

⑤ 上步拦掌。上一动作不停，武者左脚向前上步，脚跟着地；左手向前上划弧拦出，高与肩平，掌心斜向右，指尖斜向上；右拳向右摆，内旋屈收于右腰旁，拳心转向上。目视左手。

⑥ 弓步打拳。武者身体稍左转，左脚掌踏实，左腿屈弓成左弓步，重心前移；右拳向前打出，高与胸平，拳眼向上，肘微屈；左手微收，附于右前臂内侧，掌心向右，指尖斜向上。目视右拳。

（2）如封似闭。武者先做穿手翻掌，右拳变掌，两掌心翻转向上，左掌经右手前臂下向前伸出；两手交叉，随即分别向两侧分开，与肩同宽。目视前方。上一动作不停，后坐收掌，右腿屈膝，上体慢慢后坐，左脚尖翘起，身体重心移向右腿；双臂屈肘回收，两手翻转向下，沿弧线经胸前内旋向下按于腹前，掌心斜向下。目视前方。上一动做不停，做弓步推掌，左脚掌踏实，左腿屈膝成左弓步，重心前移；两手向上、向前推出，臂微屈，腕与肩平，掌心均向前。目视前方。

（3）十字手。武者首先转体分掌，上体稍右转，右腿屈膝后坐，脚尖稍外撇，左腿自然带直，脚尖内扣，成右侧弓步，身体重心移向右腿；右手随转体经面前向右平摆划弧，与左手成双臂侧平举，肘微屈，掌心均向前。目视右手。上一动作不停，收脚合抱，上体稍左转，左腿屈膝，右脚尖内扣，脚跟离地，身体重心移至左脚；随即右脚轻轻提起向左回收，前脚掌先着地，进而全脚掌踏实，脚距与肩同宽，脚尖朝前，双腿慢慢伸直成开立步，身体重心移到双腿中间；两手下落经腹前再向上划弧，交叉合抱于胸前，腕与肩平，双臂撑圆，两掌心均向内，右手在外，成十字手。目视前方。

（4）收势。武者首先翻掌分手，两手向外翻掌，掌心向下，左右分开，与肩同宽，目视前方。紧接着双臂慢慢下落至两胯外侧，自然下垂，松肩垂肘，目视前方。随后双臂慢慢下落至两胯外侧，自然下垂，松肩垂肘。目视前方。动作完成后，可进行3～4次深呼吸。

13.5　女子防身术

女子防身术是女性在受到不法骚扰、侵犯或可能要受到不法侵犯时，为摆脱或反击歹徒而进行自我防护的一种防卫技术。女子防身术是对拳击、摔跤和擒拿格斗等多种武术技击技术融为一体而形成的一套简单实用的散招，方便女性轻松学习并用于自我保护。

13.5.1　实战原则

女性处于危险境地时，应尽量沉着冷静，秉承以下实战原则，才能有效地运用防卫技术动作，保护自身安全。

（1）把握时机。歹徒通常认为女性威胁较小而有所松懈，这就为女性抗暴提供了机会。女性作为弱者，利用好歹徒的无防范心理，就比较容易达到自卫防身的目的。所以女性遭遇歹徒时，必须善于抓住机会与制造机会，隐蔽、突然地发动攻击；如果一击不中，原本无防范的歹徒就有了防范，甚至严加防范，女性将难有机会制敌。因此女子防身术必须以"一招制敌"为宗旨。

（2）防卫恰当。危急情形下的自卫防身技术动作对人体伤害较大，甚至会一招致残、一招致命。所以在使用防身技术时，女性要根据不同的情节、不同的性质选用程度不同的技术动作，避免防卫不当或过当。

（3）应对准确。女性在自卫防身时，既要明确此时此刻的身体姿势（例如，站立、坐卧、前倾、后仰等），又要观察歹徒此时此刻的进攻姿势（例如，搂、抱、掐、拳打、脚踢等），还要根据歹徒的进攻姿势选择相应的技术动作，以最有效的反击方式和最快的速度向歹徒发起有力攻击。另外，女性还要观察歹徒的身高、胖瘦等情况，采取正确的攻击技术。

（4）机智聪慧。女性如果想运用技巧攻击歹徒的某个薄弱或重点部位，需要设法将歹徒的注意力从此处转移开，借此提高成功的概率。危急时刻女性尽量不要恐慌，想方设法让歹徒与歹徒周旋。这样，种种不确定因素就可能会分散歹徒的注意力，处于危险中的女性有自救的时间和机会。

13.5.2　基本技术

女子防身术是一种从实战角度出发的武术技击技术。通常，女性面对的歹徒在身高、体重、力量等方面都占据优势，这些歹徒通常会采用按压、抓胳膊、正面擒抱、背后擒抱、锁喉、抓头发、抓肩等方式攻击女性，因此，女性需要掌握各种技巧来应对这些攻击。

（1）仰卧被按压时。当歹徒跨立于女性身体上方时，女性可抬腿蹬击歹徒裆部。如果手臂未被控制住，在较近的距离内，女性可以直接戳击歹徒的眼睛或掌击其鼻子，如图13-34所示。在手臂被控制的情况下，女性则可以额头撞歹徒鼻梁，注意抬头要猛。

（2）胳膊被抓住时。歹徒抓住女性胳膊时，一般歹徒虎口处空虚无力，女性应以歹徒虎口为突破点用力上挑手臂，从而逃脱其控制，如图13-35所示。

（3）正面被抱时。当女性被歹徒正面抱腰但手臂未同时被抱住时，歹徒的头部就全部暴露而失去防护，以肘部攻击歹徒太阳穴是女性最好的选择，女性也可以采用戳眼、戳喉、折手指等方法。当女性两手臂被歹徒拦腰抱住时，手臂因下垂位于歹徒裆部处或不远处，可以攻击歹徒裆部。如果只是为了逃脱，女性可用鞋子较硬处猛踢其胫骨，或者用脚跟猛踩其脚面。

（4）背后被抱时。女性手臂未被抱住时，可抬手以反手横肘向后猛击歹徒太阳穴，也可以反方向折歹徒拇指或小指，或用脚跟猛踩其脚面。踩脚面如图13-36所示。如果手臂也一起被抱住，女性可伸手抓、握、提歹徒要害部位；也可以猛仰头以头后部击歹徒面部。

图13-34　戳眼睛和击鼻子　　　　图13-35　攻击虎口　　　　图13-36　踩脚面

（5）被掐脖子时。女性被歹徒单手掐脖子时，可迅速以异侧手按压住其手掌，向左旋身，抬起右臂，用与歹徒同侧胳膊的前臂猛击其手臂外侧肘关节，也可以在被歹徒抓住时往外挣扎，利用歹徒往回拉的力，顺势扑上去猛地提膝击裆。

（6）头发被抓时。歹徒抓住女性头发往前拖扯时，女性应趁被抓扯俯身向前窜而站立不稳之机，借助歹徒抓拉之力的惯性，将膝高提，以提膝的打法猛撞歹徒裆部，如图13-37所示。当女性被歹徒拖着头发往前走时，女性应以手掌自歹徒后裆猛地插入，攻击其裆部。

（7）单肩被抓住时。女性单肩被抓时，可用右手按压住歹徒的手掌部位，左手肘部从上向下用力按压歹徒的肘关节处，如图13-38所示，也可用右手按压住歹徒的手掌部位，用左手掌拧压歹徒的肘关节处。

（8）双肩被抓住时。女性双肩被抓时，歹徒的裆部和腋下全部暴露，女性可用掌尖猛刺歹徒的腋下，如图13-39所示，也可抬膝踢歹徒的裆部，还可用拳击打歹徒的肋骨处。

图13-37　提膝击裆　　　　图13-38　拧压肘关节　　　　图13-39　猛刺腋下

思考与练习

一、思考题

武术不仅是一项体育运动，还具有非常浓厚的文化色彩，我们在生活中经常能接触到武侠小说和武侠影视作品，思考它们和武术有什么关系。

二、武术基本功练习

人数：不限。

时间：不限。

场地：任意空旷场地。

练习方法：独自或几人一起练习武术的基本功，包括肩臂功、腿功和腰功；基本功熟练后，再练习一些高难度动作，如劈腿；在练习高难度动作时应注意循序渐进，避免运动损伤。

三、武术基本动作比拼

人数：4人以上。

时间：不限。

场地：任意空旷场地。

规则：所有人同时演练武术基本动作，看看谁的动作最标准，也可比拼持久力，例如，所有人同时扎马步或做平衡动作，看谁坚持得最久。

活动与探索

一、观看比赛

观看学校武术比赛或参观武术队的训练和表演，也可以在网络上搜索并观看专业武术表演视频。

二、小组武术表演赛

人数及分组：6人或8人组队，队数不限。

场地：室外空旷场地。

时间：每轮比赛4min左右。

规则：每次两组同学进行表演，表演内容为长拳或太极拳的基本动作，由教师对表演进行打分，分数高的队伍获胜；采用循环赛或淘汰赛的方式进行比赛，直到决出冠军。

第 14 章

游泳

案例引入

在 2011 年上海世界游泳锦标赛男子 1 500m 自由泳比赛中,孙杨以 14 分 34 秒 14 的成绩夺冠,并打破了尘封十年的世界纪录。在 2012 年伦敦奥运会男子 400m 自由泳决赛上,孙杨以 3 分 40 秒 14 的成绩打破该项目的奥运会纪录并获得冠军,成为中国第一个男子游泳奥运冠军;在男子 1 500m 自由泳比赛中,孙杨再次打破世界纪录,以 14 分 31 秒 02 的成绩摘得金牌。在 2016 年里约奥运会上,孙杨创造亚洲历史,获得男子 200m 自由泳冠军,同时成为历史上第一位集男子 200m 自由泳、男子 400m 自由泳、男子 1 500m 自由泳奥运会金牌于一身的游泳运动员。

14.1　游泳知识

游泳是一项古老的技能,对古人的生产生活非常重要。在今天,游泳仍然是一项重要的技能。

14.1.1　游泳概述

现代游泳运动起源于17世纪60年代的英国。1837年,第一个游泳组织在英国伦敦成立。随后,英国人将游泳比赛带到了世界各地,游泳运动开始风靡全球。1896年,游泳被列为第一届奥运会比赛项目,1912年,第5届奥运会正式设女子游泳比赛项目。国际上举办的主要游泳赛事包括世界游泳锦标赛、奥运会游泳比赛、世界杯短池游泳赛和世界短池游泳锦标赛等。在第一届奥运会上,游泳比赛不分泳姿,是真正的"自由式";在1900年第2届奥运会上,仰泳被分出成为独立项目;在1904年第3届奥运会上,又分出蛙泳;1956年第16届奥运会又增加了蝶泳项目,从此游泳被定型为4种泳姿;后来又出现了混合泳、接力和马拉松项目。

历史上,我国劳动人民把游泳作为同大自然斗争的手段,并在生产劳动过程中不断地改进游泳技术,创造出许多游泳方法,例如,狗爬式、寒鸭浮水和扎猛子等。这些游泳方法具有悠久的历史,至今流传民间。

游泳一直是我国体育的重点项目,中国游泳队多次获得多项游泳赛事的冠军。1953年,吴传玉在第4届世界青年与学生和平友谊联欢节国际友谊体育比赛中获得男子100m仰泳冠军,成为中华人民共和国成立以来首枚国际体育大赛金牌获得者。1992年,庄泳在第25届奥运会获得女子100m自由泳冠军,这也是中国运动员在奥运会中的第一枚游泳金牌。

微课视频

14.1.2　游泳卫生

与其他运动不同,游泳需要运动者全身浸入水下,且往往多个运动者共

游泳卫生常识

用一个泳池，因此运动者面临着更高的运动伤害风险。为了避免运动伤害，运动者需要格外注意游泳卫生，做到充分热身、自备泳具、清水淋浴、注意水质、排废入槽、严防疾病。

（1）充分热身。游泳池的水温通常低于人体温度，突然下水容易导致心慌、头晕、恶心、腹痛和四肢无力等不适症状，甚至会引起抽筋和拉伤。因此，游泳前应进行充足的热身运动，提高神经系统的兴奋性，加强肌肉和韧带的柔韧性，提高呼吸器官和循环器官工作的效率。

（2）自备泳具。去游泳时，需自带衣物储存袋、泳巾、拖鞋等物品，尽量不使用公用的拖鞋、毛巾、救生圈等物品，避免交叉感染。换衣服时，尽量不要让皮肤直接接触凳子，内衣最好单独存放。

（3）清水淋浴。游泳池是多人共用的，且水中含有杀菌的化学药剂。游泳前后，都应用清水淋浴，这样不仅有利于人体适应水中环境，而且可以冲走对人体有害的物质。

（4）注意水质。游泳池的水质应透明、无色、无味。

（5）排废入槽。游泳时，若有痰或鼻涕，一定要尽快抬头游到池边，向水槽或痰沟内排净，否则易污染池水，传播疾病。

（6）严防疾病。游泳时，特别容易感染耳、鼻、眼疾病，所以最好佩戴专用耳塞、泳镜。患有心脏病、高血压、肺炎、严重皮肤病、中耳炎、癫痫病等疾病以及有开放性伤口的人群不宜游泳，若勉力而为，不仅容易加重病情，而且有可能发生意外危及生命。

14.1.3　熟悉水性

水下与陆上差别很大，运动者，尤其是初学者，应该先通过身体感官感知水的浮力、压力、阻力等特性，再逐步适应水中环境，掌握水中行走、呼吸、漂浮和滑行等游泳基础动作，为之后掌握各种游泳技术打下基础。

1. 水中行走

在齐腰或齐胸深的水中，初学者可以进行各种方向的走动和跳动练习，学习在水中保持身体协调，维持身体平衡。初学者在水中走动时，身体稍微前倾，动作先小后大、先慢后快。熟练后，可用前脚掌蹬池底，轻轻上跳，并逐渐用力，做行走中的跳跃练习。

2. 水中呼吸

不同的游泳姿势，都要求在水中憋气、呼气和在水上吸气。练习呼吸时，初学者手扶固定物，用嘴深吸一口气，蹲入水中，尽量长时间憋气，然后用口、鼻均匀缓慢地呼气，直至将体内废气呼尽，再站立至水上吸气。反复练习并形成适合自己的频率。

3. 水中漂浮

漂浮是指初学者离开所有"依靠"，悬浮在水中。漂浮能帮助初学者体会水的浮力，初步掌握在水中控制身体和维持平衡的能力。

（1）扶物漂浮。手扶固定物，吸气，把头没入水中，憋气，伸展身体，全身放松，自然地漂浮于水中，也可扶物团身漂浮。

（2）抱膝漂浮。抱膝漂浮又称团身漂浮。站立于水中，深吸气后下蹲憋气，低头，含胸收腹，两手抱膝，成低头团身抱膝姿势。轻轻蹬离池底，身体放松，自然地漂浮于水中，如图14-1所示。双臂前伸，手掌向下压水，抬头，同时双腿伸直下踩。

图14-1　抱膝漂浮

（3）展体漂浮。双臂向前、双腿向后均伸直并拢，身体俯卧漂浮于水面。然后，迅速收腹、收腿，手掌向下压水，抬头，双腿下踩触底站立。

（4）仰卧漂浮。水中站立，深吸气，上体慢慢后仰，呈仰卧漂浮状态。随后，双手从后向前用力拨水，收腹，收腿，上体前倾，两脚触底站立。

4. 水中滑行

游泳运动中的"滑行"是指打水动作简单、主要依靠惯性的游动，它能够帮助初学者体会在水中发力和运动的感觉。

（1）扶伴滑行。初学者手扶同伴，身体放松伸展，自然漂浮。同伴拉住练习者的手倒退行走，使初学者体会滑行。在此基础上，同伴可以放开双手，在旁保护，由初学者自己漂浮滑行。

（2）蹬壁滑行。初学者背向池壁，一只手扶池壁，同侧腿屈膝蹬壁；另一臂水平前伸，同侧腿以脚尖支撑站立。深吸气，低头，收腹提臀，上收支撑腿，两脚贴池壁。用力蹬离，双臂并拢向前伸，双腿自然并拢，全身充分伸展、放松，呈流线型向前滑行。滑行结束后，收腿，下踩，站立。

（3）蹬底滑行。初学者两脚前后开立，双臂前伸并拢贴近双耳，深吸气后身体前倾，两膝微屈，头和肩浸入水中，前脚掌用力蹬池底。双腿并拢，身体俯卧向前滑行。

（4）仰卧滑行。初学者两手拉住水槽沿，两脚贴于池壁或池底。松手，两脚用力蹬离，双腿并拢伸直，使身体向后仰卧滑行。滑行后，两脚可以自然地进行上下打水动作，使身体向前游进。

14.1.4　水上救护

由于游泳运动在水中开展，环境比较特殊，运动者一旦遭遇意外情况，很可能面临无法呼吸、无法呼救的情况，危险性很高。因此，大学生在开展游泳运动之前，应该学习相关的水上救护知识。

微课视频

游泳安全知识

1. 自我救护

自我救护是指运动者在水中遇到意外险情时采取的自我保护和救助措施。

（1）肌肉痉挛

肌肉痉挛即常说的抽筋，是游泳运动常见的意外情况，多见于过度疲劳，精神紧张，水太凉，动作不协调，局部多次重复一种姿势，准备动作不充分时。具体表现为疼痛难受，肌肉坚硬，且一时不易缓解。

面临肌肉痉挛，运动者要保持镇静，积极采用牵引法自我解救。牵引法即通过关节的屈伸，拉长抽筋的肌肉，使收缩的肌肉松弛并伸展，还可以配合局部按摩促使缓解。常见的肌肉痉挛及缓解方法如下。

① 腓肠肌（小腿肚）或脚趾肌肉痉挛，运动者可先吸一口气仰浮于水面，用痉挛腿异侧的手握住抽筋（腿）的脚趾，用力向身体方向拉，同时用另一手掌压在痉挛腿的膝盖上，帮助小腿伸直。

② 大腿痉挛时，运动者应深吸气，仰浮于水面，抽筋腿屈膝，双手抱住小腿用力贴在大腿上，直至抽筋现象消失。

③ 手指抽筋，将手握拳，随后用力张开，反复几次，直到抽筋消除为止。

④ 胃部抽筋，吸气后仰浮于水面，迅速弯曲两条腿，向胸部靠近，双手抱膝，随即向前伸直，保持身体平衡，动作要自然。

若在深水区发生肌肉痉挛，或肌肉痉挛比较剧烈，运动者无法自行脱困，应尽力将嘴探出水面呼救。游泳场所都会按水域面积配备救生员，救生员能够为运动者提供救护措施。

（2）被缠住或遇漩涡

在自然水域游泳时，运动者可能会被长藤植物缠住，此时可采取仰卧姿势进行解脱，再从原路游出。运动者也可能被漩涡吸住，可平卧于水面，从漩涡外沿全速游出。

（3）头晕

初学游泳者，下水后心跳加快，可能出现头晕眼花的症状。此外，耳道进水、空腹游泳等也会导致头晕。出现头晕现象后，要保持镇静，游泳者平时应坚持锻炼，逐渐熟悉水性，克服头晕。下水前适当补充能量，也可预防头晕。

（4）耳中进水

游泳时耳中进水，运动者可在水中使用吸引法解决，将头偏向有水一侧，用手掌紧压有水的耳朵，憋气，快速提起手掌，反复几次即可。运动者也可在岸上将头偏向有水一侧，手扯耳朵，原地单足跳跃几次。

（5）呛水

当水从鼻腔或口腔吸入呼吸道引起呛水时，运动者要把头露出水面，把水从鼻和口里咳出，这样很快就能恢复正常呼吸。

-| 体育小百科 |--

根据国家体育总局下发的《体育场所开放条件与技术要求 第1部分：游泳场所》（GB 19079.1—2013）规定，游泳场所需按水面面积配备救生员和救生器材。救生员的职责包括对游泳者的安全进行有效的观察和防护、对溺水者进行现场赴救等。因此，大学生应该尽量到正规游泳场所进行游泳运动，保障自己的生命安全。

---

2. 救护他人

运动者遇到他人溺水时，同样可以为他人提供帮助。救护他人具体可分为间接救护和直接救护。

（1）间接救护

间接救护是指为较清醒的溺水者提供救生器材（救生圈以及其他能够提供额外浮力的器材），以施行救助。救护人员可在救生圈或其他漂浮物上系上绳子，左脚踩住绳尾，右手持圈自后向前摆，由上而下地抛给溺水者。若距离较近，也可直接利用竹竿、木板等将溺水者拖至岸边。

（2）直接救护

直接救护是徒手对溺水者（此时溺水者已经丧失了自我救护或接受间接救护的能力）施救的一种方法，对救护人员的技能要求较高。

入水前，救护人员应观察周围环境和水的流向，选择与溺水者最近的方位下水。静水中，救护人员可以直接游向溺水者；急流中，救护人员应从溺水者斜前方入水施救。救护人员在找到并有效控制溺水者后，要确保双方的口、鼻露出水面，以保持正常呼吸。将溺水者救上岸后，要针对其症状，实施急救方式。轻度溺水者，可让其吐水后保暖、休息。对昏迷、呼吸微弱或窒息者要实施胸外心脏按压或人工呼吸，并叫救护车。

人工呼吸前，救护人员首先要设法张开溺水者口腔，清除其口鼻内可视的污物，取出活动假牙等。其次，进行控水。解开溺水者衣带，救护人员一条腿跪下，另一条腿屈膝，将溺水者腹部置于屈膝的大腿上，一只手扶其头部，保持向下，另一只手压其背部，把水排出。

实施人工呼吸时，使溺水者仰卧，救护人员一手提高其下颌保持其呼吸顺畅，另一只手捏紧其鼻孔，深吸气后，口对口吹气1.5～2s。为防止漏气，救护人员应该将嘴完全罩住并贴近溺水者的嘴。待溺水者胸部扩张后，停止吹气并松开口鼻，可用手按压溺水者胸部，助其呼气。如此反复进行，每分钟14～20次，速度由慢到快。

如果溺水者失去知觉，心跳极其微弱，甚至心跳停止或心跳与呼吸均停止时，应将胸外心脏按压和人工呼吸配合进行。先在3～4s内进行2次人工呼吸，然后进行15次连续的胸外心脏按压，反复进行。

胸外心脏按压时，将溺水者仰卧，救护人员位于其右侧，一只手的掌根置于其胸骨按压部位（胸骨从上向下的第2、第3根处），手指不可触及肋骨，另一只手重叠在上，双臂伸直，上体前倾，借助身体重力，平稳有力地向下垂直加压，使其胸骨下端下陷3～4cm，压迫心脏。随后两手松压，但掌根不得离位，使胸廓扩张，心脏随之舒张。下压时动作缓慢，松压时动作迅速，有节奏地连续进行，成人每分钟60～80次，儿童每分钟80～100次。

14.2　蛙泳

蛙泳，顾名思义，即一种模仿青蛙游泳动作的游泳姿势。据研究，蛙泳是一种最古老的泳姿，同时也是游泳初学者的学习项目。

微课视频

蛙泳

14.2.1　动作要领

蛙泳的姿势与青蛙游水较为相似，运动者俯卧水中，两肩与水面平行，双臂在胸前对称直臂侧下屈向后划水、双腿对称屈伸向后蹬夹水。蛙泳较省力、易持久，实用价值很高。

1. 躯干姿势

蛙泳时，身体水平俯卧于水中，微抬头，稍挺胸，双臂向前、双腿向后均伸直并拢，掌心向下，身体纵轴与前进方向呈5°～10°。游进时，头部的动作幅度应适度，否则会导致肩部起伏过大而增加阻力，影响前进速度。

2. 腿部动作

腿部动作是蛙泳推动身体前进的主要方式，分为收腿、翻脚、蹬水和滑行4个连贯的阶段。

（1）收腿。双腿稍微内旋，脚跟分开，大小腿折叠，膝关节随腿的下沉边收（向前）边分（向外）。两腿分开至两膝与臀部同宽，小腿与水面垂直，如图14-2所示。

（2）翻脚。为了增长蹬水的路线，收腿结束时，两脚应继续向臀部靠拢，大腿内旋使两膝内扣的同时小腿向外翻，脚尖也随之向两侧外翻，脚掌内侧正对蹬水方向，如图14-3所示。

（3）蹬水。由髋部发力，带动膝、踝关节相继伸直。大腿内旋造成膝内压，带动小腿和脚向后弧形蹬夹，形成一个有力的鞭状打水动作。蹬水的动作要领为速度快、距离长、推水面大，以及尽量向后下方蹬水，如图14-4所示。

（4）滑行。身体成水平姿势，借助惯性高速向前滑行，双腿并拢向后伸直，脚跟稍稍提向水面，为收腿做好准备，如图14-5所示。

图14-2　收腿

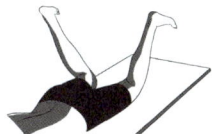
图14-3　翻脚

图14-4　蹬水

图14-5　滑行

3. 手臂动作

蛙泳的手臂动作分为外划、内划、前伸和滑行4个连贯步骤，整体路线近似心形。

（1）外划。肩部保持前伸，双臂内旋对称外划，掌心转向斜外下方。当双臂间距超过肩宽时，向外、向下屈腕150°～160°。此时，双臂与水平面及前进方向呈15°～20°，肘关节伸直。掌心从外后转向内后，双臂向斜下方急促拨水。两手划至肩线时，逐渐屈臂提肘，同时加速沿弧线继续划水，肩部向前伸展，如图14-6所示。

（2）内划。高肘划水完成后，双手倾斜相对向内上移动，同时上臂外旋，双肘逐渐向内、向下靠，两前臂同时夹紧身体，如图14-7所示。

（3）前伸。收手到下颌前时，迅速推肘伸臂，两手先向前上，再向前伸，掌心转向下，肩关节和身体尽量伸展、放松，双臂伸直靠拢，如图14-8所示。

图14-6　外划　　　　　　　图14-7　内划　　　　　　　图14-8　前伸

（4）滑行。伸臂结束后，身体呈流线型向前滑行，手指并拢，掌心向下，两手尽量接近水面，使身体在较高的位置上保持稳定。

4.　整体配合

蛙泳一般采用1∶1∶1的方式进行整体配合，即一次腿部蹬夹水，一次划臂，一次呼吸。双臂划水时，腿伸直；双臂前伸时，腿蹬水；收手的同时收腿。

蛙泳的呼吸方法，可细分为早吸气和晚吸气两种。

（1）早吸气是在划水过程中抬头吸气，收手时低头闭气，伸臂滑行和抓水时呼气。

（2）晚吸气是划水几乎结束时才开始抬头，在身体达到最高点时吸气，收手结束时闭气低头，从双臂开始外划直至划水过程中慢慢呼气。

14.2.2　练习方法

学习蛙泳，运动者应当先分别练习腿部动作和手臂动作，然后练习整体配合。

1.　腿部动作练习

运动者可以在水中进行腿部动作练习，也能够借助一些器材在陆地上练习。

（1）水中练习

运动者可以将腿放进水中，通过各种俯卧动作练习腿部动作。

① 池边俯卧。趴在池边，将双腿放入水中，躯干在岸上。按照动作顺序练习，注意体会脚内侧和小腿是否有很大的阻力感。每次滑行结束，做一次呼吸的模仿动作。

② 水中俯卧。双手持打水板，闭气，使自己漂浮起来，按照动作顺序进行蛙泳腿部动作练习。注意换气的时机是在每次滑行结束，吸气低头后再收腿。

（2）陆上练习

蛙泳腿部动作的陆上练习需要借助一定的器材支撑身体，进行各种蹬水动作。

① 坐姿蹬水。坐在凳上或池边，上体稍后仰，两手后撑，双腿伸直并拢，做蛙泳腿的收腿、翻脚、蹬水和滑行动作。先做分解动作，再做连贯的完整动作。

② 卧姿蹬水。俯卧在凳子上做收腿、翻脚、蹬水、滑行动作。

2.　手臂动作练习

蛙泳的手臂动作练习同样可以在水中和陆上开展。

（1）水中练习

手臂动作水中练习的方法与腿部动作相似，只是将腿放在岸上，将手臂置入水中。

① 池边俯卧。趴在池边，腰部以上在水中，腰部以下在岸上。按照动作顺序进行划水与呼吸的配合练习。注意体会双手和前臂内侧是否划到水，是否有阻力感。

② 水中俯卧。在齐胸深的水中，两脚开立（或走动），上体前倾，双臂前伸，做外划、收手、前伸的动作。亦可由同伴托腰腹，或自己蹬池壁滑行后，进行手臂练习。

（2）陆上练习

原地站立，上体前屈成水平姿势，低头，双臂前伸，掌心向下，做蛙泳划水动作。

3. 整体配合练习

整体配合练习的目的是将腿部动作和手臂动作整合起来，再配以合适的呼吸，让运动者掌握蛙泳技术。

（1）推拉板练习。双手抓住打水板，全身伸直俯卧水中，抬头吸气的时候肘关节弯曲，把板子拉到胸前，收腿、翻脚，低头呼气时把板子推出去，肘关节将要伸直时蹬腿。

（2）扶池边练蛙泳配合（深水池）。一只手抓住池边，另一只手和腿进行配合练习，然后换手再做一遍。

（3）憋气配合。在池边浅水处，吸气后低头没入水中，吐完气后抬头吸气，重复进行。

（4）分解配合。从3次蹬腿、1次划水过渡到2次蹬腿、1次划水，最后完成1次蹬腿、1次划水。

14.3 爬泳

爬泳姿势合理，阻力小，速度均匀，是最省力、游行速度最快的一种游泳姿势。1922年，韦斯摩洛改用双臂交替划水和双腿6次交替打水配合，形成现代爬泳模式。20世纪50年代以后，科研材料证明臂部的划水动作是推动身体前进的主要动力且能量消耗远少于腿部打水，因此现代自由泳技术以臂为主，强调臂的划水动作和双臂的配合。

微课视频

爬泳

┤ **体育小百科** ├

如今，"自由泳"一词基本取代了"爬泳"，其实自由泳只是竞技游泳的一种比赛项目，因其对游泳姿势几乎没有限制而得名。爬泳凭借其优越性，成为运动员参加自由泳比赛的首选，久而久之，自由泳竞赛中已无其他泳姿出现，而自由泳也基本替代了爬泳的语义。

14.3.1 动作要领

爬泳时，运动者在水中成俯卧姿势，双腿交替上下打水，双臂轮流划水，动作很像爬行，由此得名。

1. 躯干姿势

爬泳时，身体呈流线型，与水平面保持3°～5°，颈部自然后屈与水平面呈20°～30°，背部与臀部的肌肉适度紧张。游进时，躯干随划水和呼吸动作有节奏地转动，髋部活动范围不超出身体宽度（即在肩关节延长线内），身体纵轴与水平面呈35°～45°。

2. 腿部动作

游进时，腿部做上下打水动作，以保持身体平衡，并产生一定的推进力以增强划臂效果。双腿并拢，脚稍内旋，脚尖自然伸直，踝关节放松，髋关节发力，大腿带动小腿，双腿快速有力地上下交替做鞭打动作。下打时用力，产生推动力，上打时适当放松，如图14-9所示。

图14-9　爬泳腿部动作

3. 手臂动作

爬泳主要以手臂动作推进身体。爬泳手臂动作分为入水、抱水、划水、出水和空中移臂5个阶段，另外还需要注意双臂配合。

（1）入水。提肘略屈，手指自然伸直并拢，掌心稍向外侧，手腕放松，向斜下方插入水中。拇指和食指先触水，入水点在同侧肩关节的延长线上，动作应柔和，如图14-10所示。

（2）抱水。手臂入水后，手掌从向斜外下方转向斜内后方，屈腕、屈肘，并保持高抬肘（肘关节高于手的位置）姿势。上臂和前臂与水平面约呈30°和60°，手掌接近垂直对水，肘关节屈至150°左右，形成抱水姿势，如图14-11所示。

（3）划水。采用屈臂划水，臂越长，屈臂程度越大。划水动作过程分为拉水和推水两个部分。开始划水时，沿身体中线以约120°的肘关节夹角向后划水，上臂内旋，前臂移动快于上臂。臂划至肩的垂直面后，即进入推水部分。手臂加速向后推水至腿侧，掌心转向大腿，如图14-12所示。划水过程中，手掌微凹，手的轨迹呈"S"形。

　　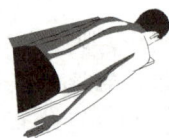

图14-10　入水　　　　　图14-11　抱水　　　　　图14-12　划水

（4）出水。划水结束后，顺应运动惯性，微屈肘，手臂在肩的带动下提出水面，肘部向外上方提拉，带动前臂和手出水面，掌心转向后上方，如图14-13所示。出水动作应无停顿、迅速、放松。

（5）空中移臂。肘屈，位置高于肩和手，如图14-14所示；手离水面较近，入水前适当减速；臂部尽量放松，移臂速度较快。

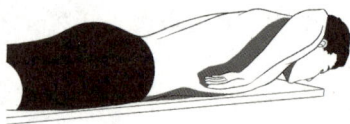　　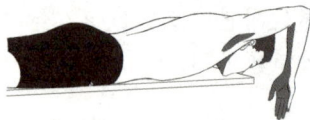

图14-13　出水　　　　　　　图14-14　空中移臂

（6）双臂配合。爬泳时，双臂需要协调配合以实现匀速前进。双臂划水时的交叉分为前交叉、中交叉和后交叉3种类型。前交叉指一臂入水时，另一臂处于划水的开始阶段。中交叉指一臂入水时，另一臂划至肩下与水面约呈90°。后交叉指一臂入水时，另一臂已划至腹下方，与水面约呈150°。一般而言，前交叉更利于呼吸，并能够保持身体平衡、节省体力、减少疲劳，更适于初学者。

14.3.2　练习方法

爬泳的练习方法同样是先练腿，再练手臂，最后练习整体配合。

1. 腿部动作练习

爬泳的腿部动作主要是交替打水，这一动作具有一定的推进作用，但主要作用是保持身体的平衡。运动者应由易到难，先练习岸边打水，后练习水中打水。

（1）岸边打水

坐在池边，双手后撑。双腿伸直，脚内旋使脚尖相对，脚跟分开呈八字形，踝关节放松。以髋关节为轴，大腿带动小腿，做上下交替打水动作，也可将两脚放入水中做打水动作。动作练习应由慢到快。

（2）水中打水

俯卧于水面，手握池槽（也可扶浮板、救生圈或由同伴托住腹部），进行打水练习，脚不可露出水面；还可脚蹬池壁做滑行打水。

2. 手臂动作练习

手臂动作是爬泳的主要推进动作，运动者可以在陆上和水中练习手臂动作。

（1）陆上练习

两脚开立，上体前屈，做入水、抱水、划水、出水、空中移臂动作。

（2）水中练习

立于水中（水中行走），上体前倾，肩部浸入水中，做手臂划水练习；也可由同伴扶住双脚，俯卧水中，练习手臂动作。

3. 整体配合练习

爬泳中，腿部动作和手臂动作的配合没有严格的要求，速度快时，多用6次腿、2次臂和1次换气进行完整配合；中等速度时可用4次腿、2次臂和1次换气。运动者需要多加练习。

（1）陆上练习

运动者原地踏步，如同在水中不停顿地打腿，并跟随口令进行以下动作。

① 边划水边转头，慢吐气。

② 手划至大腿，"啪"用力吐气。

③ 移臂，眼睛看手，手移至肩平处吸气完毕，随着手入水的动作头复原。

（2）水中练习

进行水中练习时，运动者可以选择扶池边自主练习，也可与同伴一起，两人配合练习。

① 扶池边练习。运动者双手扶池边，打腿使自身浮起来，先练习一侧手臂。以练习右臂为例，左手扶池边始终不动，打腿帮助漂浮，划右臂配合呼吸。手臂的单臂练习熟练后，可以进行双臂练习。注意双手在池边处进行交叉。

② 两人配合练习。浅水区，一人练习，一人帮助。练习者打腿漂浮，双臂划水并配合呼吸，同伴在练习者头前拉住练习者一只手，缓慢前进，帮助练习者体会划水和前进的感觉。

14.4　仰泳

仰泳又称背泳，因游泳姿势为仰卧于水中而得名。仰泳的优点为：头部露出水面，呼吸方便；躺在水面上，比较省力。但是运动者无法看到前进的方向，容易游错方向。

微课视频

仰泳

14.4.1　动作要领

仰泳是仰卧在水面的一种游泳方式，运动者依靠双臂交替向后划水，双腿交替上下（向后）打水游进。

1. 躯干姿势

仰泳时，运动者身体自然伸展，仰卧在水中，下颌微收，头和肩稍高，水面齐于耳际。游进时，头部应保持相对稳定，颈部肌肉自然放松。

2. 腿部动作

仰泳时，运动者身体在水中的位置较低，小腿打水幅度较大。仰泳的腿部动作分为下压和上踢两部分，如图14-15所示。产生的推进力主要取决于上踢动作的力量和速度。

图14-15 仰泳腿部动作

（1）下压主要使身体上升并保持平衡，膝关节应充分放松。大腿带动小腿直腿下压，大腿停止继续下压后，小腿和脚在惯性的作用下继续下压，当膝关节呈135°左右时，转入上踢过程。

（2）上踢时，脚尖内扣，脚背稍向内旋，以髋关节为轴，大腿带动小腿，屈膝向后上方踢动。上踢过程中，膝关节和脚不能露出水面，双腿的上下打腿幅度为30～40cm。

3. 手臂动作

仰泳的手臂动作包括入水、抓水、划水、出水和空中移臂5个连贯部分，同时，也需注意双臂配合。

（1）入水。手臂伴随同侧身体侧向转动，自然伸直，掌心朝外下方，手稍内收，小指首先入水。入水点一般在同侧肩关节延长线上，如图14-16所示。

图14-16 入水

（2）抓水。手臂入水后，伸肩外旋，屈肘勾腕，掌心对水。此时上臂与前进方向呈40°，手掌离水面约为30cm，手腕屈呈150°～160°。

（3）划水。划水是获得推进力的主要动作。先使屈肘角度逐渐减小，当手臂划至肩部垂直平面时，手掌离水面约15cm，前臂和上臂呈90°～110°。然后整个手臂同时用力向下方做推压动作，并借助惯性使上臂带动前臂和手加速内旋推水，随后手掌划至臀部侧下方，距离水面45～50cm，以前臂带动手掌下压划水，划至大腿一侧手臂伸直时推水结束，如图14-17所示。整个过程，手掌轨迹呈"S"形，速度由慢到快，划水后期有明显的加速动作。

图14-17 划水

（4）出水。划水结束，手臂立即外旋，掌心向大腿侧，先压水后提肩，肩部露出水面后，带动上臂、前臂和手依次出水。

（5）空中移臂。手臂出水后伸直，由后迅速向肩前移动，肩关节充分伸展。当手臂移至肩的正上方时，手臂外旋，掌心外翻，随后重复入水动作，如图14-18所示。

（6）双臂配合。仰泳时，双臂动作始终是对角交替的。当一臂完成出水时，另一臂抓

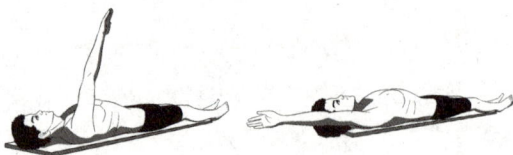

图14-18 空中移臂

水；当一臂空中移臂时，另一臂则划水。

4. 整体配合

仰泳一般采用1：2：6的配合方式，即1次呼吸、2次划水（双臂各划一次）、6次打腿。一侧移臂入水时，另一臂划水结束。一臂空中移臂时吸气，然后短暂闭气，另一臂空中移臂时呼气，循环进行。

14.4.2 练习方法

仰泳的练习方法同样分为腿部动作练习、手臂动作练习和整体配合练习。

1. 腿部动作练习

仰泳的腿部动作既能推动身体前进，又能维持身体平衡，还能保持身体呈较高水平姿势。腿部动作练习包括岸上练习和水中练习。

（1）岸上练习

仰泳的腿部岸上练习同爬泳，但是腿摆动的幅度比爬泳稍大。

（2）水中练习

双手反握池槽，或由同伴扶住头部（此时练习者双臂置于体侧），或蹬壁滑行，仰卧于水中做腿部上下交替打水练习。在此基础上，可进行单臂或双臂前伸的仰卧滑行打水练习。

2. 手臂动作练习

仰泳的手臂动作一定要连贯，运动者需要多加练习。

（1）陆上练习

仰泳手臂动作的陆上练习包括站姿练习和卧姿练习。

① 站姿练习。站姿练习包括单臂练习和双臂练习。单臂练习采用站立姿势，一臂在大腿旁，另一臂上举，做抓水、划水、出水、空中移臂、入水的动作。双臂练习则是进行双臂交替划水的动作；也可在平地上后退行走，同时做出双臂划水的动作。

② 卧姿练习。仰卧凳上，做单臂划水及双臂交替划水的动作。

（2）水中练习

水中练习可以模仿陆上练习的动作；也可利用救生衣等道具使身体漂浮，或自行蹬壁滑行，或由同伴扶住双腿，进行手臂动作练习。

3. 整体配合练习

仰泳的整体配合练习方法如下。

（1）陆上练习

站在岸边，双腿原地摆动，模仿打腿动作，双臂配合做划水练习。

（2）水中练习

浅水区，由同伴扶住练习者的腰部帮助练习者漂浮，练习者仰卧于水中练习双臂划水配合，逐渐过渡到手腿配合或不需要同伴的帮助进行练习。

| 多学一招 |

在所有泳姿中，仰泳是最容易"喝水"的：一方面，当泳姿不当，身体失去较高水平姿势，就可能浸入水中；另一方面，手臂挥动时带出的水可能在换气时进入口中。运动者可以将头部微微前倾一定的角度以避免"喝水"，但这样会降低游泳速度。

14.5 蝶泳

蝶泳是在蛙泳动作基础上演变而来的。在游泳比赛中，有些运动员采用双臂划水到大腿后提出水面，再从空中迁移的技术，从外形看，好像蝴蝶展翅飞舞，所以人们称它为"蝶泳"，由于蝶泳的腿部动作酷似海豚，所以又被称为"海豚泳"。

微课视频

蝶泳

14.5.1 动作要领

蝶泳在4种竞技游泳姿势中是最后发展起来的泳姿，直到1953年，国际泳联才规定蛙泳和蝶泳分开进行比赛，蝶泳才成为独立项目。

1. 躯干姿势

蝶泳时，身体俯卧于水中，整体动作从头、颈、躯干到脚沿身体纵轴起伏。身体姿势力求相对稳定，起伏不宜太大，且应形成节奏。

2. 腿部动作

蝶泳时，以腰部发力，带动大腿、小腿及脚进行上下鞭状打水动作。双腿并拢，脚掌稍加内旋，踝关节伸直，屈膝呈120°～130°，脚抬到至水面最高点，向后下方快速打水。同时，臀部升高，大腿和躯干约呈160°。向上打水时，双腿伸直向上移动，臀部下降，髋关节逐渐展开，身体几乎水平。随即，大腿下压，膝关节逐渐弯曲，脚再次上抬，准备向下打水，如图14-19所示。

图14-19 腿部动作

3. 手臂动作

蝶泳的手臂动作是推动前进的主要动力。双臂对称进行，包括入水、抱水、划水、出水及空中移臂4个部分，如图14-20所示。

图14-20 手臂动作

（1）入水。拇指先入水，两手距离约与肩同宽，掌心向两侧，手指向下。双手在两肩的延长线上。

（2）抱水。手臂入水后，迅速向外、向后、向下滑动，屈臂高肘，手掌内转，成抱水姿势。前臂与水面约呈45°，肘关节约屈呈150°，上臂与水平面约呈20°，两手距离略比肩宽。

（3）划水。屈臂向后，上臂内旋，前臂和手加速向内后拉水。划至腹部后，掌心转向后上方。继续推水至大腿旁。划水过程双臂路线呈双"S"形。

（4）出水及空中移臂。划水结束后，手臂伸直，借助加速推水的惯性，提肘，迅速将双臂和手带出水面。手臂出水后，从身体两侧，沿低而平的弧线，经空中快速向前移动。

4．整体配合

蝶泳一般采用1∶1∶2的配合方式，即1次呼吸、1次双臂划水、2次打腿。手入水时，双腿第1次向下打水，并用口鼻慢慢呼气；双臂划水时，双腿上抬并第2次向下打水，划水至胸腹下方时开始抬头，用力呼气；双臂出水并空中移臂时，完成双腿上抬，并迅速吸气。

14.5.2　练习方法

蝶泳的技术动作难度较大，是4种竞技游泳姿势中最难掌握的，运动者应该勤加练习，先练腿部动作和手臂动作，后练习整体配合。

1．腿部动作练习

蝶泳的腿部动作最直接的练习方式是在水中进行各种打水练习，运动者也可以在陆上进行练习。

（1）陆上练习

并腿站立，两手置于头后（或双臂上举，一侧掌心置于另一侧手背上），进行挺腹、屈膝、提臀、展膝的连续练习，以体会腰、腹、腿的波浪形动作及节奏感。

（2）水中练习

在水中，运动者可以通过各种方式进行打水练习。

① 扶水槽，侧卧，进行打水练习。

② 蹬池壁后滑行，连续完成打水动作。

③ 扶板，进行打水练习。

2．手臂动作练习

运动者可以在陆上和水中练习蝶泳的手臂动作。

（1）陆上练习

在陆上做双臂与呼吸的配合练习。

（2）水中练习

水中练习包括浅水站立模仿练习和夹板辅助练习。

① 浅水站立模仿练习。站在浅水区，弯腰低头，进行练习。注意体会双手划水时遇到的阻力。

② 夹板辅助练习。双腿中间夹住一块打水板，进行练习。

3．整体配合练习

运动者可以在陆上和水中进行蝶泳整体配合练习。

（1）陆上练习

准备姿势为直立，双臂上举，一条腿配合划水，进行蝶泳配合的模仿练习。

（2）水中练习

单手扶打水板，进行单手和腿配合的练习。双手交替进行。遵循多打腿、少划水的原则，由4次打腿配合1次划水和1次呼吸逐渐过渡到2次打腿配合1次划水和1次呼吸。

14.6　游泳运动的主要规则

游泳运动项目众多，泳姿各异，其规则也比较复杂，下面介绍通行的主要规则。

14.6.1　游泳基本规则

游泳基本规则涉及设施规范、比赛内容、出发和到边、转身、计时及其他技术规定。

1．设施规范

除公共水域的比赛外，所有游泳竞赛都在同样的游泳池中举行，而运动员所需的装备包括泳装、泳帽和泳镜。

（1）国际标准游泳池。

国际标准游泳池长50m，宽至少25m，深大于等于1.8m，共设10道（2～9道为比赛用道）。每条泳道中心的池底有清晰的黑色直线标识，线宽为20～30cm，线长为46m，两端各离池边2m，以便比赛时运动员沿直线游进。池底5m、25m、45m处各画一条宽25cm的红色横线，以便运动员识别游程。出发台设在泳池两端每条泳道的中央，前缘高出水面50～75cm，台面为50cm^{2}的正方形，覆盖防滑材料，出发台向前倾斜不超过10°。

（2）常用的游泳装备

为了更好地适应水下环境，开展游泳运动，运动员需要准备一些必要的游泳装备，主要包括泳装、泳帽和泳镜。

① 泳装。泳装的选择应注意两点：第一，氯纶丝的含量要达到国际统一标准（18%）；第二，泳装的弹性并非越大越好，而是要多次拉伸仍能恢复原样。

② 泳帽。泳帽可以防止头发完全浸泡在含氯的水中，避免发质受到伤害。目前，硅胶泳帽较为常用，其手感柔软，弹性较强。

③ 泳镜。游泳运动前要检查泳镜是否透明、有无划痕，垫圈（胶皮）是否密封，鼻梁处的宽度是否适宜，泳镜带的牢固性、弹性是否良好。

2. 比赛内容

奥运会游泳比赛中，200m以下个人项目（含200m）进行预赛、半决赛和决赛；400m以上个人和接力项目进行预赛和决赛。接力比赛以队为单位，每队可在报名参加比赛的同组运动员中任选4人参加接力比赛。在预、决赛中参加者可任意调换，但接力名单报送后擅自颠倒棒次或更换运动员均判为犯规。运动员和接力队根据报名成绩分组进行预赛，根据预赛成绩排名进入半决赛或决赛。预赛成绩前16名进入半决赛，半决赛成绩前8名进入决赛。在设有8条泳道的游泳池内比赛时，同一组成绩最好的运动员或接力队，应安排在第4泳道。其他运动员或接力队按成绩的高低以5、3、6、2、7、1、8泳道的顺序进行安排。

3. 出发和到边

在奥运会游泳比赛中，自由泳、蛙泳、蝶泳及个人混合泳的各项比赛必须从出发台起跳出发，仰泳项目在水中出发。当总裁判员发出长哨音信号后，运动员应站到出发台上（仰泳项目运动员下水，在总裁判员发出第二声长哨时迅速游回池端，在水中做好出发准备），当发令员发出"各就位"的口令后，运动员应至少有一只脚在出发台的前缘做好出发准备，手臂位置不限。当所有运动员都处于静止状态时，发令员发出"出发信号"（鸣枪、电笛、鸣哨或口令）。运动员在听到"出发信号"后才能做出发动作。在自由泳和仰泳比赛中，到达终点时运动员可以只用一只手触壁；在蛙泳和蝶泳比赛中，必须双手同时触壁。

4. 转身

奥运会游泳比赛使用的是50m长的标准池，所有距离在50m以上的比赛中运动员都必须在途中折返。转身时，自由泳和仰泳允许运动员使用身体的任何部分触及池壁后，就可以在水下转身后，用脚去蹬池壁。需要注意的是，在个人混合泳当中，从仰泳转换到蛙泳时，运动员必须保持仰泳的姿势直到触及池壁。

5. 计时

所有游泳运动员的比赛成绩和名次都是由自动计时装置决定的。运动员出发时，出发台上的压力板将记录数据。每条泳道两端都装有触板，运动员触壁时会被记录。由于触板和出发台是互连的，因此可以判断参加接力比赛的运动员是否在队友触壁以后才入水。接力比赛当中，如果任何一个运动员在队友触壁0.03s之前离开出发台，这个队将被自动取消比赛资格（运动员可以在队友触壁的时候做出发动作，但是脚必须接触出发台）。

6. 各项目技术规定

游泳比赛的不同项目有各自的规定，主要如下。

（1）蛙泳。出发后的整个游程中，动作周期必须是以一次划水和一次蹬腿的顺序完成的。双臂或双腿的所有动作应同时并在同一水平面上进行，不得有交替动作。在每个完整动作周期内，运动员头的一部分必须露出水面。在蹬腿过程中，两脚必须做外翻动作。

（2）自由泳。在整个游程中，运动员身体的某一部分必须露出水面。在出发和转身时，允许运动员身体完全没入水中，但在游程前15m（含15m），运动员头的一部分必须露出水面。

（3）仰泳。在"出发信号"发出前，运动员应在水中面对出发端，两手抓住出发握手器。除转身过程外，整个游程中应始终呈仰卧姿势，到达终点也必须以仰卧姿势触壁。

（4）蝶泳。从出发和每次转身后的第一次手臂动作开始，身体应保持俯卧，允许水下侧打腿。打腿动作应同时进行，不得交替，不允许采用蛙泳腿部动作。任何时候都不允许呈仰卧姿势。

（5）混合泳。个人混合泳须按照"蝶泳—仰泳—蛙泳—自由泳"的顺序进行比赛，混合泳接力须按照"仰泳—蛙泳—蝶泳—自由泳"的顺序进行比赛。

14.6.2 犯规行为及判罚

个人比赛和接力比赛所规定的犯规行为不同，判罚也不同。

1. 个人比赛犯规行为及判罚

个人比赛中，犯规行为及判罚如下。

（1）运动员必须在泳池内游完全程，否则即判犯规。

（2）运动员必须在自己的泳道内游完全程，否则即判犯规。

（3）在所有项目的比赛中，运动员转身时必须使身体某一部分触及池壁，转身必须从池壁完成，不得在池底跨越或行走，否则即判犯规。

（4）在自由泳比赛或在混合泳项目中的自由泳一式比赛中，允许运动员在池底站立，但不得跨越或行走，否则即判犯规。

（5）游出本泳道阻碍或以其他方式干扰其他运动员者，判犯规。正在比赛的运动员还未游完全程前，未参加比赛的运动员如果下水，应取消其原定的下一次比赛资格。

（6）运动员游完自己的距离抵达终点后，应尽快离池，如妨碍其他比赛进行中的运动员，应判该运动员犯规。

2. 接力比赛犯规行为及判罚

接力比赛中，犯规行为及判罚如下。

（1）接力比赛以队为单位，每个接力队应有4名队员，每名接力队员在一次接力比赛中只能游其中的一棒。每队可在报名参加比赛的同组运动员中任选4人参加接力比赛，在预赛、决赛中参加者可任意调换。接力队必须按提交的名单和顺序参加比赛，否则将被取消比赛资格。

（2）接力比赛如前一名运动员尚未触及池壁，后一名运动员的脚已蹬离出发台，应判犯规。

（3）接力比赛中，在各队的所有运动员还未游完之前，除了应游该棒的运动员，其他接力队员如果进入水中，应判犯规。

思考与练习

一、思考题

学习并使用4种泳姿游泳，思考4种泳姿各有什么特点，填入表14-1中。

表14-1　4种泳姿的特点

项目	蛙泳	爬泳	仰泳	蝶泳
速度				
掌握难度				
体力消耗				
安全性				
……				

二、熟悉水性

人数：不限。

时间：不限。

场地：校游泳池（深1.2～1.5m为佳）。

练习方法：进行入水练习，首先浇水到身上，初步适应后进入池中，之后按照"水中行走—水中漂浮—水中滑行"的顺序熟悉水性。

三、50m竞赛

人数：不限（每组人数＝可用泳池道数）。

时间：不限。

场地：校游泳池。

规则：每位同学任意选择一种泳姿，选择同一泳姿的同学分为一组；每组一次性进行比赛，基本规则与普通游泳比赛一致。

活动与探索

一、观看比赛

观看学校游泳比赛或参观游泳队训练，也可以在网络上搜索并观看专业游泳比赛视频。游泳运动的主要赛事包括奥运会游泳比赛、世界游泳锦标赛、世界短池游泳锦标赛和世界杯短池游泳赛等。

二、4×50m混合泳男女混合接力

人数及分组：不限，每队必须4个人（两男两女）。

场地：学校游泳池。

时间：不限。

规则：基本规则与普通游泳比赛一致；每人游50m（不转身，第2棒和第4棒运动员站在对岸），4个人必须使用不同的泳姿，通过抽签决定队员的具体泳姿，接力顺序由队员自行决定。

附录

国家学生体质健康标准

一、说明

1. 《国家学生体质健康标准》（简称《标准》）是国家学校教育工作的基础性指导文件和教育质量基本标准，是评价学生综合素质、评估学校工作和衡量各地教育发展的重要依据，是《国家体育锻炼标准》在学校的具体实施，适用于全日制小学、初中、普通高中、中等职业学校、普通高等学校的在校学生。

2. 《标准》的修订坚持健康第一，落实《国家中长期教育改革和发展规划纲要〔2010—2020年〕》《国务院办公厅转发教育部等部门关于进一步加强学校体育工作若干意见的通知》（国办发〔2012〕53号）和《教育部关于印发〈学生体质健康监测评价办法〉等三个文件的通知》（教体艺〔2014〕3号）有关要求，着重提高《标准》应用的信度、效度和区分度，着重强化其教育激励、反馈调整和引导锻炼的功能，着重提高其教育监测和绩效评价的支撑能力。

3. 《标准》从身体形态、身体机能和身体素质等方面综合评定学生的体质健康水平，是促进学生体质健康发展、激励学生积极进行身体锻炼的教育手段，是国家学生发展核心素养体系和学业质量标准的重要组成部分，是学生体质健康的个体评价标准。

4. 《标准》将适用对象划分为以下组别：小学、初中、高中按每个年级为一组，其中小学为6组、初中为3组、高中为3组；大学一、二年级为一组，三、四年级为一组。

5. 小学、初中、高中、大学各组别的测试指标均为必测指标。其中，身体形态类中的身高、体重，身体机能类中的肺活量，以及身体素质类中的50米跑、坐位体前屈为各年级学生共性指标。

6. 《标准》的学年总分由标准分与附加分之和构成，满分为120分。标准分由各单项指标得分与权重乘积之和组成，满分为100分。附加分根据实测成绩确定，即对成绩超过100分的加分指标进行加分，满分为20分；小学的加分指标为1分钟跳绳，加分幅度为20分；初中、高中和大学的加分指标为男生引体向上和1 000米跑，女生1分钟仰卧起坐和800米跑，各指标加分幅度均为10分。

7. 根据学生学年总分评定等级：90.0分及以上为优秀，80.0～89.9分为良好，60.0～79.9分为及格，59.9分及以下为不及格。

8. 每个学生每学年评定一次，记入《〈国家学生体质健康标准〉登记卡》。特殊学制的学校，在填写登记卡时可以按规定和需求相应地增减栏目。学生毕业时的成绩和等级，按毕业当年学年总分的50%与其他学年总分平均得分的50%之和进行评定。

9. 学生测试成绩评定达到良好及以上者，方可参加评优与评奖；成绩达到优秀者，方可获体育奖学分。测试成绩评定不及格者，在本学年度准予补测一次，补测仍不及格，则学年成绩评定为不及格。普通高中、中等职业学校和普通高等学校学生毕业时，《标准》测试的成绩达不到50分者按结业或肄业处理。

10. 学生因病或残疾可向学校提交暂缓或免予执行《标准》的申请，经医疗单位证明，体育教学部门核准，可暂缓或免予执行《标准》，并填写《免予执行〈国家学生体质健康标准〉申请表》，存入学生档案。确实丧失运动能力、被免予执行《标准》的残疾学生，仍可参加评优与评奖，毕业时《标准》成绩需注明免测。

11. 各学校每学年开展覆盖本校各年级学生的《标准》测试工作，《标准》测试数据经当地教育行政部门按要求审核后，通过"学生体质健康网"上传至"国家学生体质健康标准数据管理系统"。测试和数据上传时间由教育行政部门确定。

12. 《标准》由教育部负责解释。

二、单项指标与权重（大学）

各单项指标与权重如表1所示。

表1　单项指标与权重

测试对象	单项指标	权重（%）
大学各年级	体重指数	15
	肺活量	15
	50米跑	20
	坐位体前屈	10
	立定跳远	10
	引体向上（男）/1分钟仰卧起坐（女）	10
	1 000米跑（男）/800米跑（女）	20

注：体重指数=体重（千克）/身高^2（米^2）。

三、评分表（大学）

（一）单项指标评分表

体重指数评分表如表2所示。肺活量评分表如表3所示。男生50米跑评分表如表4所示。坐位体前屈评分表如表5所示。立定跳远评分表如表6所示。一分钟仰卧起坐（女）、引体向上（男）评分表如表7所示。耐力跑评分表如表8所示。

表2　体重指数评分表（单位：千克/米^2）

等级	单项得分/分	男生	女生
正常	100	17.9～23.9	17.2～23.9
低体重	80	≤17.8	≤17.1
超重		24.0～27.9	24.0～27.9
肥胖	60	≥28.0	≥28.0

表3　肺活量评分表（单位：毫升）

等级	单项得分/分	男生		女生	
		大一/大二	大三/大四	大一/大二	大三/大四
优秀	100	5 040	5 140	3 400	3 450
	95	4 920	5 020	3 350	3 400
	90	4 800	4 900	3 300	3 350
良好	85	4 550	4 650	3 150	3 200
	80	4 300	4 400	3 000	3 050

续表

等级	单项得分/分	男生		女生	
		大一/大二	大三/大四	大一/大二	大三/大四
及格	78	4 180	4 280	2 900	2 950
	76	4 060	4 160	2 800	2 850
	74	3 940	4 040	2 700	2 750
	72	3 820	3 920	2 600	2 650
	70	3 700	3 800	2 500	2 550
	68	3 580	3 680	2 400	2 450
	66	3 460	3 560	2 300	2 350
	64	3 340	3 440	2 200	2 250
	62	3 220	3 320	2 100	2 150
	60	3 100	3 200	2 000	2 050
不及格	50	2 940	3 030	1 960	2 010
	40	2 780	2 860	1 920	1 970
	30	2 620	2 690	1 880	1 930
	20	2 460	2 520	1 840	1 890
	10	2 300	2 350	1 800	1 850

表4　男生50米跑评分表（单位：秒）

等级	单项得分/分	男生		女生	
		大一/大二	大三/大四	大一/大二	大三/大四
优秀	100	6.7	6.6	7.5	7.4
	95	6.8	6.7	7.6	7.5
	90	6.9	6.8	7.7	7.6
良好	85	7.0	6.9	8.0	7.9
	80	7.1	7.0	8.3	8.2
及格	78	7.3	7.2	8.5	8.4
	76	7.5	7.4	8.7	8.6
	74	7.7	7.6	8.9	8.8
	72	7.9	7.8	9.1	9.0
	70	8.1	8.0	9.3	9.2
	68	8.3	8.2	9.5	9.4
	66	8.5	8.4	9.7	9.6
	64	8.7	8.6	9.9	9.8
	62	8.9	8.8	10.1	10.0
	60	9.1	9.0	10.3	10.2
不及格	50	9.3	9.2	10.5	10.4
	40	9.5	9.4	10.7	10.6
	30	9.7	9.6	10.9	10.8
	20	9.9	9.8	11.1	11.0
	10	10.1	10.0	11.3	11.2

表5　坐位体前屈评分表（单位：厘米）

等级	单项得分/分	男生		女生	
		大一/大二	大三/大四	大一/大二	大三/大四
优秀	100	24.9	25.1	25.8	26.3
	95	23.1	23.3	24.0	24.4
	90	21.3	21.5	22.2	22.4
良好	85	19.5	19.9	20.6	21.0
	80	17.7	18.2	19.0	19.5
及格	78	16.3	16.8	17.7	18.2
	76	14.9	15.4	16.4	16.9
	74	13.5	14.0	15.1	15.6
	72	12.1	12.6	13.8	14.3
	70	10.7	11.2	12.5	13.0
	68	9.3	9.8	11.2	11.7
	66	7.9	8.4	9.9	10.4
	64	6.5	7.0	8.6	9.1
	62	5.1	5.6	7.3	7.8
	60	3.7	4.2	6.0	6.5
不及格	50	2.7	3.2	5.2	5.7
	40	1.7	2.2	4.4	4.9
	30	0.7	1.2	3.6	4.1
	20	−0.3	0.2	2.8	3.3
	10	−1.3	−0.8	2.0	2.5

表6　立定跳远评分表（单位：厘米）

等级	单项得分/分	男生		女生	
		大一/大二	大三/大四	大一/大二	大三/大四
优秀	100	273	275	207	208
	95	268	270	201	202
	90	263	265	195	196
良好	85	256	258	188	189
	80	248	250	181	182
及格	78	244	246	178	179
	76	240	242	175	176
	74	236	238	172	173
	72	232	234	169	170
	70	228	230	166	167
	68	224	226	163	164
	66	220	222	160	161
	64	216	218	157	158
	62	212	214	154	155
	60	208	210	151	152
不及格	50	203	205	146	147
	40	198	200	141	142
	30	193	195	136	137
	20	188	190	131	132
	10	183	185	126	127

表7　一分钟仰卧起坐（女）、引体向上（男）评分表（单位：次）

等级	单项得分/分	引体向上（男生）		一分钟仰卧起坐（女生）	
		大一/大二	大三/大四	大一/大二	大三/大四
优秀	100	19	20	56	57
	95	18	19	54	55
	90	17	18	52	53
良好	85	16	17	49	50
	80	15	16	46	47
及格	78	14	15	44	45
	76			42	43
	74	13	14	40	41
	72			38	39
	70	12	13	36	37
	68			34	35
	66	11	12	32	33
	64			30	31
	62	10	11	28	29
	60			26	27
不及格	50	9	10	24	25
	40	8	9	22	23
	30	7	8	20	21
	20	6	7	18	19
	10	5	6	16	17

表8　耐力跑评分表

等级	单项得分/分	男生（1 000米）		女生（800米）	
		大一/大二	大三/大四	大一/大二	大三/大四
优秀	100	3分17秒	3分15秒	3分18秒	3分16秒
	95	3分22秒	3分20秒	3分24秒	3分22秒
	90	3分27秒	3分25秒	3分30秒	3分28秒
良好	85	3分34秒	3分32秒	3分37秒	3分35秒
	80	3分42秒	3分40秒	3分44秒	3分42秒
及格	78	3分47秒	3分45秒	3分49秒	3分47秒
	76	3分52秒	3分50秒	3分54秒	3分52秒
	74	3分57秒	3分55秒	3分59秒	3分57秒
	72	4分02秒	4分00秒	4分04秒	4分02秒
	70	4分07秒	4分05秒	4分09秒	4分07秒
	68	4分12秒	4分10秒	4分14秒	4分12秒
	66	4分17秒	4分15秒	4分19秒	4分17秒
	64	4分22秒	4分20秒	4分24秒	4分22秒
	62	4分27秒	4分25秒	4分29秒	4分27秒
	60	4分32秒	4分30秒	4分34秒	4分32秒
不及格	50	4分52秒	4分50秒	4分44秒	4分42秒
	40	5分12秒	5分10秒	4分54秒	4分52秒
	30	5分32秒	5分30秒	5分04秒	5分02秒
	20	5分52秒	5分50秒	5分14秒	5分12秒
	10	6分12秒	6分10秒	5分24秒	5分22秒

（二）加分指标评分表

一分钟仰卧起坐（女）、引体向上（男）加分评分表如表9所示。

表9　一分钟仰卧起坐（女）、引体向上（男）加分评分表（单位：次）

加分	男生		女生	
	大一/大二	大三/大四	大一/大二	大三/大四
10	10	10	13	13
9	9	9	12	12
8	8	8	11	11
7	7	7	10	10
6	6	6	9	9
5	5	5	8	8
4	4	4	7	7
3	3	3	6	6
2	2	2	4	4
1	1	1	2	2

注：引体向上、一分钟仰卧起坐均为高优指标，学生成绩超过单项评分100分后，以超过的次数所对应的分数进行加分。

耐力跑加分评分表如表10所示。

表10　耐力跑加分评分表

加分	男生（1 000米）		女生（800米）	
	大一/大二	大三/大四	大一/大二	大三/大四
10	−35秒	−35秒	−50秒	−50秒
9	−32秒	−32秒	−45秒	−45秒
8	−29秒	−29秒	−40秒	−40秒
7	−26秒	−26秒	−35秒	−35秒
6	−23秒	−23秒	−30秒	−30秒
5	−20秒	−20秒	−25秒	−25秒
4	−16秒	−16秒	−20秒	−20秒
3	−12秒	−12秒	−15秒	−15秒
2	−8秒	−8秒	−10秒	−10秒
1	−4秒	−4秒	−5秒	−5秒

注：1 000米跑、800米跑均为低优指标，学生成绩低于单项评分100分后，以减少的秒数所对应的分数进行加分。